사상이
필요하다

사상이 필요하다
: 다른 세상을 꿈꾸는 정치적 기본기

김세균 외 8인 지음

글항아리

들어가기 전에 _006
각 강의의 구성과 요약 _009

1강 '배제된 자들의 민주주의'에 관한 단상 · 홍세화 … 013

그 무덤에 햇살이?
빼앗긴 '붉은 깃발'
열정과 허무 사이
새로운 자본주의 정신
'고도'는 내일도 오지 않을 것이다
배제된 자들의 민주주의

2강 한국의 민주주의를 다시 생각한다 · 손호철 … 055

민주주의의 상태를 묻다
한국 민주화운동을 어떻게 볼 것인가
한국 민주화를 읽는 방법
한국 민주화 연구는 이제부터 시작이다

3강 신자유주의를 넘어 문화사회로 가는 길 · 강내희 … 089

굳건했던 신자유주의가 흔들리고 있다
신자유주의 지배 속에 사회는 어떻게 변화해왔는가
부채경제라는 사회적 후유증
금융파생상품이란 무엇인가
현대인의 삶에 깊숙이 파고든 파생상품의 논리
미래할인 관행의 확산과 기획금융
신자유주의가 이끈 '문화의 경제화'
차입의존형 삶의 방식이 확산되다
신자유주의적 주체 형성과 인구정책의 관계
문화사회를 향하여

4강 사회변혁을 위한 역사 읽기: 역사의 반복과 정치적 리듬 분석 · 심광현 … 129

폭발성 패턴이란 무엇인가
아리기의 시각에서 본 역사의 패턴
러시아혁명의 재구성: 레닌이라는 감독을 만나다
저항의 시간을 준비하며: 정치적 리듬 분석의 전망

5강 신보수정권 시대, 민주주의 좌파의 길을 모색하다 · 조희연 ··· 167

초자본주의적 입장에서 민주주의론의 가능성을 묻다
군부 독재에서 복합적 자본 독재의 시대로
근대사회에서의 자본주의와 민주주의, 그리고 '민주주의적 변혁주의'
'87년 체제' 아래 벌어진 자본주의와 민주주의의 전쟁
신자유주의적 역사블록의 형성과 내부의 불안정
'포스트–민주화' 체제로의 이행과 민주주의 좌파의 새로운 도전

6강 한국 진보정치의 회생을 위한 제언 · 김세균 ··· 203

세계자본주의는 위기에 접어들고 있다
민중·노동자의 저항이 들불처럼 번지다
한국의 정치 지형과 진보정치
한국 진보정치의 미래, 어떻게 개척할 것인가
낡은 것과의 결별을 촉구한다

7강 과학자본주의 시대, 통합적 합리성이 필요하다 · 우희종 ··· 229

생명이란 무엇인가
신자유주의 사회에서 과학의 의미
합리성의 회복과 확장을 위하여
'과학주의'를 넘어 그물눈 주체 되기

8강 원효와 마르크스의 대화, 신자유주의의 대안이 되다 · 이도흠 ··· 255

신자유주의가 망쳐버린 것들
상품–화폐 관계의 왜곡과 불교와 마르크스주의의 동몽이상
상품–화폐 관계의 현정과 화쟁의 정치경제학의 조건
생태경제학, 자연과 인간의 화쟁을 꿈꾸다
불교 공동체의 사회경제학
'화쟁의 사회경제학'으로 신자유주의를 극복하자

9강 녹색당이 이 시대를 읽는 방법 · 하승수 ··· 291

세계, 녹색당을 주목하다
녹색당이 바라보는 지금의 지구, 지금의 한국
녹색당이 구상하는 세계: 녹색전환이 필요하다
한국녹색당의 미래를 공유합니다

주 _316
참고문헌 _328

들어가기 전에

나는 2013년 2월, 서울대학교에서 정년퇴임했다. 이런 관계로 2012년 2학기에 맡았던 교양과목 '정치와 정치이념'은 내가 재직중 강의한 마지막 학부 과목이 되었다. 이 강의는 애초에 민주주의, 보수주의, 자유주의, 사회주의 등 근대 세계의 정치를 이해하는 데 반드시 알아야 할 주요 정치이념의 내용과 의의 그리고 이 이념들 간의 연관성 등을 매우 일반적인 수준에서 가르치는 것을 목표로 했다. 그런데 이 강의 시간을 통해 학생들의 발표와 토론, 내 강의 외에도 한국사회의 발전을 위한 이념적 좌표 설정에 도움을 줄 선생님들을 모셔와 학생들이 직접 강의를 듣게 하는 것이 좋겠다는 생각이 들었다. 아울러 이 선생님들의 강의 내용을 모아 책을 내야겠다는 계획도 세웠다. 그래서 평소 친하게 지낸 분들께 부탁을 드렸는데, 이 가운데 강내희, 손호철, 심광현, 조희연, 우희종, 이도흠, 최갑수 교수 그리고 하승수 녹색당 공동운영위원장, 홍세화 『말과 활』 발행인이 응해주었다.

강연자의 문제의식에 따라 제각각 강조점의 차이가 있지만, 참여한 이들 모두 한국 사회가 그간 걸어온 길과는 다른 새로운 길로 나서야 할 시점에 놓여 있다고 진단한다. 실제로 세계 각국은 물론 그간 한국의 발전을 규정지은 경쟁 만능의 신자유주의와 환경 파괴적인 성장주의 등으로부터의 하차는 더 이상 미룰 수 없는 시대적 과제가 되었다. 그러나 낡은 질서를 지키려는 세력의 힘은 여전히 강하다. 게다가 역사적으로 출현했던 현실사회주의 체제의 실패는 자본주의와는 다른 세상을 꿈꾸는 것조차 봉쇄하고 있다.

꿈의 상실은 정치적 상상력을 고갈시키고 현실 속에서 고통받는 대중을 절망의 늪으로 빠뜨린다. 때문에 다른 세상을 추구하기 위해선 우리는 일차적으로 현실사회주의를 실패로 이끈 이유를 옳게 규명하는 가운데 자본주의의 구조적 모순과 현실사회주의의 한계 등을 넘어설 수 있는 새로운 세상에 대한 정치적 상상력을 복원해야 한다. 이와 관련해 이 책에 실린 모든 글은 무엇보다 사회 구성의 새로운 기본 원리 등이 무엇이 되어야 하는지에 대한 풍부한 정치적 상상력을 제공한다. 이 점은 분명 이 책이 지닌 최대의 장점일 것이다. 고로 이 책은 새로운 세상에 대한 자신의 정치적 상상력을 키우고 풍부하게 만들려는 독자들에게 많은 도움을 주리라 본다. 이와 관련하여 나는 『사상이 필요하다』가 향후 비판적 지성인으로 무럭무럭 자라나야 할 대학생 등을 위한 좋은 교양서적 중 하나가 되기를 바라마지 않는다.

낡은 것들이 더 이상 유지되어서는 안 되지만 그것들이 새것에 의해 아직 대체되지 못한 조건 속에서는 새것을 창출하기 위한 '구성의 정치'가 커다란 중요성을 지닌다. 말할 필요도 없이 진보정치는 새로운 구성의 정치를 적극 실천해야 할 것이다. 하지만 불행하게도 오늘날 한국의 진보정치는 새로운 구성의 정치를 적극 실천할 정치적 능력을 상실하고 있다. 이런 상태에서 벗어나기 위해선 진보정치를 실천해온 기존 세력들의 철저한 자기반성과 새로운 주체들의 등장이 필요할 것이다. 나는 『사상이 필요하다』가 분명 그런 자기반성과 새로운 정치적 주체의 형성에도 크게 기여하리라 믿는다.

이 책은 개인적으로 내가 교직생활 중 깊은 관계를 맺어온 선생님들이 강의와 집필에 나서줌으로써 나올 수 있었다. 고로 이 책은 그분들이 정년을 맞이한 나에게 보낸 우정의 선물이기도 하다. 이 자리를 통해 제대로 강의료를 드릴 수 없는 데에도 불구하고 귀한 시간을 내어 강연자로 나와주시고, 책 출판을 위해 강의 내용을 글로 만들어주신 여러 선생님께 심심한 감사의 인사를 전한다(강연에 참여했지만 개인 사정상 글을 싣지 못한 최갑수 교수에게도 감사의 말을 전한다). 또한 강연자들에게 연락하고, 글을 모으는 데 도와준 수업조교 한준성군에게도 고마움을 전한다. 이 책의 출간에는 글항아리의 도움도 컸다. 글항아리 강성민 대표와 책임편집을 맡은 김신식씨에게도 감사를 표한다.

무엇보다 이 책이 다른 세상에 대한 정치적 상상력을 키우고 새로운 구성의 정치를 활성화하는 데 기여하는 작은 밑거름이 되도록 수고하는 모든 분에게 최대의 보답이 되길 바란다.

2013년 7월

김세균 (서울대 명예교수, 정치학)

김세균 명예교수의 서울대에서의 마지막 강연이자, 그의 정치적 교우들이 함께한 기획 강좌인 '정치와 정치이념'을 책으로 엮은 『사상이 필요하다』는, 새로운 정치적 상상력을 위해 '근본적인 사유'에서부터 출발하자고 제안한다. 이런 틀 안에서 각 저자들은 오늘날 한국 민주주의가 처한 상태는 어떠한가, 신자유주의가 만들어낸 새로운 주체의 의미와 한계는 무엇인가, 과학기술·환경·식량 등 우리 삶과 생명에 중요한 생활 의제를 어떻게 재구성할 것인가에 초점을 두었다.

「배제된 자들의 민주주의'에 관한 단상」(1강)에 따르면, 한국 민주주의는 "대의민주주의라는 형식으로 열렸지만, 다른 한편으론 대의제를 얻은 대가로 다른 민주주의의 가능성은 닫혔다." 이런 가운데 "인간적인, 너무나 인간적인 자애로운 국가의 출현"은 정작 "자본주의가 초래한 계급 대립을 행정 권력에 의해 해소"시킨 채, 오늘날 '잉여'와 '벌거벗은 생명'으로 간주되는 '비주체' 그리고 노동을 배제한 민주주의의 예일 뿐이다. 이런 민주주의의 위기는 왜 "한국 민주화 운동이 치열했음에도 불구하고 그 치열함에 값하지 못하고 보수적 민주화로 귀결되어버렸는가"라는 한국 민주화의 역사와 연관된다. 「한국의 민주주의를 다시 생각한다」(2강)는 1987년 이후 정치적 민주화 과정을, "군사독재 세력과 민주화운동 세력 간의 '타협에 의한 민주화' '거래에 의한 민주화'"로 바라본다. 아울러 이러한 역사적 고찰은 한국 민주화와 민주화운동의 보다 넓은 정의를 세우는 작업으로 나아간다. 가령 "민주화운동을 정치적 민주주의를 위한 반독재 투쟁으로 좁혀 이해하는 것은 잘못"이며, 그 시기 또한 반드시 "근대국민국가를 전제로 한 것은 아니다." 한국 민주주의의 역사적 고찰은 "민주주의 현실 자체는 변했는데, 민주주의라는 규범적 지도는 20년 전 그대로"임을 비판하는 지침이 되기도 한다. 「신보수정권 시대, 민주주의 좌파의 길을 모색하다」(5강)에 따르면, 근대 이후의 과정은 민주주의와 자본주의의 결합과 긴장"으로 빚어진 "민주주의의 구성 투쟁"이다. 이를 통해 한국 민주주의는 "1987년 6월 항쟁 이후 민중이 정립한 민주주의와 개발독재가 정립한 자본주의 간 본격 전쟁"과 결부된다. 여기서 '급진민주주의'의 출현은 기존 "독재 대 반독재" "개혁 대 반개혁을 뛰어넘는 포스트-민주화 시대의 준비"이자, 민주주의론을 재구성하는 시도다. 저자는 이를 박근혜 정부로 대변되는 신보수정권 2기에 대항할 '민주주의 좌파'에서 찾는다. 2012년 대선 이후, 신보수정권의 연이은 출범은 진보정치 세력의 쇠퇴로 이어졌다. 「한국 진보정치의 회생을 위한 제언」(6강)은 진보 세력이 "다음 총선이 있는 2016년까지 자신을 유의미한 정치세력으로 성장시키는 데 실패하면 진보 세력의 독자적 정치세력화의 장래는 매우 어둡다"고 전망한다. 이를 타개하기 위해선 "비제도정치 우위 아래 비제도정치와 제도정치의 결합을 추구"하는 일이 필요하다. 또한 진보 세력에게는 "비정규직 노동자, 예비비정규직 노동자, 청년층의 투쟁 폭발이 예상"되는 지금이야말로 진보정치 운동의 혁신과 재구성이 필요한 때이다.

'프레카리아트'(불안정한 precarious과 프롤레타리아트 proletariat를 합성한 조어)와

'워킹 푸어'의 저항을 비롯해, 전 세계적으로 일어나고 있는 대중 항쟁은 신자유주의의 위기이자 미국 중심의 헤게모니에 균열이 생겼음을 보여준다. 「사회변혁을 위한 역사 읽기: 역사의 반복과 정치적 리듬 분석」(4강)에 따르면, 이러한 항쟁은 '폭발성 주기'라는 역사적 패턴 안에서 해석될 수 있다. 그 대표적 사례는 1917년 러시아혁명이었으며, 당시 '무장봉기–대중봉기–의회주의–무력 쿠데타'라는 전개 과정은 1919년 코민테른 발족 이후 유럽과 세계 전역에서 유사 형태로 반복되었다. '차이를 생성하는 반복' 속에서 한국 사회의 폭발성 주기는 향후 한국 정치의 전망을 위해 활용될 수 있을 것이다.

신자유주의는 소비자로서의 시민을 넘어 오늘날 "빚진 주체"와 "부채경제"라는 새로운 사회 현실을 만들어냈다. 「신자유주의를 넘어 문화사회로 가는 길」(3강)은 특히 "부채를 자산으로 여기는 사회" 분위기 가운데 기꺼이 빚을 지는 사람들이 늘어났으며, 이를 "차입의존형 삶"이라 정의한다. 아울러 여기에 개입된 "회계학적 태도"는 "자산·자본·상품의 가치를 가격, 즉 수치로 나타낼 수 있도록 하는 파생상품의 논리" 그리고 이를 아우르는 금융경제적 태도의 과잉과 연결되어 있다. 이러한 난국을 극복하기 위해 제시된 '문화사회'는 "소비자본주의가 강요하는 소비생활에서 벗어나" "사회적으로 필요한 생산과 관련된 노동은 하되 불필요한 생산, 과잉생산을 위한 쓸데없는 노동"은 그만둘 것을 선언하는 사회다.

신자유주의는 오늘날 생명과 생태 그리고 이와 연관된 과학기술의 근본적 가치를 오염시킨 요인으로도 지목된다. 우선 「과학자본주의 시대, 통합적 합리성이 필요하다」(7강)에 따르면, "무조건 오래 살아야 하고 인간의 존엄성마저 파괴된 채 수단과 방법을 다해 살려야만 하는 생명집착과 생명존중은 엄연히 다른 것"이다. 여기에 개입된 과학기술은 "생명이 또 다른 과학 발전에 의해 구원되리라는 과학주의적인 사고방식"을 강화한다. 이에 저항하기 위해서는 "과학에 독점적으로 부여한 권력을 되찾아올 필요가 있다." 이런 가운데 「원효와 마르크스의 대화, 신자유주의의 대안이 되다」(8강)는 "시장에 전인격을 포획하려는" 신자유주의에 맞서 노동거부와 소비축소를 지향하는 '화쟁의 사회경제학'을 제안한다. 화쟁의 사회경제학 속에 깃든 이른바 '코피티션coopetition'의 원리는 "상생할 수 있는 경영" 속에서 자연과 인간의 화해, 나와 타자의 열린 관계를 지향한다. 신자유주의의 폐해는 "높은 자살률, 심각한 빈부 격차, 청소년 행복도 최하위, 핵발전소 밀집도 세계 1위, 재생가능에너지 OECD 최하위 수준, 식량자급률 OECD 최하위 수준"이라는 한국 사회의 지표로 나타나고 있다. 「녹색당이 이 시대를 읽는 방법」(9강)은, 앞에서 언급한 문제가 신자유주의의 '성장 중독증'에서 비롯됐다고 말한다. 이를 극복할 '녹색전환'이라는 녹색당의 핵심 가치는 오늘날 한국이 처한 환경 문제, 자원 문제, 식량주권의 문제를 비롯해, 수도권 집중과 중앙당과 대표로 상징되는 기존 정당정치의 틀을 깨는 새로운 정치적 대안이 될 수 있다.

끝으로 강연 진행 당시 한국 사회 상황과 이후 급변한 현실을 감안해, 각 저자들은 편집부와 논의 아래 강연 이후 나타난 한국 사회의 현실과 문제를 글에서 일부 추가했다. 시시각각 변하는 우리 사회의 논점을 하나하나 챙겨가면서, 답답한 일상을 돌파해보려는 이들을 위한 배려로 이해해주기를 정중히 부탁드린다.

글항아리 편집부

1강

'배제된 자들의 민주주의'에 관한 단상

홍세화

" 이 부조리한 세계에서 '자본에 맞서는 정치'를 만드는 것은
우리네 고통과 희생의 양이 아니라 정치 형태와 공간·시간을 발명하는
우리 자신의 능력에 달려 있다. 지금과는 '다른 민주주의'를 만들지 못할 때
우리에게 희망은 내일도 찾아오지 않을 것이다 "

_____ 대선이 끝난 지 일곱 달이 지났다. 이 글은 2012년 12월 19일의 대선을 전후한 시기에 머릿속에 떠올랐다가 끊어지곤 하던 메모 수준의 단상들을 정리한 것이다. 나는 지난 대선에서 새누리당 박근혜 후보에게 표를 준 51.6퍼센트에도, 민주통합당 문재인 후보를 지지했던 48퍼센트에도 속하지 않는다.

지난 대선의 두 가지 중요한 특징은 '회고주의'와 '좌파의 부재'였다. 그 가운데서도 박근혜의 승리는 좌파의 부재와 깊은 관련이 있다. 이 생각에는 물론 어째서 그런가를 입증해야 할 의무가 따른다. 나는 박근혜 정권은 실패할 것이라고 생각한다. 물론 이 실패는 우파 전체의 실패를 의미하는 것은 아닐뿐더러 총자본의 이해 관철에 문제가 발생한다는 의미는 더더군다나 아니다. '국가'의 주도적 역할을 부활시키려는 박근혜의 시도는, '국민통합'을 주문하며 그를 반대했던 '진보적' 명망가들의 대승적·애국적인 주문에도 불구하고 파탄에 이를 것이다. '민생'을 돌보는 자애로운 국가의 표정을 관리하는 것은 국가 자신이 될 수 없기 때문이다.

자유민주주의 체제의 정부나 대의기구가 자본의 이익에 반하는 결정을 하거나 자본을 통제하는 게 가능하지 않다는 것은 비단 한국의 현실만은 아니다. 박근혜 정권의 등장은 한국의 민주주의가 고삐 풀린 자본주의에 대해 효과적인 민주적 통제도 적용할 수 없었던 현실이 불러들인 결과라 할 수 있다. 우리 시대의 정치, 혹은 정치 행위가 선거라는 투표 행위에 고정되어 있는 한, 그리고 자본이 사람들의 삶을 절망 속으로 밀어넣는 한, 내용 없는 민주주의에 기대를 걸기보다 초인적 주술에 이끌리게 되는 역설은 계속될 것이다.

우리는 이제 권위주의 독재체제와 단절된 것이라 여겨온 '민주정부 10년'까지 포함하여 한국에서의 민주주의가 어떤 실체를 지닌 것인지, 그 가능성과 한계에 대해 전면적인 질문을 던질 때가 되었다고 생각한다. 이는 곧 박정희와 그 이후 신군부 정권, 김영삼-김대중-노무현으로 이어지는 정치적 자유화 과정, 이 '자유화'가 불러들인 이명박 정권과 뒤이어 등장한 박근혜 집권까지가 한국 자본주의의 진화 과정과 어떻게 접합되어 있는지를 규명하는 작업이 될 것이다. 그러나 더욱 중요한 것은 보수주의와 자유주의 정치세력 간의 국가-의회 권력을 둘러싼 각축의 이면에 엄연히 존재하는 자본과 노동 간의 모순과 적대를 표면 위로 끌어올리는 일이다. 이는 자명하고 움직일 수 없는 것으로 간주되어온 자유민주주의 체제가 자본이 파괴하는 삶과 인간의 고통에 과연 어떤 의미 있는 작용을 할 수 있을지, 그 가능성과 한계를 여실히 드러내는 일이다.

그리하여 다시 문제는 '민주주의'다. 자본주의 비판이 민주주의에 대한 공격이라는 이데올로기적 협박에 감춰진 진실은, 선거-대의제 형식으로만 민주주의를 남겨두고 정치를 '치안-행정'으로 축소시키는 힘으로 작용해온 자본주의야말로 민주주의의 파괴자라는 사실이다. 자본주의에서 노동은 근본적으로 '비非주체'다. 노동자를 끊임없이 불안정한 존재로 만드는 것, 노동을 분할함으로써 노동의 전체성을 파괴하는 것을 통해서만 유지될 수 있는 체제가 바로 자본주의다. 대의제 안에서 대표될 수 있는 노동은 노동계 일부의 이해를 대표할 수 있을 뿐이다. 기실 유행처럼 이야기되는 '민주주의의 위기'는 노동을 대표하지 못하는 '대표성의 위기'라는 원론적인 주장으로 결코 해명될 수 없다. 그것은 오히려 정치를 대의제의 틀 안에 가둠으로써 정치공간에서 배제된 '비주체'들이 포화상태에 이른 데서 기인한다. '더 많은 민주주의'란 오늘의 자본주의 체제에서 대의제-민주주의가 처한 한계, 이를테면 좁아진 병목 구조를 감안하지 않은 환상에 불과하다.

우리에게는 지금 더 많은 민주주의가 아니라 '다른 민주주의'가 절실하다. 인간적 삶의 가능성을 위해 남겨진 '공동의 것'을 모조리 집어삼키고 무수한 인간의 현존을 사회적 존재가 아니라 한낱 '잉여'나 '벌거벗은 생명'으로 만들어버리는 자본주의 체제를 제어하고, 치안-행정의 대상이자 기껏해야 국가 복지의 수혜자로 호명되는 배제당한 '비주체'들이 민주주의의 주어(주체)가 되는 그런 민주주의 말이다.

그 무덤에 햇살이?

대선 다음 날, 대통령에 당선된 박근혜의 첫 일정은 국립묘지를 찾는 일이었다. 그는 그곳에서 전직 대통령인 이승만, 박정희, 김대중의 묘를 차례로 참배했다. 박근혜 시대의 개막에 대해 한 신학자가 마르크스의 『루이 보나파르트의 브뤼메르 18일The eighteenth Brumaire of Louis Bonaparte』●(이하 『브뤼메르 18일』)을 언급한 것은, 아버지 박정희에 이은 딸 박근혜의 대통령 당선이 루이 보나파르트가 삼촌 나폴레옹의 1799년 쿠데타의 모방이자 재판再版으로서 일으킨 1851년 쿠데타를 분석한 그 책을 떠올리게 했기 때문일 것이다.¹ 역사는 반복되는데 "한 번은 비극으로 다음은 소극笑劇으로 끝난다"는 마르크스의 유명한 말로 시작하는 『브뤼메르 18일』은 이 시대를 성찰하는 독서 목록 첫 번째에 오를 만한 책이다.

하지만 아버지에 이은 박근혜의 집권을 곧바로 우스꽝스런 반복으로 비유하는 것은 중요한 역사적·정치적 사실을 생략해버린 지나친 단순화다. 허약한 공화정을 쿠데타로 무너뜨리고 군주정으로 회귀시킨 나폴레옹 가의 쿠데타에

● 마르크스가 1848년 프랑스에서 2월 혁명으로 세워진 의회공화정이 왜 4년도 안 되어 루이 보나파르트의 쿠데타를 통해 독재체제로 귀결됐는가라는 문제의식을 갖고, 의회공화정 생성 및 사멸의 역사를 계급 간 대립과 투쟁의 관점으로 분석한 책.

대한 직접적인 비유는, 아마도 박정희의 1961년 5·16 쿠데타에 대한 '정신적 조카'뻘인 전두환 신군부의 1979년 12·12 쿠데타에 적용될 수 있을 것이다.[2]

역사는 반복된다. 다만 마르크스의 말처럼, 그 반복은 동일한 반복이 아니다. 박정희와 박근혜를 곧장 연결시키는 것은 19세기 프랑스에서의 쿠데타와 공화정을 단지 적대적인 대립물로 파악하는 오류와 비슷하게, 권위주의적 군부독재 시대를 이후 민간정부하의 정치적 자유화 과정과 단절해서 생각해버리는 오류를 일으킬 수 있다. 무덤에 갇힌 박정희가 지난 대선에서 딸의 당선을 얼마나 도울 수 있었을까라는 물음은 올바른 접근법이 아니다. 박정희는 그저 죽어 무덤에 갇힌 전직 대통령 가운데 한 사람의 이름이 아니다. 그는 '존경하는' 전직 대통령 조사에서 늘 1위를 차지하는 인물에 멈추지 않는다. 그보다 주목해볼 지점은 언젠가 서울대생을 대상으로 한 여론조사에서 복제하고 싶은 인물 1위가 박정희라는 사실처럼, 그는 생물학적인 의미에서 한국인의 의식과 무의식을 지배하는 인물이라는 것이다.

박정희는 '근대화'라 부르는 한국 자본주의의 발전과 일체화된 존재다. 경제발전에 대한 대중 신앙이 견고할 때 다카키 마사오라는 일본 이름도, '경제발전의 업적은 인정하나 독재를 했기에 비판받아야 한다'는 자유주의적 비판도, '경제발전의 토대가 있었기 때문에 민주주의가 가능하다'는 지배적 인식 앞에 무력할 수밖에 없다.[3] "우리는 나치 독일이 독일의 대공황을 매우 성공적으로 극복했다는 사실을 종종 잊는 경향이 있다"는 에릭 홉스봄•의 말처럼,[4] 더 실망스런 현재는 그렇지 않았다고 상상하는 과거에 대한 회고주의를 강화한다. 하물며 높은 국가성과 낮은 계급성을 특징으로 하는 한국 사회야 두말할 나위도 없다. 노동의 고통을 담보로 하는 거시적·미시적인 지배 관계와 '한강의 기적'으로

• Eric Hobsbawm. 자본주의 형성 과정과 그에 따른 인간의 다양한 삶에 근거한 근대자본주의 사회의 역사 연구로 명성을 얻은 마르크스주의 역사가. 정치, 역사 쓰기, 사회이론뿐 아니라 감각적인 재즈 비평도 선보였다. 2012년 10월 1일, 95세를 일기로 세상을 떠났다.

상징되는 경제성장이 한 몸인 한국 자본주의의 성격이 바뀌지 않는 한, 박정희 없는 박정희 체제는 한 번도 극복되어본 적이 없다고 말할 수 있다. 그것의 진화가 '900만 명의 비정규직 노동자가 있기에 세계 10위의 무역 구조를 자랑하는 선진국'이 된 오늘의 한국적 신자유주의 경쟁 국가라는 형태로 나타났다.

최초의 수평적 정권교체라 이야기되는 김대중 정권의 등장이 반공규율 사회에 기초한 억압적 권위주의 체제가 선거-대의제 민주주의로 이행되는 기점이었던 것은 분명한 사실이다. 민주주의가 거추장스런 치장이 아니라 자명한 정치 원리로 자리잡았다는 것은 분명 중대한 의미를 지닌다. 그러나 박정희가 정초定礎한 대자본 중심의 한국 자본주의 체제는 자유주의 정권으로부터 전혀 도전받지 않았다. 달라진 것이 있다면, 국가의 권위적·계도적인 성격이 '노사정 위원회'라는 이름으로 상징되듯 거버넌스● 체제의 관리자 역할로 탈바꿈했다는 점이다.

자본주의 세계체제의 변동 과정에서 '외환위기'로 경제적 파국을 맞아 시작된 1997년 이후의 IMF 구제금융기에 자유주의 정권이 수행한 일이라곤, 노동에 대한 일방적이고도 강도 높은 구조조정으로 자본의 자유를 극대화한 일뿐이었다. 박정희 시대의 노동자가 훈육 대상이면서도 산업 역군이었다면, 자본-국가의 총공세 아래 놓인 노동자는 노동시장의 유연화를 위해 정리되어야 할 존재에 지나지 않았다. 1998년 울산 현대자동차 총파업 당시, 노사정 위원회의 대표가 뒤이어 대통령이 된 노무현이었다는 사실을 굳이 상기하지 않더라도, 이른바 민주정부 10년을 통해 도달한 결과는 임기 말의 노무현이 고백했듯이, "권력이 시장으로 넘어갔다"는 사실로 압축되는 것이었다.

인간 가치의 측면에서도 민주화 10년은 박정희 시대를 넘어서지 못했다. "잘

● 사회 내 다양한 기관이 자율성을 지니면서 함께 국정 운영에 참여하는 통치 방식을 말한다. 다양한 행위자가 통치에 참여·협력하는 점을 강조해 '협치'라고도 부른다.

살아보세!"로 압축되는 박정희 시대의 구호와 "부자 되세요!"라는 신자유주의 시대의 인사말은 삶의 가치 측면에서 더 풍족한 삶에 맞추어져 있지만 그것은 자본주의의 달라진 단계를 반영하고 있다고 할 수 있다. 전자의 구호는 '우리(도)'를 호명하고 있지만, 후자의 인사말이 은근히 권유하는 것은 '당신(만)'이라는 '개인'이다. 정리해고의 칼날 앞에서 노동은 자신이 살아남을 수 있는 '자격'이 있음을, '유용한' 존재임을 입증해야 하는 개인으로 서게 된다. 자본의 공세로 끊임없이 위계 속으로 분할되는 노동은 더 이상 하나의 계급으로 존재할 수 없게 되는 것이다.

나의 기억이 틀리지 않다면, 자유주의 정권 시대로부터 우리는 국가의 훈계보다 자본의 훈시를 더 자주 접하게 되었던 것 같다. "2등은 아무도 기억하지 않는다"는 무시무시한 경고와 함께 '자신을 책임지고 관리하라'는 다그침을 일상에서 무수히 반복해서 들으며, 사람들은 마침내 '자기계발하는 주체'로 거듭나게 된 것이다.[5] '노무현 정권이 이명박 정권을 낳았다'는 비판적인 평가는 자유주의 정권의 취약성이 가져온 실패라기보다는, 자본 우위의 자본–국가에서 자기계발하는 주체들로 거듭난 사람들에게 샐러리맨 출신 'CEO 대통령' 이명박보다 선망되는 표상이 없었기 때문이라고 보는 편이 맞을 것이다. 나는 이명박이야말로 한강의 기적을 낳은 '박정희의 사생아'(이 비유가 출생에 대한 차별적 발언으로 받아들여지지 않기를)라고 생각한다. 민주주의를 사장단 회의보다 '덜 실용적인' 것으로 여기는 이 인물을 통해 우리가 확실히 깨달은 것이 있다면, 그것은 한국 사회에서 권력과 자본을 가진 소수와 갖지 못한 대다수의 삶 사이엔 도저히 소통 불가능한 장벽이 가로놓여 있다는 사실이다. 계량경제학이 이 시대를 어떤 수치로 합리화하든, 모든 것을 '시장'과 '공사판'의 원리로 바꾸어버린 세계에서 '쓰고 버리는 노동'에 남은 것은 모멸감과 절망뿐이었다.

2012년 대선이 앞선 몇 차례의 대선에 비해 많은 사람을 투표장으로 불러낸 것은 무엇보다 자본주의의 위기 심화에 따른 불안감과 미래의 불확실성이 영향을 미쳤을 것이다. 정치학자 최장집의 말처럼, "'지금 변하지 않으면 안 된다'는 요구가 어느 때보다 크고, 사회경제적 양극화로 변화 요구가 절박했으며, 노동, 복지, 고용확대, 빈곤 문제 등 사회경제적 이슈가 전면에 부상한 최초의 대선"[6]이었다고 할 수 있다. 이번 대선을 야당이 이길 수밖에 없는 선거라고 불렀던 것도 어쩌면 이명박의 실정이나 민주통합당의 역량에 근거한 것이라기보다 정치적 공방의 표층 아래에서 오랜 시간에 걸쳐 누적된 대중적 불안과 절망감이 임계점을 향해 치닫고 있는 현실에 기댄 것이었다고 보는 게 맞을 것이다.

그러나 결과는 우리가 아는 대로다. "과거와 관련되어 있는 모든 미신을 벗어버리고서야 비로소 19세기의 사회혁명은 시작될 수 있다"[7]는 마르크스의 말처럼, 회고주의가 사람들의 의식을 휘감은 채 실제의 선거운동 양식과 이미지 그리고 언어도 그것에 따라 움직인 대선에서, 한국 자본주의의 기원으로 기억되는 아버지 박정희를 계승하여 국가의 자애로운 역할로 '국민행복시대'를 열겠다는 박근혜는 정치적 상징체계의 경쟁에서 승리에 더 가까이 설 수 있었다. 동작동 국립묘지에서 아버지와 그의 정적이었던 김대중 묘지를 차례로 순례한 그의 동선은 '한국적 민주주의'로부터 '민주화 이후'까지를 통합하여 완성에 이르게 하겠다는 것을 선언하는 소리 없는 퍼포먼스였다고 할 수 있다. 그러나 그의 꿈은 이루어질 수 있을까? 지금은 박정희의 국가 주도 자본주의 시대가 아니라 그가 키운 대자본이 자유를 한껏 구가하는 자본-국가의 시대다.

빼앗긴 '붉은 깃발'

정치적 상징체계의 경쟁에서 박정희의 적자라는 견고함만으로 박근혜의 승리를 설명하는 것은 물론 타당치 않다. 존재 자체가 회고인 박근혜는 오히려 회고에서 자유로울 수 있으므로 변신을 적극적으로 시도한 데 비해, 민주통합당을 중심으로 하는 자유주의 정치세력은 민주정부 10년으로 복귀하고픈 회고주의의 늪에서 헤어나오지 못했다. '정권 연장이냐, 정권 교체냐'는 슬로건을 통해 이명박 정권의 실정과 박근혜의 공동 책임론을 부각시키고 박정희의 억압 통치의 기억을 환기시켜 박근혜를 공격함으로써, '독재 대 민주'의 대립구도를 만들어낸 것만 가지고도 1470만 표를 얻은 것은 누군가의 말처럼 기적에 가까운 일이라 할 수 있다. 그래서 민주 진영의 대표적인 원로는 "패배는 쓰라리지만 국민은 위대했다"[8]라는 평가를 내렸던 것일 테다.

하지만 여기서 "정의감이 드높고 사익보다 공익을 앞세우며 불안하더라도 희망찬 미래를 선택"한 국민이 기대한 민주주의는 어떤 것이었을까를 생각해볼 필요가 있다. 또 이들이 '국민'으로 호명된 것도 주의를 기울일 필요가 있다. 같은 이야기가 되겠지만, '여론'조사로도 나타나고 선거 결과로도 나타난 보수 정권에 반대하는 표를 민주주의에 대한 신념에 근거한 지지로 묶을 수 있는지, 그렇다면 그 신념을 구성하는 것은 무엇인지를 따져봄은 결코 무익한 일이 아닐 것이다.

"모든 죽은 세대의 전통은 악몽과도 같이 살아 있는 세대의 머리를 짓누르고 있다"[9]는 마르크스의 말을 여기에 적용하기란 무척 협소하지만, 언제부턴가 민주당의 상징색이 되어버린 노란색과 노무현을 연상시키는 "사람이 먼저다"라는 구호는 분명 과거에 존재했던 민주정부 10년의 기억에 호소하려는 것이다. 그러나 지난 10년 동안 이루어졌던 정치적 자유화 또는 '개혁'의 성과에 대한 기억은 그들 기대처럼 강렬한 것도, 심지어 긍정적인 것만도 아니다. 국민의 정부나 참여정부 시절을 실제로 '좋았던 시절'로 경험한 사람들을 제외한다면, 그 기간은 생활세계의 변화를 가져올 만큼 민주주의의 효과를 실감하지 못했을 뿐 아니라, 오히려 궁핍이 심화되거나 만성화되었다고 생각할 공산이 더 크다. 정권 교체의 당위성을 앞세우고 싶기 때문이라 하더라도 마치 이명박 정권 동안 사회적 양극화가 이전에 비해 극심해졌다고 말하는 것은 정직하지도 정확하지도 않은 설명이기 때문이다.

알랭 바디우가 말했듯이, "모든 향수는 존재하지 않았던 것에 대한 향수이다."[10] 정권교체가 이전 민주정부 시절보다 더 많은 민주주의를 가져올 것이라는 '믿음을 믿는' 사람들이 적지 않았다 하더라도, 내용이 채워지지 않은 민주주의란 실상은 텅 빈 기표에 불과하다. 여기서 내용이란 단지 '정책'을 의미하지 않는다. 그것은 민주주의에 자신들의 요구가 반드시 채워질 것을 강제하는 사람(또는 집단 혹은 그것을 계급이라 부르든 아니든)들의 주체화까지를 포함하는 것이어야 한다. 그러면 노동의 급격한 분화, 노동조직의 쇠락으로 생긴 정치참여 공간의 공백을 메운 것은 누구였을까?

혹자는 '트위터 전쟁'이라 부른 현상을 근거로 한국 사회 구성원들이 '보수 대 진보'로 확연히 나누어지며, 특히 젊은 세대에게 민주주의적 지향이 강하다고 말할지 모르지만, 예컨대 보수 대 진보라는 경계 형성 역시 단편적인 사안의 대립이나 선험적으로 형성된 이미지에 대한 판단에 기초해 있을 뿐, 사회경제적 존재에 근거한 총체적 인식으로 대립하고 있는 것은 아니라고 하는 편이 사실에 가까울 것이다. 단순화의 위험을 무릅쓰고 말한다면, 선거 공간에 투표하는 유권자로 호명당한 개개인은 어느 시점부터 집단적 실존에 대한 의식을 지니고 초대에 응하는 게 아니라 말 그대로 '개인'으로 자신의 의사(이해)를 표현한다. 그 개인은 자본의 명령에 따라 언제라도 사회로부터 혹은 노동으로부터 배제될지 모르는, 말하자면 '수탈당할' 기회조차 얻지 못한 '잉여'로 추락할지 모르는 '불안하고 부유하는 개인'이다. 이 개인은 촛불을 든 군중의 한 사람일 수도 있지만, 매일같이 자신이 산 얼마 안 되는 주식의 가격이 떨어질까 전전긍긍하기도 한다. 또 친구들을 만나 대기업의 횡포를 비난하지만, 대기업이 운영하는 마트가 동네에 들어서면 싼 가격을 찾아 영세한 가게를 지나쳐 그곳으로 가는 개인이다. 그 개인들은 선거라는 스펙터클에 열성적으로 참여하고 자신이 바라던 결과가 나오지 않았을 때 패닉에 빠지기도 하지만 일상 속의 '그'는 스펙터클 속의 그와 사뭇 다르게 별다른 변화가 일어나지 않는다. 정당은 이 부유하는 개인들을 지지표로 끌어모으기 위해 여론조사라는 것에 의존한다. 여론조사에 따라 정당의 정책은 우선순위가 바뀌거나 아예 사라지기도 한다.

물론 이상의 이야기는 지나친 단순화다. 그럼에도 전 지구적 자본주의 체제하에서 자본주의의 유연화된 생산 질서가 노동의 유연화를 강제하는 동안 변화된 이러한 현실을 '대의제 민주주의의 종말'이라 부르든 '포스트 민주주의'[11]라 부르든, 주목해야 하는 것은 이러한 현실이 자본주의 체제 안의 경쟁이 강화되면서 대의제를 무의미한 것으로 만들어버리는, 다르게 말하면 대표하거나 대표되는 정당-계급으로부터 자립성을 지니고 통치하는 하나의 주체로서의 국가(권력)를 정치 무대에 등장시킨다는 사실이다.

가라타니 고진•은 마르크스가 『브뤼메르 18일』에서 프랑스에서의 1848년

• 柄谷行人. 『근대문학의 종언』 『세계 공화국으로』 『세계사의 구조』 등 다수의 책을 통해 근현대 철학 사상과 끝없이 투쟁하면서 '자본주의=민족Nation=국가State'에 대한 비판과 극복을 꾀하는 일본의 문예비평가이자 사상가.

2월 혁명과, 이 혁명이 가져온 제2공화정 헌법에 따라 시행된 보통선거에서 나폴레옹의 조카 루이 보나파르트를 대통령으로 선출한 데 이어, 쿠데타와 함께 이 '기괴하고도 평범한 인물의 독재체제'로 회귀해버린 상황을 분석한 것이 단지 19세기 프랑스에 대해서만이 아니라, '역사의 종언'이 운위되는 1990년대 이후의 상황에도 적용될 수 있다고 주장한다.[12] 이유는 마르크스가 말한 역사에서의 반복은 일회적인 것이 아니라 구조론적인 것이기 때문이다. 그것이 구조적인 까닭은 '자본과 국가의 반복강박적인 성질'에서 비롯된다. 자본의 축적 운동은 그 자체가 반복강박적인 것으로 자기증식 과정에서 '불황-호황-공황-불황'이라는 반복을 피할 수가 없다. 근대국가의 정치 형태인 대의제 역시 그 자체로는 메울 수 없는 구멍이 있기 때문에 대의제의 존속과 파탄이라는 반복강박이 발생한다. 그 구멍은 대의제(공화정)가 죽이고 추방한 '왕'이다. 그것이 왕이든 '황제'든 '대통령'이든 '총리'든 그 이름과 무관하게, 마치 자본주의경제에서 화폐가 단순히 상품이 아니라 숭고한 물신이듯, 대의제라는 정치적 표상체계의 구멍을 채울 뿐 아니라 그 자체를 가능케 하는 것은 물신화된 권력으로서의 국가다.

『브뤼메르 18일』은 한마디로 대의제 민주주의가 불가피하게 갖는 위기를 밝혀낸 탁월한 업적이라고 말할 수 있다. "보통선거에 기초한 의회에서 '대표'는 그저 의제擬制에 지나지 않는다." 표상=대행 제도는 배후에 있는 사회적 계급들로부터 독립(괴리)된 채 존재하는 '의제-형식'이다. '대표하는 것'과 '대표되는 것' 사이에 존재하는 관계의 자의성은 '모든 것을 대표하는' 물신화된 권력의 매개 없이는 지탱될 수 없다. 마르크스는 대의제가 그 자체로 이중적이라는 사실을 지적한다. 하나는 의회라는 입법 권력이고, 다른 하나는 대통령 즉 행정 권력이다.

우리는 여기서 "볼셰비즘과 파시즘은 다른 모든 독재 제도와 마찬가지로 반反자유주의적이지만, 반드시 반反민주적이진 않다"[13]는 카를 슈미트•의 말과 『브뤼메르 18일』에서 마르크스가 이 이중성이 가져온 모순에 대해 언급한 말[14]을 되돌아볼 필요가 있다. '독재'와 '민주'가 적대적으로 대립할 수밖에 없다는 자유주의자들의 신념은 대의제 민주주의의 구조적인 취약성으로 말미암아 국민투표를 통해, 루소가 말한 '일반의지'••를 대표한다고 자처하는 대통령 권력에 의해 언제라도 부정당할 위험성에 처해진다. 특히 비상사태나 예외상황(전쟁 등)—자본주의의 위기도!—에서는 분열된 여러 계급의 상상적 통합이라는 '결단자로서의 주권자'가 늘 등장한다. 대의제 민주주의의 신봉자인 정치학자 최장집은 대의제의 이 같은 이중성이 갖는 모순이 한국 정치에서 두드러지게 드러나는 현실을 '약한 입법부와 강한 행정부'라는 한국의 정치사적 조건에서 찾았는데, 이를 두고 "'구조적 포퓰리즘'과 강력한 대통령의 역설"[15]이라는 말로 개념화하기도 했다. 허나 그것을 한국적 특성에서 찾을 것이 아니라 자본주의 체제-의회제의 본질적인 모순과 한계를 통해 들여다볼 필요가 있다. 가라타니 고진은 1930년대 대공황 이후 미국에서 '모든 당파나 계급을 전부 대표하여 전쟁정책을 추진한 루스벨트 대통령의 출현'을 두고 "이것은 파시즘은 아니지만 자유주의도 아니다"라고 했다. '파시즘도 아니고 자유주의도 아닌' 이 '초계급적' 국가(권력)의 출현을 어떻게 봐야 할까? 이제 한국의 현재 시간으로 되돌아오자.

박근혜는 대선 이전 치러진 총선에서 그가 이끄는 당의 색깔을 붉은색으로 바꾸었다. 그의 공약을 요약한 붉은 현수막(예컨대 "국가가 충치에서부터 임플란트 치료까지!")들은 과거 진보정당의 의제를 자유주의 정당이, '좌클릭'한 자유주의

• Carl Schmitt. 법과 정치질서는 주권적 권위자의 '결단'에 의해 정당화될 수 있다고 주장한 독일의 정치학자이자 공법학자. 대표작으로 『정치적인 것의 개념』 『정치신학』 등이 있다.
•• 루소의 국가론에 나타나는 중심 개념으로, 개인적인 이기심을 버리고 사회 계약의 당사자가 되는 공적 주체로서의 국민 일반의 의지를 일컫는 용어.

정당의 의제를 보수주의가 삼키는 먹이사슬이 형성되었음을 보여주었다. 이는 정당정치의 생태계 교란으로 보아야 할 것인가? 나는 이를테면 박근혜와 경제민주화를 주장하는 김종인의 결합을 '비정상적'이거나 임시적이라 보는 견해에 의구심을 갖는다. 박정희 정권하에서 1977년에 국민의료보험제도 도입시 중요한 역할을 한 것으로 알려진 김종인(그는 당시 서강대 교수이면서 외곽에서 경제브레인 역할을 한 '금융회'를 이끌었다)과의 인연은 오래된 것이기도 하지만, 총자본의 이익에 반할 정책 입안의 가능성은 국가가 일반의지의 구현자로서 대자본에 행사할 권력을 지녔을 때 더 높을 수 있다는 역설이 여기서 생겨나는 것이다.(가령 대선 이전 삼성의 이건희는 자신의 아들을 서둘러 부회장으로 격상시켰다. 그리고 중소기업인 단체를 거쳐 전경련을 찾은 대통령 당선인을 만나는 자리에 해외여행 일정상 참석하지 않았다. 나는 노무현 정권 아래 한국 제1의 자본 권력이 된 이건희의 머릿속에서 재벌들을 호령하던 박정희 시대의 기억과 노무현 시대의 기억을 어떤 마음으로 그 스스로 대비해보고 있을까 궁금했던 적이 있다.)

파국으로 치달을 수 있는 경제위기 요소가 곳곳에 도사리고 있고 무엇보다 사회적 양극화로 대중의 불만이 임계점을 향해 나아가는 국면에서, 박근혜의 붉은색은 이를테면 '예방 혁명적인' 성격을 갖는다고 하겠다. 그것은 "자본주의가 초래한 계급 대립을 행정 권력에 의해 해소하는 것, 혁명을 이후 영원히 불필요하게 만드는 것"[16]을 의미한다. 마르크스는 황제가 된 나폴레옹 3세에 대해 "보나파르트는 모든 계급에 가부장적 은인이기를 바랄 것이다"[17]라고 썼다. 우리는 '민생대통령'이 되어 '국민행복시대'를 열겠다는 박근혜 정권을 경험하고 있다. 마르크스는 바로 앞 문장에 이어 이렇게 썼다. "그러나 그는 어느 한 계급을 착취하지 않고서는 어느 계급에게도 시혜를 베풀 수 없다"고. 우리는 머지않아

'인간적인, 너무나 인간적인' 자애로운 국가의 출현을 보게 될 것이고, 또 그로부터 그리 오래지 않아 자애로운 국가가 준 미망이 사라지며 맨얼굴이 드러나는 때를 보게 될 것이다. 그렇다면 그다음은 무엇이 기다릴까?

열정과 허무 사이

이승만 정권, 한국전쟁을 거쳐 굳건해진 반공규율 사회하에서 시작하여 박정희의 경제개발계획으로 수립된 한국의 국가-자본주의 체제의 정통성에 대한 신앙을 한 번도 의심해본 적이 없는 사람들은, 익숙한 상징체계나 질서에 변화를 가져오는 자유주의 세력의 집권을 역사의 탈선으로 받아들였을 것이다. 그들에게 그 기간은 '잃어버린 10년'이었다. 반면 민주주의와 자유의 확장을 역사의 섭리라고 믿었던 사람들에게는 이명박이라는 벌거벗은 자본주의 맹신자가 정권의 주인이 된 것이 예기치 않은 역사의 반동이었을 것이다. 그러므로 박정희의 딸 박근혜의 집권은 있을 수도 없고 있어서도 안 되는 일이었을 것이다. 가령 '박근혜가 집권하면 이민' 운운했던 것은 그러한 생각의 발로였을 터이다.

오랜 독재체제 아래 군부와 치안-정보기구를 동원한 물리적 억압에 의해 정치 행위 자체가 사실상 불가능하던 시절에 대부분은 그 질서에 숨죽이고 순응했으며, 아주 소수에 의한 저항만이 있었다. 1970년대의 한 저항 시인이 담벼락에 타는 목마름으로 쓴 '민주주의'라는 단어는 오늘에 이르러 공허한 것임이 드러났지만, 민주주의가 빈 것으로 남겨져 있었던 까닭에, 오히려 거기에는 체제 자체를 부정하고 넘어서려는 의지와 상상력이 기입될 수도 있었다. 정치적 억압에 대한 저항이 87년 항쟁으로 이어져 마침내 대통령을 국민의 손으로 직접 뽑을 수 있는 길이 열림으로써 정치제도로서의 민주주의는 다음 단계로 접어든다.

한국 민주주의의 역설은 이 지점에서 시작되었다. 우선 민주주의는 한편으로는 열렸지만(대의민주주의라는 형식으로), 다른 한편으론 닫혀버렸다(대의제를 얻은 대가로 다른 민주주의의 가능성은). 사람들은 대통령이나 국회의원 등을 뽑는 선거를 통해 정치에, 곧 권력 교체에 참여한다고 실감했고 실제로 자신들의 힘으로 정권을 바꾸기도 했다. 한 번의 선거로 정권과 민주주의의 향배를 결정할 수 있다는 생각은 사람들로 하여금, 선거마다 하나의 선택이 현실화되는 순간 여타의 것들은 무효가 되어버리는 경험이 되풀이되면서, 선거라는 스펙터클 속으로 함몰되게 한다. 마치 자신이 정치의 선악에 대해 종말론적 심판을 내리는 주체라는 착각 속에서.

대의제가 민주주의의, 선거가 정치의 유일한 현실이 되어버린 상황 속에서 사람들의 의식은 묵시록적 불안과 기대에 휩싸이고, 승패라는 스펙터클의 결과에 대한 관심 외의 다른 어떤 것도 허용되지 않는 '단순성'과 그것이 불러일으키는 열정의 지배를 받게 된다. "이길 수밖에 없는(져야야 질 수 없는) 선거에서 졌다"는 통한의 언어들은 발터 벤야민이 「역사철학테제」에서 말한 "항상 승리하게끔 되어 있는 소위 '역사적 유물론'이라 불리어지는 인형"[18]이란 것을 떠올리게 한다. 어쩌다 20세기 좌파를 실패와 환멸로 몰아넣었던 속류유물론●의 망령이 21세기 한국 사회의 민주주의적 열정을 사로잡게 되었을까?

2012년 대선은 어떻게 선거라는 스펙터클 속에서 민주주의가 세계를 갱신하는 과정으로서가 아니라 산술적 계산에 따른 결과에 종속되어버렸는지, 나

● 헤겔이 죽고 나서 화학, 생물학 등의 분야에서 이룩한 발견으로 종래의 관념론적 철학 체계가 몰락 과정에 있는 가운데, 1850년대에 특히 독일 생리학자 사이에서 일어나 널리 보급된 기계론적 유물론. 의식 및 관념을 뇌의 분비물로 보며, 18세기의 프랑스 유물론보다 사회 인식의 면에서 뒤떨어져 '속류'라고 이른다.

아가 정권교체라는 모호한 목적 아래 민주주의에 대한 다른 꿈과 가능성들을 모조리 배제하는 사고가 얼마나 높은 대가를 치르지 않으면 안 되는지를 보여줬다. 선거-대의제하에서 4년 혹은 5년 단위로 치러지는 선거는 흡사 그와 같은 단위 시간들로 단절된 것으로 인식케 하거나 연속성을 부여한다 하더라도 분리된 상태 그대로 결합하게 한다. 그것은 마치 자본주의적 생산의 시간이 상품의 교환가능성을 지속하기 위해 시간을 등가적 간격으로 쪼개고 그것을 무한히 축적해가는 과정과 매우 닮은 것이라 할 수 있다. 분절된 시간의 경계에서 펼쳐지는 선거-스펙터클 속에 빨려들어가는 동안 과거에 이루어진 일들은 구체성을 상실한 채 이미지로 나타나고, 이 이미지들의 추상적인 대립만이 스펙터클을 이끄는 동인이 되는 것이다.[19]

이명박 정권에 의해 민주주의의 발전이 단절되었다는 사고는 '민주 대 독재' '진보 대 보수'라는 이미지의 대립 속에서 이전의 권력자를 정치적 순교자로 만들고 선행하는 시간을 단절시킴으로써, 민주주의는 다시 도래할 것이라고 믿게 한다. 대선이 끝난 후 찾아온 열정 뒤의 허무에 가까운 집단적 패닉('멘붕'이라는 말로 표현된) 현상은 자신들이 꿈꾸던 '정권교체' 너머의 민주주의가 무엇이며, 무엇이어야 하는지에 대한 질문조차 건너뛰어버린 데서 오는 '공허함'에 기인하는 것이 아닌지 되돌아보아야 하지 않을까?

이미지의 극단적 추구는 정치의 인격화를 낳고 물신화된 개인 속으로 정치는 소멸한다. 정치가 사라진 곳에는 신학이 남는다. 이명박 정권이 이전 시간(민주정부 10년)과 접합되어 있는 지점을 찾아내고 전체성 속에서 그간 이루어진 일을 반성하는 것이 아니라, 집단적 망각을 통해 그것들을 다 지운 채 민주주의라는 텅 빈 기표만 들고 싸움으로써, 패배 이후 사람들은 자신들이 왜 실패했는지, 무엇을 어디에서부터 되돌아봐야 하는지조차 알지 못하는 지경이 된 것은 아닐까?

'자유-대한민국'에서 민주주의라는 것이 더 이상 위험하지 않게 된 순간부터 '우리는 모두 민주주의자'다. 이 말은 박근혜를 지지한 사람들에게도 적용된다. 보다 정확히 말하면, 민주주의로부터 '위험한' 내용을 삭제해버린 뒤에야 비로소 '우리는 모두 민주주의자'가 될 수 있었다. 자본 권력에 포획된 오늘날 대의민주주의의 한계를 지적하는 글에서 웬디 브라운●은 오늘날 민주주의가 누리는 인기는 그 공허함에 의존하는 것으로 보인다며 다음과 같이 말했다. "민주주의라는 말은 누구나, 그리고 모두가 자신의 꿈과 희망을 싣는 텅 빈 기표이다. '버락 오바마'라는 이름이 그렇듯이 말이다."[20]

1987년 이후 절차적 민주주의의 토대가 마련된 이후 직접선거를 통해 등장했던 정권은 모두 보수주의와 자유주의의 타협에 의해 수립되고 유지될 수 있었다. 제2기 신군부 정권이라 할 수 있는 노태우 정권도 백담사로 보낸 친구 전두환과 달리 자유화 요구를 수용하지 않을 수 없었고, 탈군사화된 '문민정부'라 이름 붙였던 김영삼 정권은 아예 보수주의 정당의 한 분파가 되고서야 권력에 다가갈 수 있었으며, 그뒤 김대중-노무현 정권 역시 보수주의 분파 일부와의 연합(혹은 단일화 효과)을 통해 집권할 수 있었다. 이것은 물론 분단 사회라는 조건이 만든 (일찍이 노무현이 수구 세력의 전혀 떨어지지 않는 고정 지지율을 빗대어 말한) '기울어진 운동경기장'과 자유주의의 취약한 정치적 기반 탓이겠지만, 지난 10여 년간 보수주의와 자유주의의 타협과 갈등, 경쟁이 만들어낸 정치 변동을 우리가 사는 세계의 전부라고 생각하는 사람들에게는 그러한 현실의 이면에 있는 '진짜 세계'는 보이지 않는다.

● Wendy Brown. 마르크스와 니체, 푸코 등을 이론적 자원으로 삼아, 후기 자유주의의 정치적 조건들과 정체성 정치의 한계를 분석한 정치학자.

한국에서 1997년의 파국적 외환위기는 그간의 자본주의 질서만이 아니라 정치를 포함하여 사회 지형을 전면적으로 뒤바꿔놓았다. 1970년대부터 중화학 공업에 대한 과도한 중복투자로부터 비롯된 한국 자본주의의 축적 위기는 박정희 사후 들어선 전두환 정권이 시행한 일시적인 구조조정과 3저 호황으로 일시적으로 개선되지만, 1980년대 말 현실사회주의 체제의 붕괴로 시작된 자본주의의 세계화라는 변화를 맞으며 위기가 다시 더해진다. 세계화에 대응하기 위해 김영삼 정권이 '신경제'를 내걸고 경쟁력 제고를 목적으로 경제에 합리성을 도입하기 위한 변화를 시도하지만 결국 환란이라는 파국을 맞이하게 된다. 한국 자본주의는 IMF 관리 체제가 강제되면서 미국 주도의 초국적 경제기구의 명령에 따라 전면적인 구조조정 국면을 맞이했다. 경제적 비상사태의 상황에 따라 국가의 주도권이 강화되었음에도 불구하고, 위기 국면에서 김대중 정권의 대응은 초국적 자본과 이해를 같이하는 국내 대자본 주도의 한국 자본주의 재편 전략을 관철시키는 정치적 강제의 역할을 자청함이었다. 부실기업 정리와 매각, 금융기관의 인수합병, 공기업의 사기업화(민영화) 등을 위시하여, 노동시장을 '유연화'하기 위한 자본의 총공세가 가혹하게 진행되어 그때부터 정리해고가 구조적·일상적 현실로 자리잡았다. 이는 한국 자본주의의 재생산 방식에 이전과는 전혀 다른 성격의 변화를 가져오는 것을 의미했다. 그 변화의 범위는 전면적이어서 단지 경제의 운용 방식만이 아니라 국가의 통치 담론은 물론 지식 사회와 시민사회, 나아가 개개인의 의식과 삶의 형식까지 바꿔놓았다. 한마디로 그것은 사회 현실 전반을 설명하고 주조해가는 지배 담론이 변했음을 의미했다.[21]

이를 신자유주의라 부르든, 자본주의 경영학이 새 자본주의를 이끄는 경제 원리라고 오랫동안 떠들어온 '지식기반경제'라 부르든, 우리가 던져야 할 핵심

질문은 과연 우리가 자유로운 인간-존재로서 제대로 살아남도록 자본의 프로그램 안에 입력되어 있기나 한 것인지, 그것부터 먼저 물어보지 않을 수 없다. 이는 민주정부를 자처한 자유주의 정권 시대의 권력-자본의 내막은 몰라도 최소한 권력-자본이 가져온 결과의 내막은 알고 있기에 그렇다. 대중은 지금 몹시 익숙히 잘 알고 있는 자본주의의 '고통 분담' 방식을 '건국 이래 최대의 국난'이라는 국민의 정부 시절부터 배웠다. 소수에게는 한낱 어떤 새것 혹은 더 좋은 것을 선택하는 방식일 수 있지만 나머지 사람들에게는 오로지 고통과 위험을 무릅쓰는 방식 말이다. 그때부터 지배력을 확장하여 오늘에 이르러 '숨은 신'이 된 재벌에 기업지배 구조의 합리화란 고비용 구조를 감량하거나 아웃소싱하는 것을 의미했고, 투명성을 제고할수록 대자본 내부는 평범한 사람들의 눈에 보이지 않는 성채로 변해갔다. '트리클 다운trickle down'● 이라는 법칙 아닌 법칙은 또 어떻게 되었는가? '황금알을 낳는 암탉'을 보호해야 한다는 논리는 그럴듯해 보이지만 만일 그 암탉이 달걀을 낳을 때마다 감추어버리면 어쩔 텐가? 기업이 성장하면 일자리가 늘어날 것이라는 우리 믿음은 어떻게 되었는가? 아이들을 기업이 원하는 '인적자원'으로 육성해달라고 비싼 교육비에 허리띠를 졸라맸지만 더 이상 자본은 이 아이들을 필요로 하지 않는 세상을 만들기 시작한 지 이미 오래라면 어쩔 텐가? 그 시절 정부가 현기증날 정도로 가파른 비탈길 아래로 떨어진 국민에게 해줄 수 있는 말은 이것이었다. "빵이 없으면 빵공장을 만들어라!" 그래서 정리해고되어 하루아침에 실업자가 되거나 똑같은 일을 하고도 파견노동자가 된 아버지와 지방대에 다니는 아들은 '신지식인'이 되고 (벤처) 기업가정신을 배우기 위해 지금까지도 '자기계발서'를 탐독하고 있지 않은가? 어떤 기다림을 담고 있는 시선보다 더 바라보기 힘든 것은 없다.[22] 어떤 희망도 그

● 대기업의 성장을 촉진하면 덩달아 중소기업과 소비자에게도 혜택이 돌아가 총체적으로 경기를 활성화시키게 된다는 경제 이론.

사람에게 찾아오지 않을 것임을 알기 때문이다. 우리는 어느 때인가부터 이 같은 시선들과 매우 자주 만나지 않았던가?

이것이 내가 아는 그 시대고 또 오늘이다. 야당이 된 자유주의 정당의 대통령 후보가 작고한 전직 대통령의 집을 찾을 때마다, 또 그들의 못다 이룬 꿈을 이루겠다는 결의에 찬 표정을 볼 때마다 궁금했다. 대체 그들은 무엇을 계승하겠다는 걸까? 자유주의 정권은 일을 너무 적게 한 것이 아니라 너무 많이 했다. 그것도 사람들의 생활세계를 개선하는 일이 아니라 돌이킬 수 없을 정도로 망가뜨리는 일들을. 정치적 어법으로 말한다면, 민주주의자(혹은 진보적 자유주의자)만이 할 수 있는 보수적인 과업들을. 정리해고법과 파견법이 그렇고, 한미 FTA 협정이 그렇듯이, 그들이 민주주의자이자 진보주의자로 생각된다는 사실이 체제 안정에 필요한(그렇다고 주장한) 일들을 밀어붙이는 데 힘을 실어주었다는 사실은 두말할 필요도 없을 것이다.[23] 그렇다면 자유주의 정권 10년간 지속되었던 보수 대 진보라는 담론적 갈등과 대립은 실상 점차 커지는 자본 권력과 심화되는 사회적 불평등으로부터 눈을 돌리게 하는 사이비 대립 구도로 기능했다고 볼 수 있다.

물론 이는 한국적 현실만은 아니다. 한국 사회처럼 그것이 벌거벗은 모습으로 나타나진 않았다고 하더라도, 토니 블레어의 '제3의 길'●이 영국에 적용된 현실, 프랑스의 사회당 정권이 자국에 가져온 현실이 그랬고, 미국 오바마 정부의 경우도 마찬가지다. 블레어의 영국 노동당은 1979년부터 1997년까지 자신들이 집권불능 상태에 이른 것과 마찬가지로 보수당의 영역을 남기지 않을 만큼 신자유주의를 실천했고, 『세계의 비참』[24]에서 피에르 부르디외●●가 기록한 '비참한 세계'에 언급된 프랑수아 미테랑의 사회당 정권이 이와 무관하지 않으며, 미

● 전후 세계정치를 주도해왔던 전통적 사회민주주의와 신자유주의를 극복하자는 취지 아래, 사회학자 앤서니 기든스(당시 그는 토니 블레어의 브레인 역할이었다)가 사회주의의 경직성과 자본주의의 불평등의 한계를 해부해 대안으로 제시한 사회발전 모델.

●● Pierre Bourdieu. 현대 자본주의 사회의 계급성향 분석을 학문의 초점으로 삼은 사회학자이자, 문화활동 전반을 아우르는 관심사를 사회 비판으로 연결시킨 문화비평가. 말기에 지식인의 실천성을 몸소 실천하며 미국 주도의 신자유주의 세계화에 대한 비판 활동을 펼쳐나갔다. 2002년 1월 24일 지병인 암으로 사망했다.

국에서 오바마는 공화당으로부터 '사회주의자'란 소리를 들으면서도 긴급구제자금을 월스트리트에 던져줌으로써 대금융자본가로부터 지지를 받았다. 이것이 바로 지젝이 말한 '부자들을 위한 사회주의'[25]인가?

새로운 자본주의 정신

선출되지 않고 민주적 통제 밖에 있는 자본이 국가의 정치 행위에 막강한 영향력을 행사하는 현실을 두고 '자본국가' '기업국가'라는 개념이 등장했다. 물론 이 개념은 기업이 쉽게 정치인을 매수한다든지 기업인이 이전보다 더 빈번히 정치인이 되거나 행정기구에 참여하는 국가, 또는 기업과 국가 사이의 정치적 족내혼이 빈번한 국가를 가리키는 것은 아니다. 그것은 이를테면 국가의 성격과 운영 원리가 기업 모델을 따라 인민의 지배가 아닌 경영관리 운용의 구현체로 바뀌고, 융합과 협치協治의 이름 아래 국가가 공공부문을 기업에 광범위하게 아웃소싱하며, 기업이 세금, 환경, 에너지, 노동, 재정, 통화정책에 관해 자본축적의 기획으로 연루되는 국가를 말한다. 이러한 현실의 극단이 바로 이명박을 CEO로 하는 주식회사 대한민국에서 소액주주가 되었던 우리 모습이다.

그러나 우리가 주목하지 않으면 안 되는 것은 자본의 힘이 주조하는 새로운 현실이 앞에서 묘사한 것처럼 단지 음험하거나 어둡게 나타나는 것은 아니라는 점이다. 그렇다면 이 같은 자본 중심의 과두 체제는 사회 구성원의 강력한 저항에 부딪혔을 것이다. 여기서 이런 질문을 던질 필요가 있다. 정치적 억압 체제에 저항하던 1980년대까지의 자유의지가 이후 자본의 일방적인 지배가 관철되는 체제에 그토록 무력했는가 하는 물음 말이다. '87년 체제'는 6월 항쟁을 '성공한 항쟁'으로 기억하는 순간 노동의 억압을 뚫고 분출했던 7·8·9월로 이어진 노동자 투쟁과 단절하고 위기의 자본주의를 신자유주의적으로 개조하는 방향으로 정립된다. 그리하여 재탄생한 새로운 자본주의는 마치 산업화 시대의 어두운 그늘을 벗어던진 듯 '무한한 자유'라는 환영극幻影劇을 우리 앞에 펼쳐 보인다.

노동하는 주체에 대한 자본의 무자비한 공세가 '노동의 유연화'라는 말로 강제되면서 노동은 지식노동자와 육체노동자로, 그리고 배제된 '추방된 자'들로 급속히 쪼개졌다. 그러나 노동 안에 만들어지는 수직적인 위계질서를 이렇게 분류하는 것만으로는 충분하지 않다. 노동 안에 생겨난 경계들, 특히 '배제의 경계'를 가르는 힘이 가혹할수록 모든 경계에는 공포와 적대가 발생한다. 자본의 자유는 공포에 질린 노동의 침묵 위에 세워졌고, 추방된 자들의 무덤 위에서 궁극적인 승리를 쟁취했다. 지식인들이 '실업을 피하기 위해선 반드시 해고가 필요하다'고 자못 학구적인 태도로 떠들고, 정치가 정리해고를 공권력으로 도와주면서 한편으론 일자리 창출을 약속하는 동안, 자본은 이제 고용 없이도 성장이 가능한 시대가 왔다고 선언했다. 그들은 우리 앞에 손바닥보다 작은 반도체나 컴퓨터 프로그램 하나가 얼마나 많은 부를 창출할 수 있는지 시연해 보여주기도 한다. 우리는 여기서 황우석의 줄기세포 연구실에 초청받은 노무현 대통령이 황우석의 프레젠테이션에 감동받아 "이것은 기술이 아니라 마술"이라고 찬탄했던 광경을 떠올릴 수 있다.

'새로운 자본주의의 정신'은 일체의 통제나 규제로부터 벗어난 '자유의 의지'로 무장한 자발적·창의적으로 자기조직화한 주체를 찬양한다. 그것은 마침내 권위주의적이고 억압적인 질서에 저항해온 자유의 파토스까지 집어삼키고 자신의 일부로 통합해낼 뿐 아니라 그 같은 자유주의적 지향을 비롯해, 심지어 평등주의적 지향을 지녔던 좌파의 수사까지도 흡수하여 정치로부터 '반反자본'의 성격을 증발시키는 데 성공했다. 호주의 한 회사가 만들었다는 '체리 게바라' 아이스크림은 바로 그 성공의 증거일 것이다.[26] 좌파를 설레게 하던 혁명이라는 단어가 자본주의의 기술적 진보를 찬양하는 수사로 전락해버린 골짜기에서 빌 게이츠나 스티브 잡스처럼 수수하게 차려입은 '쿨한' 자본가들이 오로지 이 시대를 구원할 수 있는 혁명가로 비춰진다. 여기에 권위주의에 반발하거나 혐오의 감정을 갖는 한국 젊은 세대의 벤처 기업가 출신 안철수에 대한 지지를 새로운 자본주의의 정신과 따로 떼어놓고 설명하기란 어려울 것이다.

　게다가 이 자본주의는 '윤리적'이기까지 하다. 새로운 자본주의에서의 소비는 단지 상품의 유용성에 대한 선택이 아니라 윤리적으로 선택한 '자아실현'의 차원을 지닌다. 가령 우리는 스타벅스 커피 한 잔을 그저 기호식품으로 소비하는 것이 아니라 소비 행위를 통해(자본의 '나눔 프로젝트'가 제시하는 방향에 따라) 아프리카 어린이나 그 지역의 수자원 개발 프로그램을 돕는 일에 참여함으로써 자아를 실현한다(고 믿는다). 윤리만이 아니라 정치 역시 정치 자체의 시작이자 근거가 되는 사회적 실재로부터 이탈하여 '선택의 자유'라는 영역 안에 고정된다. 정치도 대형마트의 진열대에 놓인 상품처럼 사람들의 '선택'을 기다린다. 물론 우리는 그저 내키는 대로 아무 물건이나 고르는 무분별한 소비자는 아니다. 우리는 거기에 이를테면 '실존적인 떨림'까지도 투사하여 신중에 신중을 거듭하지만, 결국 우리는 우리가 고르는 상품(정치)이나 그것이 만들어지는 과정에 대해 사실상 어떤 관여도 할 수 없으며 단지 소비할 뿐이라는 사실을 잊는다. 그렇다. 우리는 날마다 물건을 구입함으로써 돈을 가지고 계속해서 '투표'를 해왔던 셈이다. 선택의 자유는 시장경제의 핵심요소이며, "시장이 우리 앞에 쏟아놓는 무수한 선택들은 사회의 근본구조에 관한 어떤 급진적인 선택도 부재하다는 것을 가리는 역할"[27]을 해왔다고 할 수 있다.

거듭 말하지만, "보이는 대로의 세계는 결코 '모든 이'의 세계가 아니다."[28] 우리의 시야 밖에 있는 자본 권력이 우리 삶에 새로운 기율을 강제하고 사회를 자신의 방식대로 끊임없이 변경시키는 동안, 이러한 생활세계로부터 동떨어진 '대상화된 세계'로서의 스펙터클 위에서만 우리는 정치를 상상해왔던 것이 아닐까? 자본의 자유가 인간의 '비非자유'를 완벽하게 가려버리고(이것이 신자유주의의 진정한 의미다), 예컨대 게바라라는 이름이 상품 로고가 되는 것처럼 표상만 남기고 모든 것을 증발시키는 이 새로운 자본주의는 마르크스가 「상품의 물신적 성격과 그 비밀」(『자본 1-1』 1장 4절)에서 밝혀낸 '자본의 마술 같은 지배'가 도달한 종착지일지 모른다는 생각을 갖게 한다. 교환가치가 사용가치를 완전히 가려버림으로써 환영극으로 변한 상품의 최후의 변신은 '이미지'다.[29] 직접적으로 삶에 속했던 모든 것이 이미지 뒤로 감추어지고 나면, 우리는 이 이미지들의 매개를 통해서만 사회관계를 구축할 수 있다. 하지만 이미지들은 분절되어 있어서 더 중요하게는 그 자체가 세계의 도착倒錯된, 혹은 기만적인 반영일 뿐이므로, 이미지들을 아무리 한 덩어리로 끌어모은다고 해서 세계는 총체적으로 파악되지 않는다. 이미지들에 의해 형성된 스펙터클 사회에서 "인간들은 자신들을 이어주는 것에 의해 분리된다."[30]

여기, 누군가 온종일 구직을 위해 집에 돌아와 인터넷에 접속한다. 거기서 '각하 이명박'의 꼼수가 여지없이 폭로되고 조롱거리가 되는 걸 보면서 그는 비로소 하루의 스트레스에서 벗어나 낄낄거리다가[31] 이번엔 좀 더 고상한 것을 찾아보기로 마음먹는다. 아무래도 교수나 베스트셀러 작가 등과 어울리는 것이 안심이 되므로 그들의 글에 댓글을 달거나 트윗을 날리는 일로 '정치적 올바름'을 실천한다. 반대편에선 국가정보원 직원이 열심히 같은 일을 하고 있었을 것으로 추정된다.

　이것이 오늘날 정치 풍경이다. 스펙터클의 정치도 사람들을 정치공간 속으로 불러낸다. 하지만 도착된 이미지들로 지배 질서의 본질적 구조를 가리는 스펙터클은 실재 세계에 대한 변화를 가져올 수 없다. "스펙터클의 형식과 내용은 모두 기존 체제의 조건과 목표를 총체적으로 정당화한다."[32] 그것은 자본주의의 생산-소비체제에서 이미 이루어진 선택에 대한, 편재하는 긍정일 뿐이기 때문이다. 대표되는 자와 대표하는 '당' 사이에 갈수록 벌어지는 대의민주주의의 틈 사이를 메운 것은 바로 스펙터클 정치였다. 정확히 말하면 민주주의 자체가 지배적인 사회질서를 단순재생산하는 스펙터클이 되어버린 것이다. 박근혜의 승리는 이 스펙터클 전쟁에서 보수주의가 만들어낸 이미지가 자유주의의 그것에 승리했다는 것을 의미한다.

　자유주의 정권 아래 만발한 '새로운 자본주의'가 찬양한 것은 '기업가정신'이었다. 자수성가한 기업가 이명박은 지식산업 시대의 혁신가적 이미지가 아닌 개발독재 시대의 부패한 어두운 영웅의 이미지를 지닌 인물이었지만, 그의 집권은 지난 시대와의 단절이 아니라 자본주의적 현실에서 접합된다고 보는 것이 적실한 판단이리라. 자본주의가 만들어놓은 정글의 법칙만 터득한 그가 자신의 능력을 입증하고자 4대강 사업 같은 대형 프로젝트에 매달리는 동안 사람들은 두 동강나 물구나무를 선 타이타닉호 아래로 하염없이 떨어지거나 살기 위해 높은 곳으로 기어올라가야 했다. 문제는 누군가의 표현처럼, 이 '고비용 저품질'의 시장주의자가 더 크게 벌려놓은 사회적 양극화 문제를 풀 해결사로 박근혜가 적합하다고 믿은 사람들이 더 많았다는 사실이다. 이것은 잔인한 역설이며, 21세기 한국판 '역사의 희극적 반복'이 아닐 수 없다. 지젝의 냉소적 어법처럼, 한국에도 "강경우파 애국주의자로 통하는 보수주의자만이 해낼 수 있는 진보적인 일들"[33]이 발견되었기 때문일까? 드골만이 알제리 독립을 허용할 수 있었고, 닉슨만이 중국과 국교를 수립할 수 있었던 것처럼? 개발독재 시대에 박정희만이 독점자본의 이익과 배치되는 건강의료보험제도를 만들 수 있었던 것처럼?

'복지'와 '성장'이 같이 가는 '국민행복시대.' 박근혜가 자신의 정권이 추구할 과제를 한마디로 요약한 것일 게다. 전자의 복지는 국가가, 후자의 성장은 자본이, 이런 식의 역할 분담을 상정한 것일 테고. 따지고 보면 그리 대단히 어렵거나 시장자본주의 안에서도 불가능해 보이지 않는(19세기 이래 비스마르크를 필두로 유럽의 우파가 진작 이룬) 몇 가지 복지 관련 사안을 공약으로 제시하고 '약속 대통령' 운운하는 것도 퍽 흥미롭지만, 더 눈길을 끄는 풍경은 박근혜의 복지를 둘러싸고 대표적으로 성격을 달리하는 두 신문—『한겨레』와 『조선일보』—의 지면에 같은 주장의 칼럼이 실렸다는 사실이다.[34] 한마디로 박근혜의 복지가 옳고, 시장주의자들의 반대가 있더라도 그것을 실천해야 한다는 것으로 요약할 수 있다. 이는 박근혜 입장에선 무척 행복한 상황이다. 보수주의자 대통령을 지지하는 진보 매체라는 초유의 풍경을 병풍 삼아 과도한 재정적자를 이유로 반대의 목소리를 높이는 우파에 성장과 복지는 같이 가야 한다고 열심히 설득하는 것만으로도 박근혜는 원하는 정치적 이득을 충분히 거둘 수 있을 것이므로.

곤경은 오히려 박근혜를 반대했던 쪽에서 더 크게 생겨나는 듯하다. 나라 전체를 '부자들의 천국'으로 만든 이명박과 일치시켜 비판하던 박근혜에게 '국민통합'을 간곡히 주문하는가 하면, 심지어는 "박정희를 버리고 전태일을 끌어안으라"고 요구하는 이 언설들은 간단히 말해서 자본주의와 그 안에서의 국가/시장의 역할에 대한 자유주의자들의 인식의 한계가 바닥을 드러냈다는 느낌마저 갖게 한다. '중립적인 국가'나 '중립적인 시장' 같은 건 애초부터 없다. 지젝의 말처럼, 언제나 딜레마는 "'국가가 개입해야 하는가'가 아니라 '어떤 종류의 국가 개입이 필요한가'"였다. 어떤 계급의 이해에 입각하여 국가가 개입하느냐가 늘 문제였던 것이다. 만일 자유주의 정치세력이 이야기하는 '보편적 복지'가 케인스주의적 복지국가로 돌아가자는 것을 의미한다면 그것은 자본주의가 오늘에 이르러 어디까지 왔는지를 모르는 괜한 바람에 불과하다. 황금기의 자본주의에나 가능한 계급적 타협을 꿈꾸며 과거로 돌아가야 한다고 말하는 것은, 그 시선이 아무리 선의에 기초한 것이라 하더라도 거짓이다. 이른바 '근혜노믹스'라는 신조어가 담고 있는 내용 속의 복지는 과거 시장경제와 민주주의의 병행 발전을 이야기했던 '준비된 경제대통령' 김대중이나 노무현 정권의 그것과 하등 다를 바 없다. 좀 더 신랄하게 이야기한다면, 토목공사에 열중인 와중에도 '희망드림프로젝트' 같은 복지사업을 추진했던 이명박의 복지와 질적인 차이가 있으리라 예측되지도 않는다.

'인간의 얼굴을 한 박정희'의 '맞춤형 복지'가 이전의 '부스러기 복지'와 다른 성과를 펼쳐 보인다고 상상해보자. 그때는 어떤 일이 벌어질까? 우선 한국 정치질서에서 최대 주주였던 보수주의와 자유주의 두 정치세력 간의 차이가 지금까지의 통념보다 크지 않다는 정치적 진실을 밝혀줄 것이다. 박근혜가 '삼성

동물원'이 된 약육강식의 시장에서 거대 자본으로부터 막심한 피해와 굴욕을 감내해야 했던 중소기업들의 '손톱 밑에 박힌 가시' 몇 개를 뽑아준다면 두 정치세력 사이의 경계는 더 흔들릴 것이고, 자본의 양보를 받아내어 쌍용자동차 등 한두 곳의 노동 문제를 '해결'한다면 그 경계의 혼돈은 자칭 '진보정당'에도 미칠 것이다. 한국 정치질서에 혼돈의 시대가 오는 것이다.

어떤 이들은 박근혜 정권의 실패가 우리 모두에게, 특히 국가의 미래에 좋지 않은 결과를 가져오리라 점잖게 충고할 것이다. 자본주의의 미래를 낙관하는 가진 자들과 지금이라도 당장 그것이 더 큰 재앙이 되지 않을까 근심하는 사람들이 가득 찬 세상에서 우리가 왜 그의 실패까지 염려해야 하는가? 왜 우리가 복지와 성장이 순항할 것이라는 그의 철 지난 거짓말을 믿어야 하는가? 그러면 우리는 무엇을 해야 하는가라는 질문이 남는다. 이제 그 이야기를 할 차례가 되었다.

'고도'는 내일도 오지 않을 것이다

과문한 탓에 대선이 끝난 지 일곱 달이 지나가는 지금까지 이른바 '좌파'(진보) 진영의 어느 쪽에서도 정권의 향배를 둘러싸고 벌어졌던 정치적 공방에 대한 분석은 물론이거니와 그 과정에 좌파는 왜, 어째서 자신의 목소리를 갖지 못하고 부재자의 처지로 전락했는가에 대해 형식적인 반성이라도 제출했다는 소식을 듣지 못했다. 정권교체를 열망한 사람들이 그후 패닉에 가까운 실망과 울분을 토로했던 것과 대비되는 이러한 침묵이 의미하는 바는 무엇일까? 그것은

'아무것도 할 수 없었으므로 아무것도 할 말이 없다'는 일종의 자조 또는 자기환멸 같은 것일까? 하기야 누가 오늘에 이르러 좌파의 표정에 관심을 갖고 이들의 운명을 걱정하겠는가? 그러니 와신상담하자는 공허한 다짐이나 섣부른 대안을 제시하기보다는 정직한 절망과 차가운 침묵을 선택하는 것이 옳은 태도 같기도 하다.

민주주의라는 말과 마찬가지로, '좌파'나 '진보'라는 말 역시 이미 텅 빈 기표가 된 지 오래다. 자본주의의 신봉자들조차 이 체제의 지속가능성에 대해 의심하고 있는 와중에 한국의 진보정당 지도자들이 우회전을 선택한 것을 꼭 한국적 특성이라고 할 수만은 없다. 자신들의 선택에 대한 그럴듯한 설명도 준비하지 않은 이 빈곤한 정신의 '대표'들이 만들어낸 희극적인 결말이 한국 진보정치의 가능성을 너무나도 순식간에 초라한 것으로 만들었다는 참담한 사실을 뺀다면 말이다.

"대한민국 진보는 이미 민주노동당이 분당할 때 죽었다."[35] 2012년 4월 총선이 끝나고 통합진보당이 후보자 선출 부정 사태로 파경에 이르고 있을 당시 정치학자 최장집이 내린 진단이다. 총선을 앞둔 어느 시점에 통합진보당의 출현을 '중산층과 노동의 결합'이라고 긍정적으로 규정했던 발언과 이 발언 사이의 거리는 현기증이 날 정도로 멀었는데, 어쨌든 이 당에 참여한 진보정치인 그룹이 "(지난 4년간) 사회적 약자를 대변하고 정치활동을 하면서 그 자체의 존재 이유를 가진 진보가 아니"며, "다른 정치적 역할이 있기 때문에 그 형태를 연명해오던 것조차 더 이상 유지될 수 없음을 드러낸 것이 통합진보당 사태"라는 설명에는 고개를 끄덕이지 않을 수 없다. 최장집의 지적처럼 분명 "통합진보당은 진보의 허구적 존속일 뿐"이며 "총선·대선이라는 국면에서 주요 엘리트들이 정치적 자원을 증대하기 위해 대의 없이 편의적으로 통합한 현상"임에 틀림없지만, 우리가 되돌아보아야 할 대목은 파국의 결과가 아니라 어째서 한국 자본주의의 모순과 민주주의의 표상체계 안에서 진보정당 운동그룹이 자신들의 정치를 어떻게 구축하고 주체화하려 했으며, 그 결과 오늘에 이르렀는가 하는 점이다.

  2004년 총선 당시 민주노동당의 10석 획득은 진보정치의 불모지대인 한국 대의제 안에 '노동자정치 세력화'라는 오랜 숙원이 실현된 사건이었다. 민주정부 10년 동안 넓어진 대의제의 폭이 진보정치의 진입을 가능하게 했다는 사실로부터 자유주의적 의회제의 가능성에 대한 환상이 처음부터 자리잡는 부정적인 결과를 낳았다고 하더라도, 그것이 지닌 의미는 결코 작다고 볼 수 없다. 다시 살펴야 할 점이 있다면 이 시점에서의 노동자정치 세력화라는 목표가 지닌 함의와 그 실체다. 노동운동 그룹의 정치세력화가 노동자계급의 어떤 상황 위에서 응축된 요구이며 그것이 어떤 전략으로 구성되었는가 하는 질문으로 한정한다고 하더라도 말이다.

  나 같은 국외자가 몹시 궁금했던 것은, '87년노동자대투쟁'● 이후에 추진되기 시작했던 진보정당 운동의 과정을 설명하는 언설이나 자료들에, 자본주의의 '1997년 파국' 이후 진행되었던 자본–국가의 총공세와 그로 인한 노동자계급의 분절·분화 과정이 제대로 반영되어 있지 않다는 점이다. 어째서 그런가? 자본의 공세는 노동시장 유연화라는 목표 아래 '포섭과 배제' 전략으로 노동 내부를 분열시키고 다시 수직적 위계질서로 재구성하려 했다는 점은 이미 알고 있는 사실이다. 이에 대해 노동자집단이 저항을 시도했다는 사실을 알고 있지만, 경제위기(핵심은 자본의 축적 위기) 극복이라는 이데올로기 공세 앞에 그 저항이 무력화되고 노동의 약한 고리에 대한 자본의 배제 전략을 수용했다는 엄연한

● 1987년 6월 항쟁 이후 7월부터 9월까지 전 지역과 업종에 걸쳐 폭발된 노동자들의 대규모 파업투쟁. 이후 전국노동조합협의회의 건설로 이어지는 자주적인 민주노조 운동의 새로운 흐름을 형성시키는 근원지가 되었으며, 이 과정에서 결성된 신규노조들은 민주노조 운동의 물적 토대가 되었다.

사실도 우리는 알고 있다. 노동운동의 정치세력화는 이러한 위기와 무력감으로부터 벗어나려는 시도였겠지만, 조직노동의 타협주의가 만들어낸 '배제의 서사'를 삭제해버렸다는 사실이 의미하는 바는 거꾸로 이 '노동자정치 세력화'가 자신의 대표성을 배타적으로 구축하고, 이를 노동자계급 전체를 대표하는 것으로 위조하는 과정에 다름 아니었음을 반증한다.

급진민주주의의 관점에서 노동운동의 궤적을 기술한 책『좌파는 어떻게 좌파가 됐나』에서 이광일이 말한 것처럼 '전투적' 노동조합 운동이 보수 독점적 이론 지형과 정치 지형을 민주적으로 재구성하고자 한 최초의 목적의식적인 집단적 시도였다는 점에서 그 의미를 정당하게 평가할 수 있지만, 그것이 어떤 과정을 거쳐 '어떻게 좌파가 아닌 것이 되어버렸나'라는 반전된 질문을 던지지 않으면, 이후 진보정당 운동과 조직노동이 보여준 굴절과 파행은 이해 불가능한 것이 되어버린다. 한국 자본주의의 1차 파국 이후 노동자정치 세력화라는 진보정치 운동의 목표에는 민주주의의 급진화 기획과 정치적 장에서의 헤게모니 전략이 결여되어 있었다. "정치적 장에서의 권력 작용을 단지 정책 현안을 통제하기 위해 서로 경합하는 상이한 진영들의 견지에서만 형상화하는 견해와 달리, 헤게모니는 권력 작용하에서 사회관계에 대한 우리의 일상적 이해가 어떻게 형성되고, 우리가 그런 암묵적이고 은밀한 권력관계에 동의하고 그것들을 재생산하게 되는 방법들이 어떻게 편성되는지"[36]를 포함하는 것이라 할 때, 이후 제도정치 공간에 진출한 진보정치의 주체들은 그러한 헤게모니 투쟁 관점에서 정치를 구성하려고 시도한 적이 없기 때문이다.

정당은 계급이 아니며, 계급은 계급을 대표하는 정당을 언제나 초월한다. 대규모 사업장 정규직 노동의 이해에 기초한 조직노동이 전체 노동자계급을 대표하고, 진보정당이 이 모든 것을 대표한다는 생각은 물구나무선 허위의식에 불과하다. 노동자정치 세력화라는 목표는 결국 스스로 노동자의 이익을 대표한다고 주장하는 정치엘리트와 노동조직 상층 간부들의 정치적 진출을 위한 것으로 바뀌었다. 민주주의의 급진화나 실질적 평등 같은 생각들을 머릿속에서 지워버린 그들에게 남은 목표가 의회 권력 안에서의 생존이었다고 하면 지나친 표현일까? 그들은 '민생진보'(여기서 진보는 '민생'이라는 탈정치화된 모호한 단어 뒤에 매달려 있다)라는 말을 만들기도 하고, 선거철이 되면 노조의 영향력이 강한 노동자 밀집 지역을 찾아가기도 하지만, 그들의 정치와 노동자계급의 현실 간 거리는 일반적인 생각보다 훨씬 멀었다. 그것은 '자본에 맞서는 정치'와 대기업 정규직 노동조직의 이해를 대변하는 정치 사이의 거리가 한참 동떨어진 것과 같다. 그 거리가 보다 분명히 드러날수록 노동자계급은 그들의 정치에 등을 돌리게 되고, 그 가운데서도 급격히 확대되어가는 배제된 자들이 보내는 시선이 적대적이 되어감을 느끼게 된다. 왜냐하면 배제된 자들은 자신들에게 '불가능한 것'을 요구하기 때문이다. 예컨대 '비정규직의 정규직화'는 자신들의 정치가 상정할 수 있는 의제가 아니다. '쓰고 버리는 노동'과 실업을 축적의 조건으로 하는 새 자본주의가 그것을 허용하지 않을뿐더러 우선 그들이 대변해온 정규직 노동의 이해와 배치되기 때문이다. 이런 상황에서 그들이 체득한 자유주의의 정치 교리는 위로가 된다. 자유주의 정치학의 교사들은 언제나 '실현 가능한 이념과 정책 프로그램'이 아닌 것은 '책임 윤리'와 위반되는 무책임한 공상에 불과하다고 가르치니까.

    우리는 과연 민주주의를 믿고 있기나 한 것일까? 마치 부조리극을 연기하는 것처럼, 우리는 아무도 민주주의를 믿지 않으면서, 그리고 이 세계가 바뀌지 않을 것이라고 진작 체념한 채 고정된 자신의 역할극만 하염없이 되풀이하는 것은 아닐까? 보수주의자든, 자유주의자든, 지금은 한없이 초라해진 좌파든. 하기야 오늘날 우리가 경험하는 현실보다 부조리한 것이 어디 있겠는가? 오늘 우리가 살고 있는 자본주의 질서가 얼마나 모순과 기만, 패악과 음모로 가득 차 있는지를 고발하고 비판하는 책들은 차고 넘친다. 덕분에 위기에 처한 자본주의가 이런 식으로 더 이상 지탱하리라 생각하는 사람은 거의 없다. 그렇다고 자본주의가 무너지리라고 생각하는 사람 역시 거의 없다. 우리는 지금 이 지독히 부조리하고 모순된 확신 사이에 서 있는 것이다. 아무런 기약도 없이.

사뮈엘 베케트의 희곡 『고도를 기다리며』에서는 아무 일도 일어나지 않는다. 기다림 끝에 찾아오는 결말 따위란 없다. 한 그루 나무 아래서 에스트라공과 블라디미르는 '고도'라는 이름을 가진 어떤 사람을 그저 기다리고 기다릴 뿐이다. 그들은 고도가 누구인지도, 어떤 외모를 지녔는지도, 그가 언제 올지도, 자신들이 왜 그를 기다리는지도, 그에게 무엇을 원하는지도 모른다. 심지어 그가 실제 있는지조차 모른다. 그들은 그저 기다릴 뿐이다. 어떤 새로움도 없이, 아무것도 변화하지 않은 채 그저 그대로 고도를 기다릴 뿐이다. 그들이 고도를 만났다는 한 소년에게서 들을 수 있었던 것은 단 한마디, "오늘은 올 수 없지만 내일은 반드시 온다."

좌파에 '내일'은 있을까? 그런데 이것은 누가 누구에게 던지는 질문인가? 혹시 그것이 '너희에게 대안이 있는가, 있다면 그것이 무엇인지 당장 말해보라!'고 추궁하는 것이라면 우리가 서둘러 거기에 답할 까닭은 없다.[37] 대안? 우리 가운데 누구에게도 그런 것은 없으리라 본다. 그럼에도 유독 좌파가 대안을 강요받는 이유는 지금의 자본주의 질서가 그대로 유지되어서는 안 된다고 생각하며 행동하려 한다고 의심받기 때문일 것이다. 그렇다 하더라도 그 질문은 잘못된 것이다. 좌파는 가능한 것으로 보이는 것들 가운데서 하나의 가능성을 택하려는 것이 아니라 '불가능한 것의 가능성'을 추구하는 자들이기 때문이다.

고도를 기다리는 에스트라공과 블라디미르는 그들이 서 있는 나무 한 그루로부터 벗어나지 못한다.[38] 에스트라공이 묻는다. "우린 꽁꽁 묶여 있는 게 아닐까?" 그들은 고도에게, 그리고 그에 대한 절망적인 기다림에 손발이 묶여 있었던 것이다. 그런 그들 앞에 '독재자' 포조와 그의 노예 럭키가 나타난다. 두 사람은 포조를 처음 보았을 때 그가 혹시 고도가 아닐까 생각하기도 했다. 포조는 럭키를 긴 밧줄에 매고 가차 없이 명령하며 이리저리 끌고 다닌다. 그는 럭키에게 춤추라 명령하고 큰소리로 고함치다가 우는 럭키에게 눈물을 닦으라고 손수건을 내밀기도 한다. 그러고선 럭키를 끌고 어디론가 사라진다. 두 사람은 다시 고도를 기다린다.

배제된 자들의 민주주의

자본주의의 위기가 가져온 비상사태는 한국 사회를 뒤흔들어놓았으며, 무엇보다 노동의 근거를 박탈함으로써 사람들의 삶과 생활세계를 지속된 고통과 불안 속으로 몰아넣었다. 한국 민주주의의 역설은 이러한 현실이 민주주의의 갱신이 아니라, 죽어서 무덤에 갇혀 있어야 할 낡은 정치가 새 옷을 걸치고 국가권력의 주인이 되는 길을 열어주었다는 데 있다. 좌파(정치)는 이 역설의 피해자이자, 이 역설을 만드는 데 동참한 공범자이기도 하다. 그것은 사람들의 삶 속

숨통을 조이는 자본주의의 현실로부터 달아나버린 결과였다. 대의민주주의의 직접적인 위기는 끊임없는 자본의 선제공격으로 말미암아 기존의 대의체제로는 대표가 불가능한 존재들, 즉 삶과 죽음의 경계에 선 '벌거벗은 생명'들이 넘쳐나게 된 현실로부터 온 것이다. 이 '진짜 현실'로부터 가장 먼저 달아난 것은 자유주의 정치였다. 그들은 집권했을 땐 자본 권력을 강화하는 일에 앞장서다가 야당이 되어 의사당에 갇히게 되면 자신들이 한 일에 대해 부인하기 바빴다. 원인이 사라지면 결과들이 판을 친다. 진보정당은 의사당 한쪽 구석에서 자유주의 정당까지 싸잡아 비판하지만 그들 역시 결과를 따라다니기에 바쁘다. 그렇게 해서 내놓은 것이 원인 없는 결과에 대한 해결책인 '보편적 복지'다. 바로 이것이 '포조(박근혜)의 붉은 손수건'이 이 모든 것을 덮어버리기 전까지의 한국 민주주의의 풍경이었다.

도대체 우리는 지금 어떤 꿈을 꾸고 있기에 계속해서 자본주의의 위기에 관해 말해야 하고, 이 위기가 끝날 때쯤이면 우리의 악몽도 끝날 것이라고 믿고 있는 것일까? 의사당에 모여 있는 책임 윤리로 무장한 현실주의자들은 고도를 기다리는 에스트라공과 블라디미르처럼 뜻도 알 수 없는 대화를 주고받는다. 이른바 진보가 말한다. "어서 해결책을 마련하자고." 자유주의자가 대꾸한다. "서두르지 마. 해결책이 없으면 문제(원인)도 없는 것이나 마찬가지니까." 그러다 이 둘은 합의를 보고 고개를 끄덕인다. "오늘은 올 수 없지만 내일은 반드시 온다"고.

우리는 이제 이 부조리극을 끝내지 않으면 안 된다. 어떤 '해결책'을 들고? 지금 당장 그런 건 우리에게 없다. 해결책이 없다는 것은 문제가 잘못 설정되었으며 진짜 문제는 우리가 주목하는 곳이 아닌 다른 곳에 있음을 의미한다. 좌파는 질문 속에서 새롭게 태어나는 정치적 주체들의 이름이다. 우리는 처음부터 다시 시작해야 할지 모른다. 그 시작은 대의제에 갇혀 고사당한 '자본에 맞서는 정치'를 다시 세우는 일에서부터 시작될 것이다. '그렇다면 철 지난 계급투쟁을 다시 해보겠다는 거냐?'는 우파의 비아냥에 대해 우리는 이제 분명하게 "그렇다! 그것이 바로 우리가 원하는 것이다"[39]라고 답해주어야 한다. 계급투쟁이란 파괴와 무질서를 목적으로 하는 분별없는 행동이 아니라 질서를 다시 세우는 분명한 목적을 가진 정치 행위다. "자본주의는 처음부터 끝까지 자신을 위한 사회적 관계를 만들어내려는 자본과 노동 간의 투쟁이다. 그것은 경제이기에 앞서 적대적인 사회관계이다."[40] 예컨대 금융화란 자본가계급이 자신의 부를 늘리기 위해 계급투쟁을 한 것이 아니라면 무엇이란 말인가? 보수주의와 자유주의 정당이 여의도에서 한 모든 행위도 그런 의미에선 계급투쟁이었다. 유일하게 계급투쟁으로부터 달아난 정치세력은 넋 나간 진보정당뿐이었다.[41]

우리는 이 계급투쟁의 현실로부터 달아날 수도 없고, 달아나지도 않을 것이다. 오히려 '정치적인 것의 가장자리'[42]를 '순수 정치'로 협소하게 한정지으려는 시도에 저항하여 계급투쟁의 현실 속에서 정치를 재발명할 것이다. 좌파(정치)에 내일이 찾아온다면, 그 시기는 편재하는 고통 속에서 정치의 장소를 재발견하고, 자본에 의해 삶을 박탈당한 사람들과 더불어 싸우고, 그 싸움을 통한 정치적 주체화로 대의제를 포위할 수 있을 때일 것이다.

우리는 대의제의 포기가 아니라 민주주의의 정의를 다시 내리고 그것의 허위적 배치를 허물어 재배치를 시도해야 한다. "정치 갈등이란 다른 이해관계들을 가진 집단들이 서로 맞서는 것을 의미하는 것이 아니라 공동체의 부분들과 몫들을 다르게 셈하는 논리들이 맞서는 것을 말한다."[43] 그러한 정치의 출현은 지금과는 다른 정치적 주체들을 대의제 안으로 불러들임으로써 민주주의의 성격과 형식을 변화시키는 것을 통해서만 가능하다. 나는 그 새로운 민주주의의 이름을 '배제된 자들의 민주주의'라 부르고자 한다.

설사 "오늘 오지 않는 고도는 내일도 오지 않는다"고 말해주더라도 기다림은 되풀이될지 모른다. 그러므로 부조리극의 최종적인 중단은, 우리가 기다리던 고도는 바로 우리 자신일지 모른다는 질문을 던질 때 이루어질 것이다. "우리가 기다리던 사람은 바로 우리 자신"[44]이란 사실을 깨닫고 나서야 비로소 에스트라공과 블라디미르는 자신이 한 그루 나무 아래 묶여 있던 시간에서 풀려나 집으로 돌아갈 수 있을 것이다.

대선이라는 스펙터클이 마감되고 시간이 흐른 지금, 우리는 세계가 다시 빛과 어둠으로 나뉘는 것을 목격하고 있다. 오늘도 누군가는 고압전류가 흐르는 송전탑에 오르고, 누군가는 절망적인 기다림 끝에 스스로의 목숨을 끊는다. 또 누군가는 첨단의 전자공장에서 불산을 마시고 죽어가는데, 이 나라 최고의 자본권력가는 수조 원대의 재산을 둘러싼 형제 간 소송에서 이긴다. 이 부조리한 세계에서 '자본에 맞서는 정치'를 만드는 것은 우리네 고통과 희생의 양이 아니라 정치 형태와 공간·시간을 발명하는 우리 자신의 능력에 달려 있다. 지금과는 '다른 민주주의'를 만들지 못할 때 우리에게 희망은 내일도 찾아오지 않을 것이다.

더 읽어볼 책들

1. 앙드레 고르 지음, 『프롤레타리아여 안녕: 사회주의를 넘어』, 이현웅 옮김, 생각의나무, 2011
한국에서 오늘날 "노동 있는 민주주의"가 주장되고 있다. 그런데 만약 노동 자체가 변신하고 있다면? 앙드레 고르는 이미 1980년에 '임금노동' 자체의 폐기를 주장하였다.

2. 알렉시스 드 토크빌 지음, 『미국의 민주주의 1·2』, 임효선·박지동 옮김, 한길사, 2002
설명이 필요 없는 고전. 저자는 19세기 혁명과 반동의 소용돌이를 경험한 프랑스인으로서 신대륙 미국을 여행하고 비교사회학적 접근을 통해 민주주의의 제 문제에 관한 통찰을 보여준다.

3. 제프 일리 지음, 『The Left 1848~2000: 미완의 기획, 유럽 좌파의 역사』, 유강은 옮김, 뿌리와이파리, 2008
1848년 이래 2000년까지 유럽대륙을 무대로 펼쳐진 좌파들의 이념과 활동, 부침을 서술한 역작이다. 기존 사회주의정당들이 신자유주의에 포획된 최근까지의 파노라마를 담았다.

2강

한국의 민주주의를 다시 생각한다

손호철

" 왜 한국 민주화가 민주화운동의 치열성에도 불구하고
수동혁명과 보수적 민주화로 귀결되어왔는지 비판적으로 연구하고 성찰함으로써
그 한계를 극복할 수 있는 해법을 찾아내야 한다.
특히 그간의 민주적 성과까지도 빼앗아가고 있는 신자유주의적 세계화의 공세와
보수정권의 퇴행적 움직임 속에서 다양한 민주주의를 발전시킬 수 있는
이론적 연구와 실천이 필요하다 "

박정희 모델을 해체하고 한국판 신자유주의 체제를 전면화해버린 1997년 경제위기는 역설적으로 한국 최초의 평화적 정권교체를 통해, 흔히 '민주정부'라고 잘못 부르는 '개혁적 자유주의'[1]의 김대중 정부를 탄생시켰다. 뒤이어 또 다른 자유주의 정권인 노무현 정부가 김대중 정부를 계승했다. 김대중·노무현 정부의 신자유주의 정책에 의한 사회적 양극화 등 민생 파탄에 대한 국민의 실망은 2007년 대선과 2008년 총선에서 이명박 대통령과 한나라당이라는 보수 세력에 대한 압도적인 지지로 나타났다. 그리고 이명박 정부에 대한 또 한 차례의 실망에도 불구하고, 2012년 총선과 대선은 보수 세력인 새누리당과 박근혜의 승리로 끝났다. 그만큼 민주주의는 국민으로부터 우선순위에서 뒤편으로 밀려나고 있는 듯했다.

이 글은 이런 문제의식에서 출발해 한국의 민주주의를 다시 한번 생각해보는 것이 목적이다. 특히 한국 민주주의의 특성을 조망하기 위해 먼저 민주화운동, 민주화, 민주주의 간의 관계를 일반 이론적 수준에서 추적할 것이다. 그다음 한국 민주주의, 한국 민주화운동의 평가 기준이 될 민주주의에 대해 민주주의란 과연 무엇인가 하는 '과학적'[2] 개념화를 시도할 것이다. 마지막으로는 해방 이후, 특히 좌·우익 이념 분쟁이 분단 고착화로 종결된 1953년 한국전쟁 종전 이후, 한국 민주화운동의 역사적 특징에 기초해 이루어진 한국 민주주의의 성과와 한계, 즉 한국 민주주의의 현주소를 비판적으로 살펴보고자 한다.

민주주의의 상태를 묻다

먼저 민주화운동, 민주화, 민주주의 간의 관계를 명확히 할 필요가 있다. 민주주의가 무엇인가 하는 것은 많은 논의가 필요한 논쟁적 주제다. 여기서 중요하게 짚고 넘어갈 점은 민주주의란 어떤 상태를 지칭하는 것이냐 하는 문제다. 한편 민주화란 권위주의나 파시즘 같은 비민주적 상태에서 또 다른 상태인 민주주의로 변화하는 동태적 과정을 지칭한다. 민주화운동은 민주화를 야기해 비민주주의, 반민주주의를 민주주의로 변화시키기 위한 운동과 행동들을 의미한다. 따라서 이것을 인과관계라는 측면에서 살펴보면 민주화운동이 민주화를 초래하고, 민주화라는 과정이 민주주의를 가져다주는 관계다.

그러나 이 관계가 그리 간단하지는 않다. 왜냐하면 모든 민주화운동이 민주화에 실질적으로 기여해 민주주의를 가져다주지는 않으며, 또 민주화에 긍정적으로 작용해 민주주의를 가져다주는 변수들이 유일하게 민주화운동은 아니기 때문이다. 민주화운동도 주관적 의도와 달리 민주화에 기여하기보다는 오히려 권위주의를 강화하는 효과를 가져다주는 경우도 적잖다. 반면에 당초 민주화운동이 아닌 행동들이 의도하지 않게 민주화에 기여하는 경우도 적잖다. 예를 들어, 1980년 신군부의 광주학살 같은 경우 단기적으로는 민주화운동을 좌절시켜 한국 민주주의를 후퇴시켰지만, 중장기적으로는 오히려 잔인한 학살을 통해 1980년대의 치열한 민주화운동을 불러옴으로써 민주화에 '기여'했다고 볼 수 있다. 민주화운동과 민주화, 민주주의의 관계에서 고려해야 할 문제는 소위 '의도하지 않은 결과unintended consequence'[3]다. 아울러 민주화에 기여하는 것은 산업화 같은 구조적 요인들이다.[4] 즉 민주화의 동학 분석에 있어서도 소위 '구조 대 행위'[5]라는 문제가 내재해 있는 것이다.

이 절에서 논의한 민주화운동, 민주화, 민주주의의 관계를 도식화하면 다음과 같다(그림1 참조).

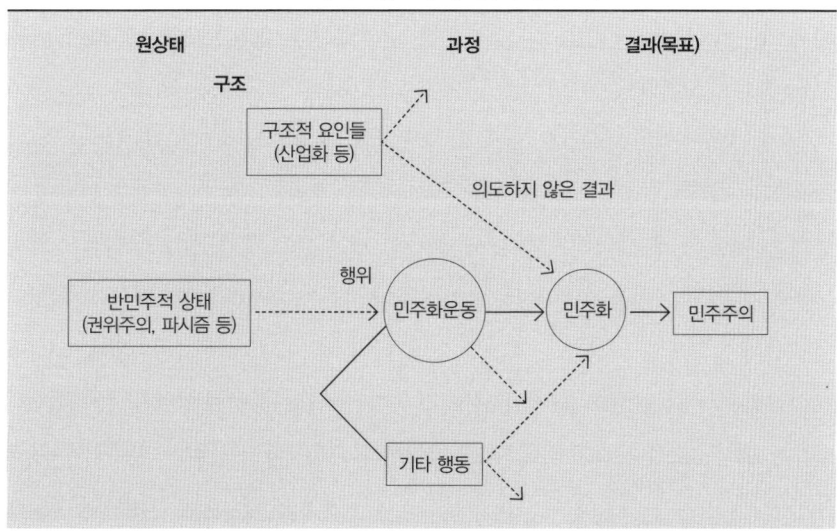

그림1 민주화운동, 민주화, 민주주의의 관계

한국 민주화운동을 어떻게 볼 것인가

　민주화운동, 민주화, 민주주의의 관계를 간략히 살펴보았으나 이것들 사이의 형식적 관계만을 다루었을 뿐, 내용적 측면에 대한 논의는 아직 열지 못했다고 볼 수 있다. 고로 이 문제를 한국 민주화운동의 과학적인 정의와 외연은 무엇인가를 중심으로 살펴보고자 한다.

　한국 민주화운동의 정의와 외연의 문제는 그렇게 자명한 것은 아니다. 사실 김대중 정부 시절 '민주화운동 관련자 명예회복 및 보상 등에 관한 법'●(이하 민주화 보상법)을 제정한 이후, 다양한 과거의 시국사범들이 민주화보상위원회에 민주화운동 인정과 보상 신청을 해오면서, 개별 사안들이 과연 민주화운동인가 하는 민주화운동 범위에 대한 논쟁을 불러일으키고 있다. 이 문제와 관련해, 나아가 더 근본적으로는 한국 민주화운동의 체계적 연구를 위해서도 무엇이 한국 민주화운동이었는가라는, 한국 민주화운동에 대한 정확한 정의는 반드시 짚고 넘어갈 필요가 있다.

　우선 한국 민주화운동은 좁은 의미의 운동 내지 일종의 고유명사라는 차원으로 이해할 수 있다. 즉 이 개념은 우리가 1970년대 이후 '민주화운동'이라고 불러온 것으로, 군사독재에 대항해 절차적 민주주의 내지 정치적 민주주의를 복원하기 위해 벌여온 저항운동을 지칭한다(사실 1970년대에 바로 이런 문제의식에 기초해 세워진 대표적인 민주화운동 단체의 이름도 '민주회복국민회의'였다. 그러다가 1980년대 들어 민주화운동청년연합이 발족하면서 '민주회복'이 아니라 '민주화운동'이라는 것이 운동의 공식적인 이름으로 등장했다). 민주화 보상법도 민주화운동에 대한 이런 인식에 기초해 민주화운동을 "1969년 8월 7일 이후 자유민주적 기

● 민주화운동 당시 희생자와 그 유족에 대해 국가가 명예회복 및 보상을 행함으로써, 그들의 생활안정과 복지향상을 꾀하는 한편, 민주주의라는 제도의 발전과 국민화합을 기초로 한 법이다.

본 질서를 문란하게 하고 헌법에 보장된 국민의 기본권을 침해한 권위주의적 통치에 항거하여 민주헌정질서의 확립에 기여하고 국민의 자유와 권리를 회복 신장시킨 활동"으로 규정하고 있다. 나아가 보상법 시행령은 보상법에 규정한 '항거'를 "직접 국가 권력에 항거한 경우뿐 아니라 국가 권력이 학교, 언론, 노동 등 사회 각 분야에서 발생한 민주화운동을 억압하는 과정에서 사용자나 기타의 자에 의해서 행하여진 폭력 등에 항거함으로써 결과적으로 국가 권력의 통치에 항거한 경우를 포함"하지만 "국가 권력과 관계없는 사용자 등의 폭력 등에 항거한 경우는 제외한다"고 그 범위를 제한하고 있다.

그러나 한국 민주화운동을 좀 더 체계적으로 돌아보기 위해서는 이런 일상적 용법을 넘어서 한국 민주화운동이 무엇인가 하는 정의와 외연의 문제를 근본적으로 다시 생각해볼 필요가 있다.

논리적으로 볼 때, 한국 민주화운동은 "한국의 민주주의를 세우고 확대하기 위한 운동"이다. 즉 한국의 민주주의를 위해 수행한 운동은 모두 한국 민주화운동인 것이다. 그런데 문제는 여기에서 '민주주의'란 무엇인가 하는 것이다. 물론 민주주의가 무엇인가에 대해서는 다양한 의견이 있다. 사실 이것은 매우 논쟁적인 주제로 자유민주주의, 사회민주주의, 사회주의적 민주주의 등 민주주의를 다르게 이해하는 다양한 이론과 이념들이 경쟁한 바 있다. 물론 소련과 동구권 몰락 이후 사회주의적 민주주의가 파탄에 이르면서 이런 다양한 이론 중 정치적 민주주의를 중심으로 한 자유민주주의가 특권화되고, 특히 그중에서도 민주주의를 단순히 엘리트 간 공정한 경쟁의 보장으로 이해하는 슘페터류의 '최소주의적'인 정의가 영향력을 넓혀가고 있는 것이 현재의 이론적 정세다. 그러나 긴말 필요 없이, 민주주의가 단순한 엘리트 간의 공정한 경쟁이나 정치적 민주주의로 환원될 수 있는 것은 결코 아니다. 민주주의는 모든 억압, 착취, 차별과 배제에 반대하는 사회나 상태를 의미하며, 이 점에서 "한국 사회의 모든 억압, 착취, 차별, 배제에 저항하는 운동"은 한국 민주화운동인 것이다.

이를 다른 각도에서 살펴보면 민주주의는 크게 보아 상호 보완적인 네 가지 형태의 민주주의가 있다. 첫째, 정치적 민주주의다. 민주주의의 이론적 주도권을 쥐고 있는 자유민주주의론이 주목하는 민주주의가 바로 이 정치적 민주주의로서, 특히 소련과 동구권 몰락 이후 더욱 특권화되고 있다.

그러나 이런 정치적 민주주의의 특권화 외에도 최근 두드러지게 나타나는 현상은 정치적 민주주의를 단순히 직선제와 같은 엘리트 간 공정한 경쟁을 보장하는 것으로 이해하는 슘페터류의 최소주의적 입장이 폭넓게 유포되고 있다는 사실이다. 즉 슘페터에 따르면 "민주주의란 '인민'이란 용어와 '지배'라는 용어의 어떤 의미에서도 인민이 실제로 지배하는 것을 뜻하지 않으며…… 다만 인민이 자신들의 지배자가 되고자 하는 사람들을 승인하거나 거부할 기회를 가지고 있는 것을 의미할 따름"이기 때문에, 민주주의란 결국 "정치적 결정에 도달하기 위해 인민의 표를 얻기 위한 경쟁을 통해 결정권을 얻고자 하는 것을 그 협의 내용으로 하는 하나의 제도적 협정"이다.[6] 다시 말해, 민주주의란 경쟁에 의한 엘리트 지배에 불과하며, 따라서 민주주의냐 아니냐는 엘리트 사이에 공정한 경쟁이 보장되느냐에 불과할 뿐 일반 국민의 자유권 보장 여부는 중요한 기준이 아니라는 주장이다.

이런 시각에 따르면 일반 국민의 정치권 기본권이 심각하게 훼손되더라도 보통선거권만 보장되고 엘리트 간의 공정한 경쟁만 이루어지면 이는 민주주의다. 이런 견해는 민주주의의 의미를 지나치게 훼손하는 잘못된 견해다. 다시 말해, 직선제와 같은 엘리트 간의 공정한 선거경쟁이 이루어진다고 하더라도 일반 국민의 사상과 결사의 자유가 제약된다면 이런 정치체제를 정치적 민주주의라고 말할 수는 없다. 대신 정치적 민주주의는 엘리트 간의 공정한 경쟁뿐만 아니라 정치적 선호의 형성, 표현 기회의 평등, 즉 사상과 결사의 자유 같은 정치적 기본권이 보장되는 정치체제다. 따라서 정치적 민주주의란 슘페터가 아니라 최소한 로버트 달●의 다두정polyarchy 수준은 되어야 한다. 흔히 민주주의라고 부르는 다두정은 (1)국민이 자신의 정치적 선호를 형성할 기회, (2)선호를 나타낼 기회, (3)정부 정책에 있어서 이 선호를 다른 선호들과 동등하게 취급할 기회의 평등을 보장하는 정치체제를 의미하며, 이것은 제도적으로 (1)조직의 결성과 가입의 자유, (2)표현의 자유, (3)투표권, (4)피투표권, (5)대안적 정보의 접근권 등을 필요로 한다.[7]

둘째, 기본적으로 사회민주주의가 관심을 갖는 사회경제적 민주주의다. 이것은 자유권에 대비되는 사회권의 문제로, 빈곤에서 벗어날 자유 등 인간으로서 살아가는 데 보존되어야 할 최소한의 존엄성과 관련된 사회경제적 권리의 문제다. 사회경제적 민주주의는 두 가지 측면에서 의미가 있다. 하나는 정치적 민주주의의 수단으로서의 사회경제적 민주주의다. 즉 정치적 민주주의를 핵심 특징으로 하는 자유민주주의는 다양한 사회집단이 자신의 권력자원power resource을 동원해 경쟁을 벌이는 것으로 보고 있는바,[8] 그 권력자원 중에서 핵심 중 하나인 부의 분배가 지나치게 불평등할 경우 정치적 민주주의는 사실상 비민주주의로 전락할 수밖에 없다. 따라서 이런 사태를 막을 방편 내지 수단으로써 사회경제적 민주주의는 나름대로 의미가 있다. 나아가 빈곤에서 벗어날 자유 등 인간으로서 살아가는 데 보존되어야 할 최소한의 존엄성과 관련된 사회경제적 권

● Robert Alan Dahl. 미국의 정치학자. 오랫동안 민주주의의 원리와 변화상을 전문적으로 연구했으며 『민주주의와 그 비판자들』 『정치적 평등에 관하여』 등 다량의 정치학 서적을 출간해 학문적 성과를 인정받았다.

리, 즉 사회권⁹은 유엔 인권헌장이 인간의 기본권으로 인정하고 있듯이, 그것 자체가 인간이 추구해야 할 목표이며, 이를 지키기 위한 사회경제적 민주주의는 정치적 민주주의 못지않게 중요한 민주주의의 구성 부분이다.

셋째, 마르크스주의와 같은 좀 더 근본적인 좌파가 관심을 갖는 민주주의인 생산자 민주주의다. 자본주의 사회가 가장 취약한 것이 바로 이 생산자 민주주의인데, 모든 민주주의와 시민권은 공장 문 앞에 오면 멈추게 돼 있고, 공장 안은 정도의 차이가 있지만 일방적인 지시, 복종과 지배, 종속 현상이 일상화되어 있는 '공장 전제정' 체제다.[10] 대부분의 사람들이 노동을 자기실현 과정으로 인식하지 못하고 오히려 하루의 노동 과정을 끝내고 작업장에서 빠져나오는 순간 해방감을 느끼는 것도 근본적으로는 바로 이런 상황에서 연유하는 것이라고 할 수 있다. 이런 작업장 독재에 저항해 생산자들이 스스로 주요한 결정을 하는 생산자 자주관리가 생산자 민주주의이며, 이런 문제의식에서 보면 자본주의는 아무리 정치적 민주주의와 경제적 민주주의가 발달해도 기본적으로 반민주적인 정치체제다. 그러나 생산자 자주관리처럼 생산자 민주주의가 근본적으로 실현되지 않더라도 일부 진보적인 선진자본주의의 경우 주요한 의사결정에 노동자들을 참여시키는 노동자 경영 참여를 제도화하는 형태의 산업민주주의[11]를 실시해온바, 이것은 생산자 민주주의의 초보적인 형태라고 할 수 있다. 사실 다두정이라는 개념을 통해 민주주의를 단순히 정치적 민주주의로 인식하는데 이론적 초석을 제공한 달의 경우도 자기비판을 통해 좀 더 급진적 입장으로 변화해가면서 "회사도 지배자와 피지배자들 간에 권력관계가 존재하는 하나의 정치체제로 볼 수 있다"고 주장한 바 있다.[12]

넷째, 포스트모더니즘, 포스트마르크스수의 등 포스트주의가 관심을 갖고 있는 일상성의 민주주의다. 포스트주의가 잘 지적하고 있듯이, 민주주의는 단순히 국가나 자본 같은 거대 권력에 국한된 문제가 아니다. 모든 사회관계에는 권력관계가 내재돼 있기 때문에 이런 점에서 보면 다양한 일상적인 삶의 제도화된 사회관계들은 모두 민주주의의 문제와 연결된다.[13] 즉 남성 중심주의적인 가부장제에 저항하는 젠더민주주의 문제부터 소수자 운동으로서 동성애자의 권리 같은 차이difference의 민주주의, 대학의 주요 의사 결정에 학생 참여를 주장해온 학생운동이 함의하고 있는 대학의 민주주의 문제 등 민주주의의 문제는 도처에 있다.

결국 민주주의에 대한 더욱 체계적인 이해에 기초할 경우 흔히 일반적으로 생각하고 있듯이 민주화운동을 정치적 민주주의를 위한 반독재 투쟁으로 좁혀서 이해하는 것은 잘못이다. 사회경제적 민주주의, 생산자 민주주의, 일상성의 민주주의를 위한 투쟁과 노력은 모두 민주화운동이라고 할 수 있다. 즉 노동기본권을 위한 전태일의 분신, 작업장에서 군대식 명령 체계에 저항한 이름 없는 노동자들의 저항, 남성 중심의 호주제에 대한 여성들의 저항, 유신 시절 장발단속에 저항한 대학생들의 저항, 규격화된 교복 제도에 저항한 고등학생들의 저항과 같은 '미시 저항'들도 모두 민주화운동이라고 할 수 있다.

이런 문제의식 가운데 민주화 보상법상 민주화운동의 정의를 살펴보면 많은 문제점을 발견할 수 있다. 우선 민주화운동에는 "국가 권력이 학교, 언론, 노동 등 사회 각 분야에서 발생한 민주화운동을 억압하는 과정에서 사용자나 기타의 자에 의해서 행하여진 폭력 등에 항거함으로써 결과적으로 국가 권력의 통치에 항거한 경우를 포함"하지만 "국가 권력과 관계없는 사용자 등의 폭력 등에 항거한 경우는 제외한다"고 범위를 제한한 것은 잘못이다. 물론 이 법안이 국가의 보상 문제와 관련 있기 때문에 그 대상을 국가가 보상 책임이 있는, 국가 권력이 직접적으로 개입한 경우로 국한시켰는지 모른다. 그러나 이런 현실적·법적 제한 필요성과는 상관없이 민주화운동을 단순히 국가 권력에 저항한 경우로 국한시키는 것은, 민주주의에 대한 매우 잘못된 인식에 기초한 것으로 이론적으로라도 이 문제를 명확히 하고 넘어갈 필요가 있다.

나아가 민주화 보상법상의 민주화운동에 대한 정의는 해석상 상당한 논쟁을 불러일으킬 여지가 있다. 그것은 이 법이 정의한 민주화운동의 규정 가운데 "헌법에 보장된 기본권을 침해한 권위주의적 통치에 항거해 국민의 자유와 권리를 회복, 신장시킨 활동"이라는 내용과 관련해, 넓게는 국민의 권리가 무엇이냐, 좁게는 헌법에 보장된 기본권이 무엇이냐에 대해 다른 해석이 가능하기 때문이다. 그러나 우리 헌법, 즉 헌법에 보장된 기본권을 살펴보면, 일상적인 통념과 달리 민주화운동의 범위가 상당히 넓다는 것을 발견하게 된다. 즉 우리 헌법은 신체의 자유부터 양심의 자유(19조), 언론, 출판, 결사, 집회의 자유(21조), 학문, 예술의 자유 같은 소위 자유권만이 아니라 교육받을 권리(31조), 근로의 권리(32조), 노동 3권(33조), 인간다운 생활을 할 권리(34조), 인간의 행복추구권(10조) 같은 사회권, 그리고 환경권(35조)을 포함하고 있다. 따라서 민주화 보상법의 정의에 따르더라도 단순히 정치적 자유를 침해한 군사독재의 정치적 탄압에 대한 저항운동, 즉 앞에서 지적한 정치적 민주주의에 관련된 운동만이 아니라 사회경제적 민주주의 운동, 생산자 민주주의 운동 역시 민주화운동이다. 나아가 인간다운 생활을 할 권리, 인간의 행복추구권같이 헌법이 보장하는 매우 포괄적인 기본권들을 고려할 때 동성애자들의 인정 투쟁 등 일상성의 민주주의에 속하는 운동, 나아가 가장 앞부분에 지적한 모든 억압, 착취, 배제, 차별에 대한 저항이 민주화 보상법에 의해 민주화운동에 포함될 수 있다.

이런 큰 원칙 아래 몇 가지 더 짚어볼 문제가 있다. 우선 제3세계적 맥락과 분단국가라는 한국의 특수성과 관련해 그동안 한국 학생운동과 재야운동 내에서 하나의 중요한 흐름을 형성해온 반미자주화와 통일운동의 문제다. 물론 표면적으로 볼 때 이 운동들은 직접적으로 민주화운동과 무관한 것처럼 보인다. 그러나 민주주의를 포함한 현대사회의 문제가 일국적 수준에 국한된 것이 아니라 세계체제적으로 연결되어 있다는 점에서 민주주의와 민주화운동을 반드시 일국적 수준의 문제, 국내 문제로 국한시킬 필요는 없다.[14] 즉 외세 문제, 분단과 통일 문제도 우리 사회의 억압, 착취, 배제, 차별과 관련이 있다면, 즉 다양한 민주주의와 기본권들과 관련이 있다면 그것 또한 민주화운동이다. 따라서 나는 이 문제를 '대외적 민주주의' '대외적 민주화' '대외적 민주화운동'으로 표현하고자 한다.

다음에 짚고 넘어갈 문제는 합법성, 폭력성의 문제다. 즉 민주화운동은 억압, 착취, 배제, 차별에 저항하는 운동, 정치적 민주주의, 사회경제적 민주주의, 생산자 민주주의, 일상성의 민주주의를 위한 운동, 다양한 기본권을 지키기 위한 운동이라고 하더라도 목적을 추구하는 데 있어서 합법적이고 평화적인 방법을 사용한 운동에 국한시켜야 하느냐, 아니면 방법과는 무관한 것이냐 하는 점이다. 이 문제와 관련해 민주화 보상법 자체도 합법성, 폭력성 여부를 민주화운동의 판단 기준으로 삼고 있지 않다. 사실 민주화운동을 평화적 방법으로 국한시킬 경우, 대표적인 민주화운동으로 인정받고 있는 1980년 5·18민중항쟁도 민주화운동이 아닌 것이 된다. 그러나 일부 시각에 따라서는 민주주의와 폭력성이 근본적으로 모순되는 것으로 보고, 따라서 폭력적 방식에 대한 저항은 민주화운동이 아니라고 주장할 수 있다. 이것은 무척 복잡한 논쟁이 필요한 주제다.

그러나 폭력/평화학의 권위자 중 한 명인 요한 갈퉁•이 잘 지적했듯이 폭력이란 단순한 직접적 폭력만이 아니라 반민주적 질서와 같은 구조적 폭력을 포함한다.[15] 게다가 민주화운동 등 많은 저항운동이 5·18항쟁처럼 구조적 폭력, 나아가 군부의 강력한 직접적 폭력에 저항해 불가피하게 방어적인 직접적 폭력에 의존하는 경우도 적지 않다. 따라서 폭력성 여부로 민주화운동을 판단하는 것은 무리라고 할 수 있다. 사실 폭력 여부를 민주화운동의 판단 기준으로 삼는다면, 반민주적 체제의 구조적 폭력과 직접적 폭력에 저항해 민중운동의 대항폭력이 개입된 5·18이나 프랑스대혁명 등이 모두 민주화운동이 아니라는 이야기다.

어쩌면 가장 골치 아픈 문제는 '의도하지 않은 결과'에서 비롯된 '의도'와 '결과'의 문제다. 즉 민주화운동을 민주주의에 기여하기 위한 의도를 가지고 한 운동으로 볼 것이냐, 아니면 의도와 상관없이 결과적으로 민주주의에 기여한 운동으로 볼 것이냐 하는 문제인 것이다. 이 문제와 관련해서 민주화운동을 (1)의도도 있고 결과적으로도 민주주의에 기여한 것으로 국한시키는 가장 엄격한 입장, (2)의도로 규정하는 입장, (3)결과로 규정하는 입장으로 나누어볼 수 있다. 일반적으로 사회과학에서 중요한 것은 의도보다는 행동했을 때 나타나는 현실적 효과로서의 '결과'다. 그러나 이때 결과를 중심으로 민주화운동을 정의해버리면, 특정 운동이 민주화에 결과적으로 기여했느냐 그렇지 않느냐는 현실적 기여도를 어떻게 검증할 것인가라는 기술적 어려움이 있다. 이뿐만 아니라 민주화를 위해 노력했지만 결국 실패한 운동은 민주화운동이 아니고, 전혀 민주화

• Johan Galtung. 노르웨이 출신의 세계적인 평화학자이자 평화운동가. 1970년대 이후 남북한을 수십 차례 방문하며 유럽 내 한국 문제 전문가로 활약했다. 오슬로 국제평화연구소(PRIO)의 창설자이기도 하다.

를 위해 한 행동이 아닌데도 의도하지 않은 결과에 따라 민주화에 기여한 것은 민주화운동이 되고 마는 아이러니가 발생한다.

예를 들어 박정희의 유신 선포와 민주헌정 탄압은 민주화운동의 성장을 자극해 궁극적으로 의도하지 않게 한국 민주주의의 성장에 기여했다고 볼 수 있다는 점에서 결과를 민주화운동의 판단 기준으로 채택할 경우 유신 선포를 민주화운동이라고 봐야 하는 엉뚱한 상황에 봉착하게 된다. 이렇듯 극단적인 경우는 아니더라도 (목적의식적인 운동이 아니라 막걸리 보안법 피해자같이) 특별한 목적의식적 행동을 하지 않은 단순한 군사독재의 피해자들도 민주화운동 해당자인가 하는 문제를 낳는다.

정반대로 단순히 참여자들의 주관적 의도를 중심으로 민주화운동을 판단하는 것 또한 많은 문제를 야기한다는 점에서 간단한 문제는 아니다. 이것과 관련해, 주목할 점은 최근 급속히 활성화되고 있는 극우냉전 세력의 정치화다. 즉 자유시민연대 등 극우냉전 세력의 정치화와 관련해, '반핵반김집회' 등이 활발해지면서 이런 집단적 움직임을 진정한 민주화운동이라며 주장하고 나서고 있다는 점이다. 따라서 민주화운동의 외연에 대한 골치 아픈 문제를 또 하나 떠안게 될 가능성이 크다.

복잡한 문제를 접어두고 다소 쉬운 문제, 그러나 반드시 짚고 넘어가야 할 문제는 '시기'에 관한 것이다. 즉 한심스럽게도 민주화 보상법이 당시 김종필 자민련총재라는 현실 정치세력의 존재 때문에 민주화운동의 범위를 1969년 이후, 즉 박정희의 3선 개헌* 이후의 운동으로 국한시킨 것이다. 이는 곧 3선 개헌 이전에는 한국이 하자 없는 민주주의라는 이야기, 따라서 6·3사태** 같은 저항운동은 민주화운동이 아니라는 이야기에 다름 아니다. 또 이 법의 규정에 따르

- 1969년 박정희 대통령의 3선을 목적으로 추진되었던 6차 개헌으로, 대통령의 3선 연임을 허용하고, 대통령에 대한 탄핵소추결의의 요건을 강화하는 한편, 국회의원의 행정부 장·차관의 겸직을 허용하는 내용이 들어 있다.
- - 1964년 6월 3일 박정희 대통령이 비상계엄령을 선포하여 한일회담 반대시위를 진압한 사건이다.

면 이승만 독재에 저항한 4·19도 민주화운동이 아니다. 이렇게 민주화운동을 1969년 이후로 국한시킨 민주화 보상법은 문제가 많다. 그러나 문제는 보상과 관련된 민주화 보상법을 넘어 이론적 측면에서 그 시기적 하한선을 언제까지로 둘 것인가 하는 점이다. 엄밀히 말해 민주화운동이 반드시 근대국민국가를 전제로 한 것은 아니라는 점에서 시기를 근대로 국한시킬 필요는 없다. 즉 만적의 난,● 동학과 같은 전근대 시기의 다양한 저항, 민란들도 사실은 민주화운동이다. 이런 근본주의적 입장을 취하지 않고 논의를 대한민국이라는 국민국가의 존재를 전제로 해 진행하더라도 민주화운동을 3선 개헌(1969)이나 박정희 군사독재의 출범(1961) 이후로 국한시킬 수는 없다. 오히려 1948년 국가 설립 이후부터 민주화운동은 시작됐다고 봐야 한다. 시기와 관련한 또 다른 문제는 시기적 하한과는 정반대의 문제, 즉 시기적 상한의 문제다. 민주화와 민주주의란 지속적인 과정이지 어느 순간에 완성되는 것은 아니라는 점에서 민주화운동의 시기적 상한은 없다고 봐야 한다. 즉 소위 87년 민주화 이후에도, 특히 많은 사람이 민주정부로 생각하는 김영삼, 김대중, 노무현 정부하에서 일어난 다양한 저항 운동도 민주화운동이라고 할 때, 민주화운동이 박정희나 전두환 정권 같은 공공연한 독재체제에 저항한 운동에 국한된 것은 아니다. 이 점에서 민주화 보상법이 시기적 상한을 정해놓지 않은 것은 앞으로도 계속 김대중, 노무현 정권 등에 저항해 민주화운동 인정과 보상 요구를 불러올 수 있다는 행정상의 기술적 문제점을 내포하고 있지만, 정신적 측면에서는 맞는 것이다.

● 1198년, 고려시대 신종 1년에 만적이 중심이 되어 일으키려다 미수에 그친 노비해방 운동이다.

한국 민주화를 읽는 방법

민주주의의 체계적 이론화에 기초해 한국 민주화운동의 외연을 분석해본 것을 토대로, 이제 한국 민주화운동 그리고 한국의 민주화와 한국 민주주의의 역사적 특징을 비판적으로 살펴보고자 한다. 다만 이 문제를 살펴보는 데 있어서 논의를 1953년 이후로 한정할 것이다. 민주화운동이 근대 시기로 국한되는 것은 아니며, 근대로 국한시키더라도 대한민국이 성립된 1948년 이후부터 민주화운동은 존재한다고 봐야 하지만, 전근대 시기나 해방정국을 포함해 민주화운동을 논의할 경우 그 논의가 복잡해진다. 그렇기 때문에 이 글에서는 해방정국이 끝나고 분단체제가 자리잡은 1953년 이후로 논의를 제한하려는 것이다.

한국 민주화운동의 시기적 변환과 특성

한국 민주화운동의 특징을 살펴보기에 앞서 우선 민주주의의 다양한 유형과 관련해 한국 민주화운동을 역사적으로 개관할 필요가 있다.

민주화운동 제1기는 1953년 분단체제가 고착화되어 남한 사회에서 좌우 이념 분쟁이 사라졌을 때부터 1980년 광주학살까지 이르는 기간으로, 기본적으로 자유주의적 헤게모니하에 정치적 민주주의를 중심적인 투쟁의 목표로 했던 시기다. 물론 1960년 4·19혁명 이후 다양한 진보적 운동이 복원되어 사회경제적 민주화운동이 활성화되기도 했고 1970년대 초에는 전태일의 분신, 철거민들의 광주민란● 이후 국민 대중의 생활 등 사회권을 둘러싼 투쟁이 벌어졌다. 그러나 이것은 부차적인 사건이었고 1980년대까지 민주화운동의 특징은 정치적 민주주의를 회복하려는 자유주의적 운동이었다. 이것은 이 시기 민주화운동을

● 1971년 8월 10일 경기도 광주대단지(지금의 경기도 성남시) 주민 수만여 명이 정부의 무계획적인 도시정책과 졸속행정에 반발해 도시를 점거했던 사건이다.

주도했던 주체들의 성격과 무관하지 않다. 당시 민주화운동은 재야, 학생 등 주로 비판적 성향의 자유주의 세력이 중심을 형성하고 있었다.

제2기는 1980년 광주학살부터 1987년 6월 항쟁에 이르는 시기다. 이 시기는 제1기와 마찬가지로 군사독재에 저항해 정치적 민주주의를 이루려는 정치적 민주화운동이 민주화운동의 중심축을 이루고 있었다. 그러나 동시에 광주학살에 따른 우리 사회의 급진화의 결과로 자유주의적 틀을 넘어서 좀 더 근본적인 변혁을 추구하려는 급진적 민주화운동이 활성화됐다. 그 결과 사회경제적 민주주의, 생산자 민주주의를 추구하는 좌파적 민주화운동이 본격화되고 동시에 소위 민족 문제를 중시하는 '민족해방NL'파를 중심으로 자주화 등 '대외적 민주화'운동도 활성화되었다. 이 시기의 민주화운동을 주도한 것은 그 이전 시기와 마찬가지로 학생과 재야였다. 다만 이 집단의 중심을 구성한 것은 과거의 자유주의 세력이 아니라 비타협적인 반독재 투쟁을 주도한 급진적 민주화운동 세력이었다.

제3기는 1987년부터 1990년대 초반까지다.[16] 이 시기는 정치적 민주화운동이 계속되지만 87년 6월 항쟁의 결과 합법적 공간이 넓어지면서 그동안 억눌려왔던 다양한 운동이 분출되어왔다. 그러면서 노동자, 농민부터 학생과 급진적 지식인에 이르는 다양한 세력의 사회경제적 민주화운동, 생산자 민주화운동, 대외적 민주화운동 등 급진적 민주화운동이 정점을 이룬 시기다. 어떻게 보면 제2기와 비슷한 이 시기를 별도로 다루는 이유는 제2기에 시작된 다양한 급진적 민주화운동이 정점을 이루었다는 점도 있지만 주체의 변화라는 근본적인 이유가 있다. 여기서 주목할 점은 두 가지다. 하나는 그동안 반독재 투쟁을 위해 연대해왔던 자유주의 세력(정치적 민주화에 주된 관심이 있는 정치적 민주화운동 세력)과 급진적 민중 세력(사회경제적 민주화운동, 생산자 민주화운동, 대외적 민주화운동 세력) 간의 분화, 대립이 생겨나기 시작했다는 것이다. 다른 하나는 급진적 운동과 관련해 기존의 학생과 지식인 외에도 노동자, 농민 등 기층 민중계급이 중요한 주체로 등장했다는 사실이다. 또 시민운동이 생겨났지만 아직 핵심적인 운동으로 자리잡지는 못한 시기다.

제4기는 1990년대 초반 이후부터 현재에 이르는 시기다.[17] 우선 이 시기는 그동안 진척된 정치적 민주화의 결과로 정치적 민주화운동이 점차 약화되고 사회경제적 민주화, 생산자 민주화운동 역시 변화를 겪게 된다. 즉 소련과 동구권의 몰락 등으로 한국 사회가 빠르게 보수화되면서 급진적 지식인을 중심으로 한 급진적 민주화운동은 위기에 처하고 급속히 해체되지만 대중운동, 즉 자주적 노동운동이나 농민운동 등은 민주노총의 출범과 성장이 보여주듯이 서서히 성장해오고 있다.[18]

그러나 이 시기의 가장 중요한 특징은 그간 억눌려 있던 포스트주의적 의제들이 전면화되면서 포스트주의적 운동이 활성화됐다는 점이다. 즉 거대 권력인 국가 권력의 민주화가 어느 정도 진행되고 소련과 동구권의 몰락과 함께 사회변혁을 둘러싼 거대 담론들이 무너지면서 환경 문제, 젠더민주주의 문제, 이주노동자, 동성애를 비롯한 소수자 문제 등 다양한 포스트주의적 문제가 시민운동을 중심으로 제기되기 시작했다. 이 시기는 운동 주체의 중요한 변화도 있었다. 이중 가장 눈에 띄는 것은 1953년 이후 한국 민주화운동을 주도해온 학생운동의 퇴조다. 학생운동은 한국 민주화운동의 선도 세력, 중심 세력의 자리를 내주게 됐다. 이를 대치한 것은 시민단체들의 시민운동과 기층계급 중심의 민중운동이다. 특히 시민운동이 정치적 민주화와 포스트주의적 민주화에 주도적 역할을 수행해오고 있다면 노동자, 농민을 중심으로 한 기층계급운동, 민중운동은 사회경제적 민주화, 생산자 민주화, 대외적 민주화운동을 주도해오고 있다. 지금까지 한 논의를 이해를 돕기 위해 표로 정리하면 다음과 같다(표1 참조).

표1 한국 민주화운동의 시기별 특징

	1기(1953~1980)	2기(1980~1987)	3기(1987~1990년대 초)	4기(1990년대 초~현재)
정치적 민주화운동	→	➔	→	→
사회경제적 민주화운동		→	➔	→
생산자 민주화운동		→	➔	→
대외적 민주화운동		→	➔	→
일상적 민주화운동			→	➔
주체	학생, 지식인 (자유주의적)	학생, 지식인 (급진주의적, 자유주의적)	학생, 지식인, 노동자, 농민(시민운동) (급진주의, 자유주의 분화)	시민운동, 노동자, 농민, 민중운동

※ 선의 굵기는 운동의 강도를 표시한 것임.

그러면 이렇게 시기적으로 발전해온 한국 민주화운동의 전체적인 특징은 무엇인가? 우선 한국 민주화운동의 중요한 특징은 그 강도와 지속성이 아닌가 싶다. 물론 민주화운동의 강도와 지속성 등을 체계적으로 비교한 연구는 없는 것 같고 나 역시 이것을 체계적으로 비교하지 않았다. 다만 여러 측면을 고려할 때 한국의 민주화운동은 강도와 지속성 차원에서 세계적으로 평가받을 만한 것이 아닌가 싶다. 한 연구자는 사회운동이 사회적으로 보편화되고 엄청난 힘을 발휘하며 변화를 주도하는 사회를 '운동사회movement society'라는 개념으로 주창한 바 있는데,[19] 바로 이런 개념에 가까운 나라가 한국이 아닌가 싶다.

최소한 1953년 이후를 기준으로 잡는 한, 두 번째 눈에 띄는 것은 방법 내지 수단과 관련된 것으로 상대적인 비폭력성이다. 물론 87년 민주화 이후 민주화운동과 관련된 여러 시위 현장에서 화염병과 파이프 등이 동원돼 공권력에 대항하는 '대항폭력'이 행사된 적이 있고, 최근 쟁점이 됐듯이 동의대 사건 등과 관련해 인명 살상까지 벌어진 바 있다.[20] 뿐만 아니라 1980년 봄의 경우 광주민중항쟁 과정에서 시민들이 무장하고 무장항쟁을 벌이기도 했다. 그러나 이것은 예외적 상황이고 폭력이 개입돼 있는 경우도 대부분 독재 정권의 폭력에 대항하는 방어적인 대항 폭력의 형태를 띠고 있었다. 반면 한국의 민주화운동은 다른 나라와 달리 민주화운동이라는 이름 아래 테러나 게릴라전과 같은 무장 투쟁을 전개하지는 않았다. 주목할 것은 대신 한국 민주화운동이 극단적인 상황에서 택한 것은 테러나 무장 투쟁과 같은 폭력적 투쟁이 아니라 분신, 투신과 같은 자기폭력이었다는 사실이다. 1991년 분신정국으로 상징되는 이런 자기희생적 '분신의 정치'는[21] 한국에 국한된 현상이 아니고 통일 이전의 베트남 등 여러 나라에서 나타나지만, 한국처럼 테러 활동이 부재한 대신 분신의 정치가 활성화된 나라는 없었다. 이것은 분단과 반공주의가 한국 민주화운동에 가한 구조적 제약의 결과로 분단이라는 조건 아래 민주화운동이 대중적 지지를 얻기 위해 취한 전술적 선택이었다.

주체라는 측면에서 한국 민주화운동이 갖는 중요한 특징은 무엇인가? 물론 민주화운동의 주체는 시기별로, 그리고 민주주의 유형(정치적 민주주의, 경제적 민주주의 등)에 따라 변해왔다. 그러나 이것을 일반화해 이야기하자면 두 가지가 눈에 띈다. 첫째, 학생운동의 주도성이다. 물론 학생운동의 주도성은 1987년 민주화 이후, 특히 1990년대 들어 약해져 이제 더는 학생운동이 결코 한국 민주화운동의 주도 세력이라고 볼 수 없다. 그러나 평균적으로 볼 때 학생운동이 민주화운동의 중심 세력이었던 것은 부인할 수 없다. 다만 흔히 말하듯이, 이것을 일제하 '광주학생운동' 등 '학생운동의 유구한 전통' 식으로 해석하는 것은 잘못이다. 주목할 점은 학생운동이 해방 공간인 1945~1953년에 결코 중심적인 운동이 아니었다는 사실, 또 87년 민주화 이후 주도성을 잃어갔다는 사실이다. 이것은 노동운동 등 계급운동과 사회운동이 활성화됐을 때는 학생운동이 민주화운동의 중심 세력이 되지 못하고 있음을 보여주고 있다. 이것을 뒤집어 해석하면 1953년 이후 한국 민주화운동에서 학생운동이 중심적인 역할을 수행한 것은 해방정국을 거치고 분단체제가 고착화되면서, 정치적 행위자인 계급운동과 사회운동이 사라져버린 한국적 특수성에 기인한다. 따라서 1987년에 민주화가 되고 노동운동, (중산계급적 계급운동이라고 할 수 있는) 시민운동 등이 활성화되면서 학생운동은 민주화운동의 주도성을 상실하고 만 것이다.

주체라는 면에서 한국 민주화운동이 갖는 두 번째 특징은 부르주아계급의 불참여와 자유주의 세력의 취약성이다. 물론 부르주아계급은 사회경제적 민주주의와 생산자민주주의라는 측면에서 보면 민주화운동의 주체가 될 수 없고 오히려 투쟁의 대상이다. 그러나 정치적 민주주의에 관한 한, "부르주아 없이 민주주의 없다"라는 말이 있을 정도로 시민혁명에서 중요한 역할을 해온 것은 부인할 수 없다. 물론 이것은 서구의 경험에 기초한 것으로 제3세계의 경우 이런 일반화에는 많은 문제가 있고, 민주화운동에 대한 대차대조표도 훨씬 복잡해진다.[22]

그러나 제3세계의 경우도 소위 민주화의 '제3의 물결'이라고 부르는 최근의 민주화에서는, 자본가계급이 군부에 대해 "사실상의 반정부 세력으로 활동"하고 이 계급이 가지고 있는 우수한 권력자원 때문에 "민주화운동 초기에 핵심적인 역할을 수행"했다.[23] 반면에 우리나라의 경우 부르주아계급은 이런 역할을 전혀 수행하지 않았고 항상 군부독재 등과 연대해 반민주 세력의 중심에 자리 잡아왔다.[24] 예를 들어 87년 6월 항쟁에도 이 계급은 직선제에 대한 국민적 요구에 저항해 전두환의 호헌선언에 지지성명을 냈다. 그리고 그것이 한국 사회에 자본주의적 지향이 도전의 여지가 없을 정도로 확실하고 강력하게 자리잡았지만, 다른 나라와 다르게 부르주아계급이 사회적·정치적 헤게모니를 아직 갖지 못한 중요한 이유 중 하나일 것이다.[25] 이와 밀접히 관련된 것으로 민주화운동 과정에서 보여준 자유주의 세력의 취약성이다. 사실 한국 사회에서 민주화운동을 주도한 자유주의 세력은 '정치사회'의 보수 야당이었고 시민사회 수준에서는 진보적인 민중 세력이었지 자유주의 세력이었다고 보기는 어렵다. 다만 최근 들어 시민운동의 발달과 함께 자유주의적 정치세력이 민주화운동의 중요한 세력으로 자리잡고 있다.

한국 민주화운동의 또 다른 특징은 '세계시간'과 한국의 '엇박자'다. 현대 사회에서 엄밀한 의미상으로 적합한 분석 단위는 일국적 국민국가가 아니라 세계체제라는 것은 잘 알려진 사실이다. 이 사실과 관련해 주목할 것은 세계체제의 역사적 흐름을 시간이란 개념으로 표현해주는 세계시간이다. 물론 87년 6월 항쟁과 함께 이루어진 정치적 민주화라는 측면에서 보면, 한국은 민주화의 제3의 물결이라는 세계사적 흐름과 일치하고 있다.

그러나 이는 표면적인 관찰에 불과하고 여러 면에서 한국의 민주화운동은 세계시간과 단절돼 엇박자로 발전해왔다. 예를 들어 제3세계의 여러 급진적인 민주화운동, 사회운동이 발전했던 1950~1960년대, 서구에서 급진적 민주화운동이 발전했던 1960~1970년대에 한국의 민주화운동은 분단의 질곡에 갇힌 채 기본적으로 협애한 정치적 민주주의를 위한 '자유주의적인 민주화운동'을 벗어나지 못했다. 그러나 레이건, 대처의 신보수주의 혁명, 그리고 소련과 동구권의 몰락으로 상징되는 '세계시간의 보수화' 국면(즉 1980년대와 1990년대 초)에, 한국의 민주화운동은 광주학살로 인해 세계시간과는 정반대로 때늦은 급진화를 경험했다.[26] 그 결과 사회경제적 민주주의, 생산자 민주주의, 자주화 등 '대외적 민주주의'를 위한 급진적·진보적 민주주의 운동은 그 치열한 투쟁성에도 불구하고 세계사적 흐름에 막혀 별 성과를 거두지 못하고 있다.

이런 세계시간과의 엇박자에서 눈여겨볼 또 다른 변수는 세계시간으로서의 '지구화', 즉 신자유주의적 지구화다. 구체적으로 말해, 민주화운동에 힘입어 집권한 본격적인 자유주의 정권, 즉 김대중 정권과 노무현 정권의 집권기가 신자유주의적 지구화라는 세계시간대와 일치하면서 한국의 자유주의는 시장자유주의로 형해화形骸化되는 결과를 맞았다.[27] 예를 들어 기본적으로 자유주의적 정치인이지만 1970년대 이후 대통령을 노렸던 제도권 정치인 중 가장 진보적이었고 집권 후에도 서민의 정부를 자칭했던 김대중 정부 들어, 빈부격차가 통계로 측정하기 시작한 박정희 정권 이후 최악의 수준으로 악화되는 역설적인 결과를 낳고 만 것이다.

마지막으로, 포스트주의와 관련된 일상성의 민주주의를 위한 민주화운동의 문제다. 세계사적으로 이것은 기본적으로 68혁명의 결과로 가시화된 이후 꾸준히 발달해왔다. 그러나 한국의 경우 군사독재에 대한 반독재민주화 투쟁이 압도적 과제로 자리잡아온 현실에 따라 전혀 가시적 성과를 거두지 못하다가 87년 민주화, 그리고 소련과 동구권의 몰락 이후 그동안 눌려 있던 것들이 '압축 폭발'하는 양상으로 나타났다.

민주화와 민주주의라는 관점에서 본 한국 사회

이어서 한국 민주화는 크게 세 가지 특징이 있다고 볼 수 있다. 우선 4·19 같은 단절적 계기가 있기는 했지만, 이미 여러 학자가 지적했듯이, 1987년 이후 정치적 민주화 과정이 민주화 유형학에서 볼 때 기본적으로 군사독재 세력과 민주화운동 세력 간의 '타협에 의한 민주화' '거래transaction에 의한 민주화'[28]라는 형태를 띠었다. 물론 87년 6월 항쟁 당시 6·29선언은 양 진영 간의 타협이라기보다는 민주화운동에 의해 강제된 군부의 항복 선언에 가깝고, 따라서 한국 민주화가 사회운동에 의한 민주화에 가까운 것은 사실이다. 그러나 민주화운동 세력은 4·19 때처럼 군사독재 세력을 민중의 힘으로 몰아내지 못하고 결국 군부와 타협하는 것을 수용했다. 그리고 이것은 이후 한국 민주화가 보수적으로 귀결되는 데 결정적인 계기가 됐다.

타협에 의한 민주화와 밀접한 관련이 있는 것으로 한국의 민주화운동은 운동사회라는 말이 적합할 정도로 역동성을 가지고 지배 세력에 민주화를 강제하고 활기차게 움직여왔음에도 불구하고, 스스로 주체적인 결실을 맺는 데 실패해왔다. 오히려 운동의 결과는 국민적 저항과 요구가 지배 세력에 의해 변형된 형태로 수용되고, 이것을 통해 오히려 지배 세력을 강화시켜주는 '수동혁명'으로 귀결되어온 측면이 강하다.[29] 87년 6월 항쟁이 6·29선언,• 나아가 양김의 분열을 통해 군사독재 정권의 수명을 연장하는 것으로 끝나야 했음은 대표적인 예

• 1987년 6월 29일 당시 민주정의당 대표 노태우가 국민의 민주화와 직선제 개헌 요구를 받아들여 발표한 특별선언이다.

다. 나아가 민주화운동 지도자였던 김영삼의 3당 합당을 통한 집권, 김대중의 유신 세력과의 DJP연합을 통한 집권도 유사한 예들이다.

'민주화운동의 수동혁명화'와 관련이 있는 것으로 한국의 민주화는 '시민사회와 정치사회의 분리'[30]로 나타났다. 즉 시민사회는 역동적으로 움직이며 다양한 민주화운동을 통해 민주화에 대한 압박을 가해오고 있지만 정치사회는 시민사회에서 분리돼 시민사회의 요구를 수용하지 못하는 낙후한 모습을 보여왔다. 이것과 관련, 특히 주목할 점은 시민사회에는 다양한 민중운동이 시민권을 획득해 활성화돼 있고, 사회경제적 민주화에서 생산자 민주화 등 다양한 급진적 민주주의를 요구하고 있지만, 정치사회의 경우 87년 민주화 이후에는 보수 일변도로 편성된 지난 50년간의 기형성에 전혀 변화가 생겨나지 않다가, 2004년 총선에야 비로소 민주노동당의 원내 진출로 변화가 생기기 시작했다는 사실이다. 즉 진보 세력은 망국적인 지역주의와 다양한 진입 장벽 때문에 아직도 정치사회에서 제대로 된 시민권을 얻지 못하고 있다.

그러면 마지막으로, 이런 민주화를 통해 획득한 한국 민주주의의 현 수준은 어떤 것인가? 우선 노벨평화상에 빛나는 김대중 대통령의 집권, 나아가 노무현 정부의 출범에도 불구하고 가장 초보적인 정치적 민주주의라는 면에서도 한국은 아직 정치적 민주주의 내지 자유민주주의라고 말할 수 없다. 아직도 한국의 정치적 민주주의는 제한적 정치적 민주주의 수준이다. 얼마 전 몇 명의 대학생들이 단순히 『자본론』을 소지하고 있었고 농활 보고서를 인터넷에 올렸다는 혐의로 국가보안법으로 구속된 것, 나아가 강정구 교수 파동이 단적인 증거다. 민주주의에 대한 최근의 최소주의적 흐름에도 불구하고 이런 흐름에 속하는 대표적인 연구조차 "특정한 정당이나 이데올로기적 흐름을 금지"하는 것은 정치적 민주주의와 거리가 멀고 기껏해야 제한적 정치적 민주주의에 불과하다고 주장하고 있다.[31] 노무현 대통령이 일본 방문중 이야기했듯이 한국도 일본처럼 공산당이 허용될 때 완전한 정치적 민주주의를 가질 수 있다.

이는 보수적인 연구기관이지만 세계의 정치적 민주주의의 수준을 지속적으로 추적해온 프리덤하우스의 분석이 잘 보여주고 있다(표2 참조). 즉 한국의 정치적 민주주의는 노벨평화상에 빛나는 김대중 정부 시절에도 정치적 권리와 시민적 자유 양면에서 2등급 수준에 머무르고 있다. 이후 노무현 정부가 출범하고 2004년 총선에서 자유주의 세력이 승리한 뒤 정치적 권리는 1등급으로 올라갔으나 시민권 자유는 국가보안법에 따른 사상의 자유 제한 등으로 2등급에 정체되었다. 이는 대만이 정치적 권리와 시민적 자유에서 모두 1등급을 기록하고 있는 것에 못 미친다.

표2 한국 정치적 민주주의의 역사적 추세

정권	전두환	노태우		김영삼		김대중		노무현		
	1987	1988	1992	1993	1997	1998	2002	2003	2004	2007
정치적 권리	4	2	2	2	2	2	2	2	1	1
시민적 자유	4	3	3	2	2	2	2	2	2	2

※ www.freedomhouse.org. 숫자는 등급으로 낮을수록 좋음

중요한 점은 이 같은 정치적 민주주의가 이명박 정부 이후 다시 후퇴하고 있다는 사실이다. 물론 프리덤하우스의 평가에 따르면 2012년 한국의 정치적 민주주의는 정치적 권리 1등급, 시민적 자유 2등급을 유지하고 있다. 그러나 정치적 민주주의의 중요한 구성인 언론 자유, 그리고 새로운 민주주의인 인터넷의 자유는 크게 후퇴했다. 프리덤하우스에 따르면 한국의 언론의 자유는 '자유free'

수준을 유지하다가 이명박 정부 시기인 2011년 '부분적 자유$_{partly\ free}$'로 떨어졌다. 2011년부터 새로 측정하기 시작한 인터넷의 자유도 2011년, 2012년 모두 부분적 자유 수준에 머물러 있다.

언론과 인터넷의 자유를 평가해온 국경 없는 기자회(RSF)의 평가도 이 같은 정치적 민주주의 후퇴를 뒷받침하고 있다(www.rsf.org). 이 평가에 따르면 한국의 언론 자유는 김대중 정부 말 세계 39위에서 노무현 정부 들어 임기 초 보수언론과 갈등을 빚으면서 49위까지 떨어졌다가 2006년 31위까지 올라가지만 임기 말 기자실 폐쇄 등으로 다시 39위로 낮아졌다. 그러던 것이 이명박 정부 들어 2008년 47위에 이어 2009년 들어 69위로 2년 사이에 무려 30위나 낮아졌다. 인터넷의 자유 역시 미네르바의 구속, 사이버 모독죄 등으로 이명박 정부하의 한국은 북한, 쿠바 등 12개국이 선정돼 있는 '인터넷의 적국'의 다음 단계인 '인터넷 감시국' 11개국에 선정돼 있다. 즉 현재 한국의 인터넷 자유는 스리랑카, 태국, 터키, 아랍에미리트 수준으로 잘 봐줘야 끝에서 세계 23번째, 나쁘게 보면 끝에서 세계 13번째에 속해 있다는 이야기다. 이는 이명박 정부 이후 자유권과 정치적 민주주의가 일정하게 후퇴하고 있으며 민주주의가 반드시 직선적으로 발전하는 것은 아니라는 점, 김대중·노무현 정부의 민주성의 원인을 단순히 시간적 요인으로 치환해서는 안 된다는 점을 보여주고 있다.

그러면 사회경제적 민주주의는 어떠한가? 한국의 사회경제적 민주주의는 아직도 초보 수준이며 어떤 면에서는 오히려 후퇴하고 있다. 1997년 경제위기와 함께 국민기초생활보장법 제정 등을 통해 사회복지를 늘려가고 있지만 한국의 사회복지 지출은 아직도 OECD 국가 중 최하위권에 머무르고 있다. 뿐만 아니라 1997년 경제위기와 함께 김대중 정부가 미국식 신자유주의 정책을 무비판적으로 추진한 뒤, 빈부격차는 빠르게 악화되어 사회경제적 민주주의가 오히려 후퇴하고 있다고 말하는 것이 오히려 정확하다. 빈부격차를 측정하는 지니계수는 군사독재시절인 1980년대 0.310수준을 유지하다가 87년 민주화 이후 빈부격차가 줄어들며 0.281까지 떨어졌다. 그러나 1997년 경제위기 후 다시 높아졌다. 김대중, 노무현 정부가 서민과 중산층의 정부를 표방했지만 그 기간 중 지니계수는 군사독재 시절보다 높은 0.314로 이 시절의 사회적 양극화는 군사독재 시절보다 더 심각해졌다. 특히 도시근로자를 기준으로 한 한국식 기준이 아니라 국제기준인 전 가구를 대상으로 하는 경우 지니계수는 김대중, 노무현 정부 시절 선진국 중 빈부격차가 가장 심한 미국에 육박하는 0.348 수준까지 높아진 것으로 나타나고 있다(표3 참조). 결국 이 같은 사회적 양극화와 민생파탄이 2007년 대선과 2008년 총선에서 한나라당의 압승을 가져왔다. 그러나 이명박 정부도 신자유주의 정책을 고수함으로써 이 같은 양극화 추세를 교정하지 못했다. 그 결과 이명박 정부 시절 지니계수는 김대중·노무현 정부 시절과 비슷한 0.34-0.345수준을 기록했다.

표3 분배의 역사적 추세(지니계수)

	군사독재	민주화(1987~1997)				민주화 + 신자유주의세계화(1997~현재)			
	1980~1986년 평균	1987	1993	1997	평균	1998	1999	2007	평균
(도시근로자)	.310	.306	.281	.291	.291	.316	.320	.324	.314
전 가구(국제기준)					.298			.358	.351	.348

생산자 민주주의는 더 말할 것도 없다. 한국의 생산자 민주주의는 다양한 민주주의 중 가장 낙후한 분야다. 자본주의가 기본적으로 생산자 민주주의와

대립되는 것이라고는 하지만 우리의 경우 특히 그동안 사실상의 군의 위계적 관계를 연상시키는 병영적 노사 관계에 기초해 생산자 민주주의는 완전히 무시돼왔다. 이것은 노동자들의 경영 참여를 약속해온 김대중 정부와 참여정부를 내세운 노무현 정부에 있어서도 마찬가지로 기업들은 말할 것도 없고 역대 정부들도 경영 문제는 경영자의 고유 권한으로 노사협상의 대상이 아니라는 입장을 강력히 피력해왔다. 그리고 최근 현대자동차가 공장 해외 이전시 노동조합과 협의를 한다는 내용 등을 골자로 하는, 초보적인 산업민주주의에 해당하는 노동자의 경영 참여를 합의하자 언론과 재계가 하나가 돼 맹공격한 바 있다.

대외적 민주주의도 아직 무척이나 부족한 분야다. 한국이 미국의 식민지라는 일부의 주장은 분명 잘못되었고 과장된 것이지만 주한미군의 주둔과 국군통수권 문제, 불평등한 SOFA협정 등이 보여주듯이 한국의 대외적 민주주의는 '비교 제3세계'적으로 보더라도 매우 열악한 실정이다.[32] 결국 이것은 미군 장갑차에 깔려 죽은 두 여중생의 사망을 계기로 촛불시위라는 대중적 저항을 촉발시켰고, 2002년 대선에서 노무현 대통령이 승리하는 데 기여했다. 그러나 "미국이 아니었으면 북한의 강제수용소에 갇혔을 텐데 그렇지 않은 것에 감사한다"는 노무현 대통령의 미국 아부 발언, 그리고 국민 대다수의 반대에도 불구하고 미국의 압력 아래 강행된 이라크 파병이 보여주듯이 한국의 대외적 민주주의를 제고시키려는 노력은 참여정부 들어서도 사실상 집권과 함께 상당 부분 증발되어버리고 말았다. 그리고 친미적인 이명박 정부의 출범은 그나마 노력을 보이던 대외적 민주주의의 제고 노력을 다시 원위치로 되돌려놓고 말았다.

마지막으로 일상성의 민주주의는 그간 반독재민주화와 변혁이라는 거대 담론에 밀려 무시되다가 최근 들어 빠르게 성장하고 있다. 그러나 이 역시 분야별로 불균등하기는 하지만 아직도 초보적인 수준이다. 젠더 문제의 경우 오랜 가부장적 질서가 아직도 우리 사회를 억누르고 있다. 동성애자를 비롯한 사회적 소수자의 문제 역시 아직도 완전한 사회적 시민권을 획득하지 못한 상태다. 그러나 이 문제의 경우 생산자 민주주의나 대외적 민주주의 같은 '거대 민주주의'의 쟁점들에 비해 상대적으로 발전해나갈 소지가 크다고 할 수 있다.

한국 민주화 연구는 이제부터 시작이다

이 글은 현재의 시점에서 그동안의 한국 민주화운동, 그리고 한국 민주주의를 비판적으로 평가함으로써 한국 민주화운동과 민주주의의 문제점을 살펴보고자 했다. 특히 비교사적 관점에서 한국 민주화운동과 그 결과인 한국 민주화의 특징을 비판적으로 점검해보았다. 이런 과정을 통해 한국 민주화운동이 치열함에도 불구하고 그 치열함에 값하지 못하고 보수적 민주화로 귀결되어버렸으며 이로 인해 획득된 민주주의의 수준도 실망스러운 점이 많다는 점을 지적했다.

마지막으로 몇 가지만 지적하고자 한다. 우선 이론적 문제로 한국 민주화 연구는 앞서 지적한 한국 민주화운동의 외연을 둘러싼 이론적 쟁점들을 중심으로 좀 더 본격적인 논쟁을 벌여 더욱 과학적인 개념화를 도출하는 한편, 한국 민주화운동에 대한 통사적인 지식, 민주주의 유형에 따른 지식을 축적해야 한다. 특히 그동안 진행된 정치적 민주화운동 중심의 민주화운동 연구를 벗어나 다양한 민주주의의 유형에 따른 개별 민주화운동사(예컨대 생산자 민주주의

운동사, 동성애 민주화운동사 등)를 축적해나가야 한다. 또 이것에 기초해 좀 더 체계적인 비교 연구를 통해 한국 민주화운동, 한국 민주화, 그리고 한국 민주주의의 특성과 특성들 간의 인과적 연계를 밝히려고 노력해야 한다.

이론적·실천적 문제로, 왜 한국 민주화가 민주화운동의 치열성에도 불구하고 수동혁명과 보수적 민주화로 귀결되어왔는지 비판적으로 연구하고 성찰[33] 함으로써 그 한계를 극복할 수 있는 해법을 찾아내야 한다. 특히 그간의 민주적 성과까지도 빼앗아가고 있는 신자유주의적 세계화의 공세와 보수정권의 퇴행적 움직임 속에서 다양한 민주주의를 발전시킬 수 있는 이론적 연구와 실천이 필요하다.

더 읽어볼 책들

1. 한국정치연구회사상분과 엮음, 『현대민주주의론 1·2』, 창비, 1992
민주주의에 대한 다양한 고전을 자유주의적 시각부터 급진적 시각까지 총망라하여 발췌, 소개한 민주주의 입문서다.

2. 로버트 달 지음, 『민주주의』, 김왕식·장동진·정상화·이기호 옮김, 동명사, 2009
현대민주주의에 관한 최고의 대가 로버트 달이 민주주의를 둘러싼 다양한 쟁점을 설명한 책이다.

3. 최장집 지음, 『민주화 이후의 민주주의: 한국 민주주의의 보수적 기원과 위기』, 후마니타스, 2010(개정2판)
한국 민주주의의 보수적 기원과 문제점을 분석한 책으로, 민주화 이후 한국 사회에 대한 체계적인 분석을 시도한 대표적인 성과물이다.

3강

신자유주의를 넘어 문화사회로 가는 길

강내희

" 이제 문화사회를 만드는 것이 필요하다.
사회적 필요 노동은 계속해야 하겠지만, 불필요한 노동은 최소화하고
그 대신 자유시간은 최대화하여 각자 개성을 자유롭게 만끽하며
역능을 최대한 키우면서 타자들과의 차이를 다양성의 자원으로 만들어
삶을 더욱 아름답게 가꿀 수 있는 사회, 그런 사회가 문화사회라면
문화사회는 꼭 만들어야 한다 "

_____이 글에서 나는 오늘 인류 사회는 거대한 위기를 맞고 있으며, 이 위기를 극복하려면 그 원인으로 작용하고 있는 신자유주의 대신 새로운 대안적 사회질서를 창출해야 하고, '문화사회'가 대안임을 강조하려 한다.

신자유주의는 지난 40여 년 가까이 작동해온 자본주의의 축적 전략으로, 전대미문의 강도를 지닌 착취와 수탈을 통해 인류를 질곡으로 몰아넣어왔다. 반면 문화사회는 사회적으로 필요한 노동을 사람들이 평등하게 나눠 행하면서 인간 본연의 활동 즉 연대와 호혜, 사랑과 보살핌 등을 삶의 조직 원리로 만들어 운영하는 사회다. 이런 사회는 물론 먼 훗날에나 실현 가능하거나 아예 불가능한 유토피아로만 치부되는 것이 사실이다.

그러나 나는 여기서 그동안 인간의 삶을 지배해온 신자유주의는 물론이거니와 자본주의마저 이제는 계속될 수 없거나 계속되어서는 안 된다는 것을 밝히고자 한다. 신자유주의와 자본주의를 넘어 문화사회로 나아가자! 이것이 내가 이 글에서 외치는 주장이다.

굳건했던 신자유주의가 흔들리고 있다

사실 신자유주의는 이미 위기에 처했다. 2007년 미국의 비우량주택담보대출Subprime mortgage● 위기와 뒤이어 2008년에 시작된 금융위기, 그리고 2010년 이후 2012년까지 진행된 유로존 위기가 그 증거다. 세계경제가 지금 맞고 있는 위기는 어쩌면 역사상 가장 큰 폐해를 낳았던 1930년대 대공황보다 더 심각한 것으로 바뀔지 모른다. 신자유주의의 위기를 알리는 조짐은 물론 이전에도 있었다. 1995년 베어링스은행 파산, 1997년 아시아 금융위기와 롱텀캐피털매니지먼트 파산, 2001년 엔론 파산 등이 대표적인 예다. 그러나 지금의 위기는 그 파장이 세계 전체로 계속 번지고 있다는 점에서 단일 회사나 지역 수준에서 일어난 이전 위기와는 달라 보인다. 최근에는 그동안 세계경제를 떠받치고 있던 중국 경제도 곧 추락한다는 전망까지 나와 대공황이 다가온다는 징후가 곳곳에서 포착되고 있다.

조반니 아리기●●가 『장기 20세기The Long Twentieth Century: Money, Power, and the Origins of Our Times』에서 밝힌 바에 따르면 자본주의의 축석순환 체계는 실물 팽

● 신용등급이 낮은 저소득층에게 주택 자금을 빌려 주는 미국의 주택담보대출 상품. 서브프라임모기지론subprime mortgage loan이라고도 부른다.

●● Giovanni Arrighi. 노동 공급과 노동 저항이 어떻게 식민화와 민족해방운동의 전개에 영향을 끼치는가에 관한 논의를 비롯해 이매뉴얼 월러스틴, 테런스 홉킨스와 함께 경제학, 역사 체계 및 문명 연구를 수행하며 페르닝 브로델 센터를 세계 체계 분석의 주요 센터로 알려지게 만들었다. 『장기 20세기』를 필두로 한 세계자본주의의 기원과 변화를 다룬 3부작으로 큰 주목을 받았다.

창(1차 국면)과 금융 팽창(2차)으로 구성되며, 역사적으로 네 차례의 순환을 거쳐왔다. 16세기의 제노바-스페인 헤게모니, 18세기의 네덜란드 헤게모니, 19세기의 영국 헤게모니, 그리고 20세기 중반부터 성립된 미국 헤게모니가 그것이다. 이런 시대 구분을 수용할 경우 오늘날 신자유주의는 미국 헤게모니하에 구축된 축적 체계 제2국면에 해당한다. 신자유주의가 자본의 금융화를 중심으로 작동해왔다는 것이 그 증거다. 하지만 최근 들어서 부쩍 늘어난 세계경제 위기 조짐은 이제는 신자유주의 자체가 위기에 처했음을, 다시 말해 미국 헤게모니하 축적 체계의 제2국면이 한계에 도달했음을 보여준다. 대공황을 예고하는 오늘의 경제위기가 2008년 미국발 금융위기로 시작했다는 것은 우연이 아니다. 미국 헤게모니가 해체되고 있다는 징후인 것이다.

여기서 질문이 하나 제기된다. 과거 자본주의의 위기가 그랬던 것처럼 오늘날 전개되고 있는 신자유주의의 위기도 새로운 축적순환의 구축을 통해 극복될 것으로 봐야 하는가? 이 질문에 명확하게 답하기란 쉽지 않겠지만, 새로운 축적 체계가 저절로 형성되지 않는다는 것만큼은 분명하다. 네덜란드 헤게모니가 해체된 시점에 프랑스혁명이 일어났고, 영국 헤게모니가 해체된 시점에 러시아혁명이 일어난 것이 그 증거 사례다. 하나의 축적순환이 끝난 뒤 대안 사회를 태동시킨 거대한 역사적 변동이 일어나곤 했다는 것은 무엇을 말해주는가. 지금 진행중인 위기가 한편으로는 대공황을 불러들일 수도 있겠지만 다른 한편으로는 오늘날과 근본적으로 다른 대안적 사회질서를 탄생시킬 거대한 사회운동으로 이어질 가능성이 있다는 것 아닐까. 물론 그렇다고 자본주의의 자기재생산 경향이 저절로 사라지진 않을 것이다. 이와 관련하여 일각에서는 중국이 새로운 헤게모니 국가로 부상하리라는 전망을 내놓고 있기도 하다. 하지만 특정한 헤게모니가 해체된 뒤 거대한 혁명의 불길이 치솟은 역사적 경험을 돌이켜보면, 신자유주의의 위기와 미국 헤게모니 해체가 중첩되고 있는 오늘날의 국면은 자본주의 체제 자체의 재생산이 과연 가능한지 질문하게 만든다. 자본주의는 앞으로 새로운 축적순환을 발명하여 자신을 재생산할 것인가, 아니면 새로운 대안 사회 구축의 역사적 실험이 성공할 것인가?

우리는 냉정해질 필요가 있다. 신자유주의는 현재 위기에 처해 있지만 지금 그것을 대체할 새로운 사회 체계나 원리가 우리 눈앞에 나타나지는 않았다. 사실 우리 시야를 지배하고 있는 것은 위기를 맞은 신자유주의가 여전히 지배적인 축적 전략으로 작동하는 모습이다. 2008년 금융위기 해결 과정에서 득을 본 세력도 신자유주의를 통해 배를 불려온 금융자본 세력이었고, 현재 진행중인 유로존 위기를 관리하고 있는 세력도 유럽연합(EU), 국제통화기금(IMF), 유럽중앙은행(ECB)으로 구성된 유럽 3인방 즉 금융 세력이다. 이런 사실은 인류가 지금 진정 어려운 난관에 봉착했음을 보여준다. 세계경제를 위기로 몰아간 원인 제공자가 문제 해결자로 나서고 있으니 말이다. 어떻게 해야 할 것인가?

신자유주의적 자본주의가 위기에 빠졌다는 것은 자본주의의 축적순환 체계가 이제 안정기에서 동요기로 접어들었다는 것을 말해준다. 이매뉴얼 월러스틴이 『유토피스틱스Utopistics: Or Historical Choices of the Twenty-First Century』에서 주장한 바에 따르면, 사회 체계의 동요기에는 위험과 기회가 공존한다. 안정기의 체계는 웬만한 충격에도 버티는 능력이 있다. 미국 헤게모니가 아직 튼튼하던 1960년대 말, 파리에서 시작하여 전 세계에 68혁명이 번졌을 때 사회 체계는 충격을 버텨낼 수 있었다.

하지만 체계 자체가 해체를 맞아 동요하게 되면 아주 작은 충격도 엄청난 변동을 가져온다. '난세에 영웅 난다'는 동양 속담이 있다. 동요기에는 체계의 구조적 결정력보다는 특정 개인과 집단의 선택, 다시 말해 자유의지가, 그리고 이런 의지를 지닌 사회적 주체가 만들어내는 소소한 움직임('나비효과')이 역사의 흐름을 결정한다는 말이리라. 이는 곧 신자유주의적 자본주의 이후 우리가 또 다른 자본주의와 그와는 완전히 다른 대안(사회주의, 코뮌주의,● 또는 문화사회) 가운데 어느 길을 갈 것인지 택해야 한다는 말이기도 하다. 당연히 올바른 선택을 해야 한다. 하지만 그런 선택을 할 수 있으려면 해야 할 일이 있다. 오늘날 사회의 작동 방식, 즉 신자유주의적 자본주의가 펼치고 있는 지배 전략을 제대로 파악하는 작업이 그것이다.

아래에서 나는 신자유주의의 지배가 이루어지는 동안 어떤 사회적 경향이 만들어졌는지, 신자유주의의 축적 전략을 가동시키는 주요 메커니즘은 무엇이며, 이를 통해 어떤 유형의 인간들이 형성되었는지, 새로운 사회로 나아가려면 어떤 일이 필요한지 하나씩 살펴보려고 한다. 아울러 부채경제의 형성, 금융파생상품과 기획금융의 등장, 이런 변화와 더불어 작동되는 주체 형성 전략 문제 등도 다룰 것이다.

신자유주의 지배 속에 사회는 어떻게 변화해왔는가

신자유주의적 축적 전략이 본격 가동된 것은 1970년대 초 이후다. 신자유주의가 '신neo'자유주의인 것은 말 그대로 기존의 자유주의를 수정하여 등장한 새

● 마르크스가 제시한 코뮌주의의 고전적 정의는 '자유로운 개인들의 자발적인 연합체'였으며, 현재는 치열한 경쟁에서 벗어나 상생적인 삶을 실현하려는 이념으로 통용되고 있다. 참고로 코뮌이란 '함께' '묶음' 등을 뜻하는 com과 '선물'을 뜻하는 munis가 결합된 것으로, 선물을 주는 방식으로 결합된 관계를 뜻한다.

로운 자유주의이기 때문이다. 신자유주의 이전의 자유주의는 '케인스주의'● '발전주의' 등의 형태를 띤 '수정'자유주의였다. 케인스주의가 수정자유주의인 이유는 자유주의 세력이 19세기 말 고전적 자유주의가 허용한 자본의 횡포가 20세기 초 들어 세계 전역에 사회주의 혁명을 촉발한 원인이었다고 보면서, 사회주의적 요구를 일부 수용한 채 기존의 자유주의 노선을 약간 수정했기 때문이다. 제2차 대전이 끝난 이후 유럽에서 사민주의가 크게 성장한 것은 이런 맥락에서 가능했다.

반면에 신자유주의는 일말의 진보적 요소를 지녔던 수정자유주의를 다시 수정한 자유주의이기도 하다. 신자유주의가 축적 전략을 수정한 것은 실물팽창이 한계에 봉착하고 이윤율이 저하되는 국면을 맞은 자본이 그동안 참아온 노동에 대한 양보를 지속할 수 없었기 때문이다. 그리하여 신자유주의 국면에서 자본은 자신의 권력을 회복하여 강화하는 새로운 축적 전략을 펼친다. 근래에 선진자본주의에서도 복지국가가 크게 후퇴한 연유가 여기에 있다. 신자유주의가 지배하게 된 뒤 어떤 사회적 경향이 나타났는지 좀 더 자세히 살펴보자.

먼저 노동에 대한 공격이 증가했다. 신자유주의가 사회운영 원리로 도입된 곳에서는 한결같이 노동유연화가 이루어지고 노동조합에 대한 공격이 강화되었다. 신자유주의하에서 각종 사회조직의 구조조정을 통해 양질의 일자리가 크게 축소되고, 비정규직 비율이 높아진 것은 노동권에 대한 자본의 공격이 심화된 결과다. 1980년대 이후 세계 전역에서, 한국의 경우엔 1990년대 이후 민영화가 급속도로 진전된 것도 노동에 대한 공격의 일환으로 이해할 수 있다. 민영화란 사회적 공공성을 약화시키고 사회적 공공새를 사석 소유로 전환시키는 조치로,

---

● 케인스의 유효수요의 원리에 입각하여, 경기순환을 안정시키고 완전고용을 실현하기 위해서는 국가의 적극적 개입이 필요하다는 주장.

사회적 공공성이 높아야 혜택을 받을 수 있는 가난한 사람들을 공격 대상으로 삼는다.

신자유주의적 축적 전략의 또 다른 특징 하나는 자본 운동 가운데 M(Money, 화폐)–M'(Money, 화폐) 운동이 활성화된다는 데 있다. 신자유주의 시대에 들어와서 이런 변화가 일어난 것은 착취만큼이나 수탈이 중요해졌기 때문이다. 수탈은 착취와 다르다. 노동자를 직접 고용하여 그의 노동을 통해 생산된 잉여가치를 빼앗는 것이 착취라면, 수탈은 노동 과정을 거치지 않고 약탈, 공물, 대출 등의 형태로 남의 것을 가로채는 행위다. 자본이 상품을 생산하여 잉여가치를 생산하면 자본운동은 '정상적'인 M(Money, 화폐)–C(Commodity, 상품)–M'(Money, 화폐)의 형태를 띠지만 수탈은 M–M' 운동을 통해 이루어진다. 근래에 들어와서 금리인하, 신용카드 남발, 부동산시장 붐 조성, 주식 및 펀드 투자 붐 조성 등을 통해 사람들이 부채를 자산인양 생각하도록 만들어 투자하게 한 뒤, 결국 자본이 이윤을 챙기는 수탈경제는 한국에서도 활발하다.

신자유주의 지배하에서는 민주주의도 크게 후퇴한다. 한국사회는 1987년 이후 민주화가 되었다고 하지만 이때 민주화는 실질적 민주화와는 거리가 멀다. '87년 체제'의 수립 이후 한국에 수립된 민주주의는 군부 권위주의 세력과 자유주의 세력의 타협에 바탕을 둔 '협약민주주의'였다. 이 협약민주주의하에서 한국 사회의 가난한 사람들, 노동자대중, 소수자들은 철저히 배제되었다. 그간 안정적 일자리가 축소되고 비정규직이 노동인구의 절반 이상으로 늘어난 것이 그 예이며, '민주화 시대'에 민주주의가 후퇴한 것은 각종 협치가 민주적 의사결정을 대체하게 된 데서도 확인된다. 협치가 성행한 이 시기는 공공재와 복지가 대거 축소되거나 해체된 시기이기도 하다. 이런 결과가 나온 까닭은 노동을 배제한 가운데 자본의 이익을 옹호하는 세력만의 참여로 협치가 이루어진 데서 찾아야 할 것이다.

　신자유주의 지배하에서 분명해진 또 다른 사회적 경향은 소비자본주의의 강화다. 신자유주의 지배는 자본주의 축적순환의 제2국면, 즉 실물보다는 금융이 팽창하는 시점이기 때문에 사람들을 '생산적 인간'보다는 '소비적 인간'으로 전환시킬 필요가 더 커진다. 신자유주의가 지배력을 크게 갖기 시작한 1990년대 초 이후, 한국 사회에서는 광고, 연예산업, 게임 등 각종 문화산업이 급속도로 발전하기 시작했다. 문화산업의 발전은 사람들로 하여금 '여가' 시간을 주로 소비활동에 바치도록 만든다. 이전 같으면 돈을 쓰지 않아도 보낼 수 있는 시간을 돈을 쓰며 보내도록 하는 것이다. 이런 변화는 금리인하를 통해 저축보다는 대출을 더 유리한 것처럼 만들고 부채를 자산으로 활용하게 함으로써 사람들이 번 것보다 더 많이 쓰게 만들고, 소비를 삶의 목표인양 만드는 자본의 축적 전략이 가동된 결과라 하겠다.

　끝으로 신자유주의는 고유한 주체 형성 전략을 구사해왔다고 볼 수 있다. 신자유주의적 주체는 크게 봐서 자신의 능력을 계발하는 데 온갖 힘을 쏟는 '자기계발적' 주체다. 이런 주체가 등장한 것은 근래에 들어와서 사회적 공공성이 더욱 축소되고 복지가 해체된 것과 무관하지 않다. 사회적 연대와 호혜에 기대를 걸 수 없는 상황에서 개인들은 무슨 일을 하든지 스스로 책임을 져야 한다. '자기책임화'의 압박을 받으면 사람들은 각자 생존에 유리한 능력을 기르고자 안간힘을 쓰게 된다. 지금 우리 주변에는 과거 같으면 전문가가 했을 일을 일반 대중이 해야 하는 경우가 매우 많다. 시간별 주식상황 점검 같은 일은 투자회사의 주식담당 부서 직원 등이 할 일이나 이제는 주식투자는 가정주부도 하는 일이다. 젊은이 대부분이 목을 매달고 있는 소위 스펙 쌓기라 부르는 '깜냥 쌓기'도 비슷한 경우다. 이처럼 사람들이 자기계발에 열중하는 것은 자기책임화가 갈수록 강요되고 있기 때문이다.

부채경제라는 사회적 후유증

신자유주의 시대에 수탈이 강화됨을 단적으로 보여주는 것이 '부채경제'의 형성이다. 부채경제란 교육, 주택, 소비 등 사회적 필요 충족을 위해 사람들이 부채에 의존하도록 하여 부채의 덫에 빠지게 하는 경제를 일컫는다. 한국 부채경제의 심각함은 전국 가계부채의 증가 추이를 통해서도 확인된다. 외환위기 직전인 1997년 초 가계부채는 182조 원 수준이었으나, 이후 정부가 바뀔 때마다 이 규모는 기하급수적으로 늘어나서 2002년 말 430조 원, 2007년 말 639조 원, 2012년 2분기에는 922조 원에 달했다. 마지막 수치인 922조 원은 한국은행 발표에 따른 것인데, 비영리 민간단체도 포함시켜 개인 부문의 금융부채를 살피는 국제 기준에 따를 경우, 가계부채는 1103조 원으로 국가총생산(GDP) 1237조 원의 90퍼센트가 넘는 수준이다. 이 액수는 전국 1670만 가구당 6600만 원, 1인당 2300만 원에 해당한다.

부채경제의 사회적 후유증은 심각하다. 무엇보다 심각한 상황이 길수록 많은 사람을 자살로 치닫게 한다는 점이다. 2010년 한국의 자살률은 인구 10만 명당 31.2명으로 세계에서 리투아니아 다음으로 높았고 OECD 국가 가운데서는 최고였다(참고로 OECD 국가 평균 자살률은 13.0명이다). 사람들이 갈수록 더 많이 자살을 하게 된 데에는 부채경제 형성이 크게 작용한 것으로 분석된다. 한국의 최근 자살률은 1995년 10.8명에서 1998년에는 18.4명으로 크게 늘어나다가 2001년에는 14.1명으로 잠깐 줄었으나 2002년에 17.9명으로 다시 늘어나더니, 2003년 22.6명, 2004년 23.7명으로 계속 늘어나 2010년에는 31.2명에 이르렀다. 자살률 추이를 들여다보면 외환위기 직후 급증했다가 위기가 극복되면서 약간 줄어들었으나, 2000년 초중반부터는 크게 증가하는 것으로 나타난다. 바로 이 시기에 가계부채가 급증했음을 생각하면 부채가 자살을 부추기는 중요한 원인임을 짐작할 수 있다.

부채경제는 어떻게 형성되는 것일까? 부채가 늘어난 것은 저축이 줄어든 것과 관계가 있다. 2000년까지 한국은 OECD 국가 가운데 저축을 가장 많이 하는 축에 속했다. 하지만 지금은 가장 낮은 축에 속한다. 삼성경제연구소가 밝힌 바에 따르면 2010년 OECD 국가의 평균저축률은 7.1퍼센트인데 비해 한국은 2.8퍼센트밖에 되지 않았다. 왜 저축률이 이처럼 낮아진 것일까? 무엇보다 중요한 요인은 금리인하다. 한국은 2001년 이후 금리를 줄곧 4퍼센트대 이하로 유지해 현재는 2.75퍼센트 수준이다. 이 금리는 0퍼센트에 가까운 일본, 미국보다는 높은 편이지만 과거 저축률이 높았을 때와 비교하면 크게 낮은 편이다. 금리가 이렇게 낮은데 저축할 마음이 생길 리 없다. 대신 은행에서 대출하여 투자를 하고 싶은 마음은 높아질 것이다.

전국의 가계부채가 15년 사이 182조 원에서 1103조 원으로 늘어난 것은 사람들이 저축보다는 대출을 더 많이 했기 때문이다. 아울러 이 시기에 부동산, 주식, 펀드 투자가 급속도로 늘어난 것은 대출금, 즉 부채를 자산으로 활용하는 사람들이 늘어났음을 말해준다. 부채를 안고 있다 해도 자산이 늘어나면 사람들은 돈을 더 많이 쓰게 마련이다. 최근에 들어와서 소비자본주의가 크게 발전한 것은 사람들의 이런 경향을 더욱 부추기기 위함이었던 것으로 보인다. 문제는 이로 인해 '차입의존형 생활방식'이 만연한다는 것이다.

금융파생상품이란 무엇인가

신자유주의 시대의 자본축적 전략을 심도 있게 알아보려면 오늘날 가장 중요한 화폐·자본 형태로 간주되는 '금융파생상품'을 이해할 필요가 있다. 앞서 살펴봤듯이 최근 자본주의 축적순환의 금융 팽창 국면에서 펼쳐지는 신자유주의적 축적 전략은 '정상적' 자본순환운동인 M-C-M'운동만이 아니라 M-M' 운동도 강화시킨다는 것을 언급했었다. 이 후자의 경향을 가리키는 말이 '자본의 금융화'로, 이는 금융자본주의를 강화시키는 흐름을 가리킨다. 금융화는 자본의 공격적 모습을 보여주지만 도피 전략이기도 하다. 자본이 금융 축적에 의존하게 된 것은 실물 팽창이 제대로 이루어지 않아 나름대로 도피처를 찾아 생긴 현상이기 때문이다. 이런 점은 제너럴일렉트릭스(GE) 같은 전형적인 산업자본이 오히려 금융업을 더 크게 벌이고 있는 데서도 확인된다.

금융파생상품은 현단계 M-M' 운동에서 교환되는 대표적인 상품이다. 금융파생상품은 1972년에 시카고상품거래소가 설립한 국제통화시장을 통해 거래의 제도화가 이루어졌는데 1980년대 이후 급속도로 팽창했다. 1970년대 초 금융파생상품 거래액은 수백만 달러 수준에 불과했으나 1990년대에 이르러 100억 달러로 크게 늘어났고, 2012년까지의 규모는 놀랍게도 1000조~1500조 달러에 달한다. 예측 규모가 정확하지 않은 것은 금융파생상품의 거래는 장외거래가 많아 정확한 거래액을 파악하기 어렵기 때문이지만, 어쨌든 그 규모가 세계 최대임은 분명하다. 확인하고 넘어갈 점은 1000조~1500조는 파생상품이 대상으로 삼는 기초상품의 가격, 즉 명목거래액이라는 점이다. 하지만 그렇다고 실제 거래액이 작은 것은 결코 아니다. 미국 GDP(15조 달러)를 훨씬 상회하고, 세계 전체 GDP(2010년 63조)에 육박하는 40조 달러 이상이니 말이다.

금융파생상품은 2007년 미국에서 발생한 비우량주택담보대출 위기에도 중요한 몫을 한 것으로 알려졌다. 신용 상태가 좋지 못한 노동자, 여성, 흑인, 히스패닉 등을 대상으로 비우량주택담보대출을 해주고 주택저당증권Mortgage Backed Securities, MBS과 주택저당채권담보부채권Mortgage-Backed Bond, MBB을 만든 뒤 이를 다시 더 위험한 주택저당담보증권Collateralized Mortgage Obligations, CMO과 부채담보부증권Collateralized Debt Obligation, CDO으로 전환해놓고, 부도 가능성에 따른 위험을 줄이고자 일종의 보험에 해당하는 신용부도스와프Credit Default Swap, CDS를 거래하는 과정에서 극도의 투기가 일어나 문제가 터진 것이다. 이로 인해 발생한 비우량주택담보대출 위기는 1년 후인 2008년에 발생한 미국발 세계금융 위기의 원인이 된다.

금융파생상품은 증권과 함께 오늘날 금융시장의 양대 상품이지만 증권 또한 자신의 투자 대상으로 삼는 금융 축적의 핵심 기제다. 이 상품은 자본의 가치 또는 가격을 측정할 수 있다는 점 때문에 '명확하게 자본주의적인 자본 또는 화폐'로 불리기도 한다. 증권과 금융파생상품은 작동하는 방식이 서로 다르다. 증권을 만드는 증권화 과정은 구성 내용을 달리하는 채권들을 결합하는 것이리면, 파생싱품은 증권을 포함한 각기 다른 자본, 자산, 상품을 개별 속성으로 분해하는 것으로 조성된다. 그래서 파생상품이 하는 일은 자산과 자본의 인수분해라고 할 수 있다. 오늘날 이런 파생상품이 상상을 초월할 규모의 시장을 형성하고 있다는 것은 각종 상품, 자산, 자본을 속성들로 분해하는 작업이 인류사회 곳곳에서 일어난다는 말이다.

금융파생상품의 작동원리를 잠깐 살펴보자. 파생상품에는 '묶기binding'와 '섞기blending' 기능이 있다. 이 기능은 분해된 자산의 속성들을 서로 연계하는 기능으로, 전자는 현재와 미래의 연결이고 후자는 서로 다른 시장 간의 연결이다. 파생상품이 각기 다른 시장들을 연결시키는 기능은 차익거래 관행에서 볼 수 있다. 차익거래는 한화나 달러 등 동일한 금융상품이 상이한 시장에서 다른 가격으로 거래될 때 거래상의 차익을 겨냥해서 이루어진다. 이런 방식으로 각각의 시장들을 연계하는 것이 섞기 기능이라면 이것은 파생상품의 공간적 기능인 셈이다. 반면에 현재와 미래를 연결하는 묶기 기능은 시간적 기능이라고 할 수 있다. 이런 점에서 파생상품이 대규모로 거래되면 시공간 조직에 중대한 영향이 미칠 것이 예상된다.

묶기와 섞기 기능을 가진 파생상품의 작동원리는 크게 세 가지다. 먼저 파생상품에는 추상화의 원리가 있다. 파생상품의 거래는 기초자산을 전제하면서도 그 '소유'와는 분리되어 이루어진다는 특징이 있다. 주가, 환율 등을 대상으로 하는 파생상품은 주식이나 외환을 직접 보유하지 않고 금융상품의 변동률을 대상으로 투자가 이루어진다. 금융파생상품은 손으로 쥘 수 있는 주식, 외환상품 대신 이 상품의 변동률처럼 추상적 속성을 대상으로 거래되는 특징이 있는 것이다. 이로 인한 문제도 없지 않다. 파생상품의 가격 산정시 추상화를 거쳐 결정하기 때문에 사회적 맥락이 무시되기 일쑤다. 브라질의 노동운동가 출신 룰라 다 실바가 대통령에 당선되었을 때 레알화가 달러와 유로에 비하여 크게 평가 절하된 적이 있다. 이로 인해 다 실바 정부는 주택, 보건, 교육 부문에 투입할 예산을 크게 줄일 수밖에 없었고, 이후 환율시장의 눈치를 보며 진보적 경제정책을 펼치는 데 주저하게 되었다. 에드워드 리푸마와 벤저민 리는 『금융파생상품과 리스크의 세계화Financial Derivatives and the Globalization of Risk』에서, 이런 일은 금융파생상품 시장이 레알화 가치를 다 실바 정부의 지도력과 브라질 국민경제의 사회관계를 객관적으로 측정할 수 있는 추상적 범주('정치적 위험도')인양 만들어 생긴 결과로 설명한다.

파생상품의 또 다른 작동원리는 '통약通約'이다. 이미 지적한 것처럼 파생상품은 서로 다른 자산, 자본, 상품들을 개별 속성에 따라서 분해하여 속성들끼리 비교하는 방식으로 거래되기 때문에, 서로 다른 자산, 자본, 상품 간의 통약을 가능하게 한다. 같은 회사의 다른 부서가 벌이는 사업들은 그 성격 또한 다르겠지만 파생상품의 논리로 살펴보면, 이 각기 다양한 사업들은 몇몇 속성으로 분해될 수 있고, 이 속성들은 서로 약분이 가능해진다. 이처럼 상이한 부서의 상이한 사업들이 통약 가능하면 부서 간 생산성 비교가 일어나기 쉽다. 속성들이 계량화되어 각 부서의 실적과 경쟁력이 회계학적으로 쉽게 산정되면 어떤 일이 일어날지는 쉽게 짐작할 수 있다. 오늘날 거의 모든 조직이 내부 성원 간의 경쟁력을 부추기고 있는 것은 금융파생상품 논리가 조직 운영의 원리에 깊이 침투한 결과다.

금융파생상품의 세 번째 작동원리는 '연결성'이다. 파생상품은 묶기와 섞기에 따라 현재와 미래를 연결하고, 서로 다른 시장을 연결한다. 동떨어진 시간과 공간들을 연결한다는 것은 파생상품에 시공간을 새롭게 직조할 능력이 있다는 말과 같다.

앞에서 나는 파생상품은 '명확하게 자본주의적인 자본이자 화폐'라고 말했다. 이는 파생상품이 오늘날 자본주의적 삶의 방식을 결정적으로 규정하는, 자본주의 체제의 주인공이라는 말이다. 오늘날 금융위기, 재정위기 등이 자본주의 위기를 규정하고 있는 것은 결코 우연이 아니다. 금융위기, 재정위기 뒤에는 신용부도스와프와 같은 금융파생상품이 도사리고 있다. 이 결과 금융파생상품은 한편으로는 '미래할인'과 같은 시간 연결 작용으로, 다른 한편으로는 '차익거래'와 같은 공간 연결 작용을 통해 자본주의적 시공간을 씨줄과 날줄로 엮고 있는 것이다.

현대인의 삶에 깊숙이 파고든 파생상품의 논리

여기서 잠깐 금융파생상품과 신자유주의적 축적 전략의 관계를 생각해보자. 신자유주의는 '자본에 의한 계급투쟁'으로 이해되곤 한다. 신자유주의 시대에 '20 대 80 사회'가 구축되고 '빈곤의 세계화'가 일어난 것이 그 예다. 이런 현상은 노동자 민중의 권익은 외면하는 가운데 사회엘리트에게는 상상 이상의 고소득을 허용하는 권력과 부의 상층 집중이 생겨난 결과요, 자본의 계급투쟁이 승리했다는 징표다. 이런 결과를 만들어낸 요인이 민영화(공공 자원과 부의 사유화), 구조조정(노동유연화), 세계화(시장개방과 글로벌 스탠더드 도입, 국민국가의 정책 개입 능력 약화) 등을 추진한 신자유주의 정책이라는 것은 주지의 사실이다.

이 조치는 모두 '자유화' 전략에 속하며 자유주의 세력의 헤게모니가 관철되어 이루어진 일이다.

자유화 경향은 사회조직 대부분에 시장논리, 경쟁논리를 도입시킨다. 경쟁논리가 학교, 병원, 자선단체, 공공기관 등 비기업 조직에까지 도입되면 이 조직의 효율성이나 성과를 평가하는 방식도 바뀌게 마련이다. 실적이나 경쟁력에 수행성 평가를 적용하는 회계학적 방식이 만연하는 것이 단적인 예다. 하지만 수행성을 계산하는 회계학적 평가 방식을 도입하려면 필요한 것이 있다. 금융파생상품 논리가 그것이다. 앞에서 살펴본바, 금융파생상품은 각각의 자산과 자본, 상품을 속성별로 분해하여 서로 통약하게 해줌으로써 상이한 기업, 조직 간은 물론이고 동일 조직 내부 구성원 간에도 실적과 경쟁력을 수치로 비교할 수 있게 해준다.

옵션과 같은 금융파생상품의 가격 산정에는 입자물리학의 브라운운동* 계산에 활용되는 수리공학이 동원되곤 한다. '블랙–숄즈 모형Black–Scholes Model'으로 알려진 유명한 옵션가격 계산 모형이 그것이다. 금융파생상품 거래에 이런 고도의 기술이 동원되는 이유는 계산 규모가 천체물리학 분야의 그것을 능가할 정도로 크기 때문이다. 현재 최대 시장을 구성하고 있는 금융파생상품 거래는 한편으로는 각 조직과 구성원의 경쟁력을 수치화하도록 만드는 조건 및 원리를 제공하면서 다른 한편으로는 경쟁력을 수치로 표현할 기술도 제공한다고 할 수 있다.

파생상품의 논리가 확산되면 그 파장도 커질 것이다. 한화로 100여 경(1경은 1만 조!), 달러화로 1000조가 넘는 시장을 구성하는 금융파생상품은 주로 큰손, 전문가 사이에서만 거래되고 있지만(이것만큼 오늘날 자본주의가 얼마나 비밀스럽

---

* 1827년에 영국의 식물학자 브라운이 물속에 떠 있는 꽃가루 입자를 현미경으로 관찰하다 발견한 것으로, 액체나 기체 안에서 떠서 움직이는 미소微小 입자 또는 미소 물체의 불규칙한 운동을 말한다.

게 작동하고 있는지 잘 보여주는 사례가 있을까), 주식시장, 외환시장, 금리시장은 물론이고 소비생활, 생애설계, 시공간 직조 등 삶의 곳곳에 영향을 미치고 있다. 파생상품 논리가 확산되면 신자유주의적 삶의 만연은 너무나 당연하다. 파생상품 작동원리 확산에 따른 신자유주의적 삶의 만연 현상을 아래와 같이 정리할 수 있겠다.

먼저 계산적 삶의 형태가 확대될 것이다. 파생상품은 자산, 자본, 상품의 가치를 가격, 즉 수치로 나타낼 수 있도록 만든다. 이럴 경우 사람들의 행동은 계산적인 것으로 바뀔 공산이 크다. 조직이나 개인의 실적과 경쟁력이 지닌 가치가 수치로 판단되면 실적과 경쟁력을 구현하는 행동 역시 계산에 따라 이루어질 가능성이 높지 않겠는가. 방금 살펴본 대로 오늘날 금융파생상품의 거래는 입자의 운동을 계산하는 데 쓰이는 고도의 수리공학을 필요로 하며, 그 규모 또한 100여 경에 이를 정도로 엄청나다. 이런 복잡한 거래가 최대 시장을 형성하고 있다는 것은 오늘날 행해지고 있는 자산, 자본, 상품의 가치 측정이 금융파생상품 논리에 따라 이루어지도록 하며, 계산적 삶을 전면화한다고 볼 수 있다.

다음으로 생각할 수 있는 것은 경쟁의 격화다. 파생상품 논리가 적용되면 경쟁 방식이 이전과는 달라진다. 과거 경쟁은 서로 다른 기업, 조직 간에 이루어졌다. 하지만 이제 경쟁은 금융파생상품의 논리를 따르게 된다. 자산과 자본을 하나의 속성으로 분해하여 각각의 가치를 가격 즉 수치로 상호 비교할 수 있게 되면 새로운 경쟁 양상이 생길 공산이 크다. 동일 조직에 속하며 협력 관계를 이루던 자산, 부서, 구성원 간에도 실적과 생산성을 놓고 치열한 경쟁이 벌어진다. 최근 사회조직 대부분에서 내부 성원을 평가하는 제도가 일제히 도입된 것은 파생상품 논리가 적용된 결과로 보인다. 이때 조직관리는 회계학적 기법을 따르는 것으로 알려져 있다. 회계에는 관리회계와 재무회계가 있는데, 후자는 기업 등 조직의 재무 상태를 외부에 공개하는 기능을 갖고, 전자는 조직 구성원을 관리하는 기능을 갖는다. 그렇다면 조직관리 기법으로 활용되는 것은 관리회계인 셈이다. 하지만 개별 자산과 자본의 가치 산정을 통해 조직 구성원의 개별 생산성과 경쟁력을 평가해주는 것이 금융파생상품 작동원리임을 생각하면 이러한 관리회계를 가능하게 하는 것 또한 금융파생상품 논리인 셈이다.

파생상품 논리 확산의 또 다른 파장은 미래할인 관행의 증폭에서 찾아볼 수 있다. 앞에서 언급한바 파생상품은 미래시간과 현재시간을 서로 '묶는' 효과를 갖는다. 석유나 환율 등 특정 기초상품의 며칠, 몇 주, 몇 년 뒤 가격을 놓고 현재 시간에 투기를 하는 만큼 두 시간대를 연결시키는 것이다. 이것은 시간을 투자 대상으로 삼는 관행이라고 하겠다. 이런 관행을 단적으로 보여주는 금융기법의 하나가 기획금융project financing이다.

미래할인 관행이 파생상품 논리 확산으로 생겨나는 시간적 현상이라면 차익거래는 동일한 상품이 서로 다른 시장에서 이루어지는 가격 차이를 투자 기회로 삼는, 즉 공간적 전략에 따른 거래 방식이다. 차익거래가 급속도로 늘어난 것은 1971년 이후 브레턴우즈 체제●가 붕괴되고 고정환율 대신 변동환율이 지배적으로 된 뒤다. 같은 달러화라도 거래되는 시장이 다르면 시장 간에 차익이 생기게 된다. 오늘날 이런 차익거래가 얼마나 활발한가는 외환딜러 책상 위에 설치된 여러 대의 컴퓨터 화면에서 주요 외환시장의 환율 변동을 보여주며 명멸하는 복잡한 그래픽이 잘 나타내고 있다.

파생상품 논리의 확산으로 새로운 인간형 또한 만들어지고 있다. 오늘날 등

● 제2차 대전 이후 미국, 영국 등 연합국 대표들이 1944년 미국 뉴햄프셔 주 브레턴우즈에서 세계 대공황의 경제 혼란과 경쟁적인 평가 절하를 피하기 위해 만든 새로운 국제 금융 질서. 달러 가치를 금에 맞춰 태환兌換할 수 있도록 하고, 다른 통화의 환율은 달러에 고정시키는 내용을 담았다.

장한 새로운 인간형은 '자율적 선택자'나 '투자자'의 모습을 띤다. 신자유주의 시대 이전의 개인은 '시민' 아니면 '소비자'였다. 물론 오늘도 사람들은 시민으로, 소비자로 간주되지만 갈수록 많은 사람이 스스로 책임을 지는 존재로, 빚을 지면서까지 투자에 몰두하는 인간형으로 전환되고 있다.

미래할인 관행의 확산과 기획금융

앞에서 금융파생상품 시장의 성장과 함께 미래할인 관행이 확산된다는 점을 지적했었다. '미래할인'이란 동일가치가 시간이 갈수록 줄어든다고 보고, 그 가치의 실현을 가능한 한 앞당기려는 태도나 경향을 가리킨다. 오늘날 미래할인이 만연한 데에는 신자유주의 시대에 들어와서 부쩍 늘어난 회계학적 접근에서 '양의 시간 선호positive time preference'와 '순현재가치net present value' 개념이 도입된 것과 관련 있다. 양의 시간 선호란 미래의 소비보다 현재의 소비에 더 큰 가치를 두는 경향을 가리키고, 순현재가치란 투자사업으로부터 사업의 최종년도까지 얻게 되는 순편익(편익-비용)의 흐름을 현재가치로 계산하여 이를 합한 것이다. 양의 시간 선호든, 순현재가치든 모두 미래보다는 현재의 가치를 더 높이 평가하도록 도모하는 데, 이런 태도가 지배하게 되면 미래의 가치는 할인될 수밖에 없다. 순현재가치 개념이 회계학에 도입된 때는 제1차 대전과 제2차 대전 사이라고 하지만, 그 개념을 활용하는 회계학적 태도가 사회적으로 만연하게 된 때는 신자유주의적 축적 전략이 헤게모니를 행사하기 시작한 최근이다.

순현재가치 개념의 도입으로 인한 사회적 파장은 무엇일까? 기업, 비기업 가릴 것 없이 다양한 사회조직의 계획과 결정 과정에 이 개념이 적용되면 조직 관리나 경영 책임자에 대한 평가 방식이 달라진다. 각기 다른 관리 및 경영 활동이 순현재가치를 표현하는 수치로 표현됨으로써 '가치' 비교가 쉬워져서 생기는 일이다. 최근에 들어와서 대부분의 사회조직에 실적 위주의 평가가 확산된 것도 이 결과라 하겠다.

어디 그뿐이겠는가. 순현재가치가 널리 쓰이게 되면 미래의 가치를 미리 앞당겨서 현재에 사용하는 일도 확산된다. 다시 말해 실적을 높이기 위해 이전 같았으면 하지 않을 일들을 자꾸만 벌이게 되는 것이다. 한국에서 이런 경향을 단적으로 보여주는 것이 기획금융의 확산이다. 기획금융이란 위험 부담이 큰 대규모 사업의 자금조달 방법으로, 자금조달의 기초를 사업주의 신용이나 물적 담보보다는 기획 자체의 경제성에서 찾는 금융기법이다. 기획금융은 미래의 현금 흐름을 판단하여 현재에 투자를 하는 것이라는 점에서 미래할인 관행에 속한다.

세계적으로 보면 2000년대 초까지 기획금융은 전력(39퍼센트), 통신(24퍼센트), 기반시설(14퍼센트), 석유/가스(9.5퍼센트), 석유화학(5.1퍼센트), 여가/부동산(3.5퍼센트), 광업(2.9퍼센트), 산업(1.8퍼센트), 수도/하수(0.2퍼센트), 기타(0.4퍼센트) 부문에 적용되었고, 2010년에 이르면 이런 부문별 비중은 석유 35퍼센트, 교통 25퍼센트, 석유/가스 13퍼센트, 여가/부동산 7퍼센트로 바뀐다. 여기서 눈여겨봐야 할 것이 여가/부동산 부문이다. 2000년대 초 3.5퍼센트에서 2010년 7퍼센트로 증가했기 때문에 비중이 2배로 높아졌는데, 그렇기는 해도 전체의 10퍼센트 미만에 머물러 그다지 높은 것은 아니다.

한국의 경우는 사정이 크게 다르다. 도로, 항만 건설 등 민자 유치를 하는 사업에서 기획금융을 가동시키는 경우가 없지는 않지만, 외국과 달리 기획금융을 부동산 개발에 집중시키고 있다. 기획금융의 이런 부동산 개발 집중 현상은 '민관협력투자Public-Private Partnership, PPP' 사업 규모가 2010년의 경우 100조 원에 이를 정도로 크게 늘어난 것과 무관하지 않다. 파생상품 논리의 확산에 따라 공공기관이나 지자체 등 비기업 사회조직들도 책임경영제와 같은 회계학적 평가 방식을 도입하며 수행성을 중심으로 한 실적 쌓기에 급급하게 되면서 일어난 일이다. 물경 31조 원이 투여되어야 하는 서울의 용산국제업무지구 건설과 같은 대형 사업이 여기저기서 벌어지고 있는 것은 이런 변화의 결과다. 물론 한국에서만 이런 일이 일어나는 것은 아니다. 중국의 경우 각종 건설 사업이 GDP의 70퍼센트에 이르는 규모라는 보고도 있다.

왜 부동산 개발을 위한 기획금융이 이토록 기승을 부리는 것일까? 기획금융의 확산은 신자유주의 시대에 벌어지고 있는 '금융적 수탈'과 궤를 함께하는 것으로 판단된다. 공공기관이나 지자체가 추진하는 부동산 기획금융 사업에는 국민 각자가 내는 세금이 재원으로 투입되기도 하지만, 은행 등 금융기관의 투자도 이루어진다. 대규모 부실로 은행 폐쇄조치를 당해 수만 명의 고객에게 피해를 입힌 저축은행 사태에서 볼 수 있듯이, 금융기관의 기획금융 투자는 개인의 저축으로 이루어진다. 겉으로 드러나는 투자자는 대규모 건설사나 재벌기업인 경우가 많지만 개인이 쏟아 붓는 투자액도 결코 만만치 않다. 개인이 PPP 사업에 투자하는 방식은 관련 기획금융 펀드 구매 등을 통한 간접적인 형태가 많다. 금융투자협회에 따르면 2012년 7월 말 한국의 펀드계좌 수는 1642만 개로 2008년 6월의 2511만 개보다는 870만 개가 줄어들었으나 여전히 엄청나게 많은 편이고, 펀드 종류는 1만 개나 되어 세계 최대 규모다. 그러나 기획금융을 통한 부동산 개발 활성화는 지속될 수 있는 일이 아니다. 한국도 2008년 세계 금융 위기 이후 부동산시장이 얼어붙기 시작하면서 부동산에 직접 투자한 사람들, 기획금융 펀드를 매입한 사람들이 크게 손실을 입을 위험에 처했다.

PPP는 지자체나 공공기관 등 공공 부문과 건설회사 등 사적 부문의 협력투자로 이루어진다. 이런 사업이 최근 부쩍 늘어난 이유는 무엇일까? 왜 한국의 공공 부문은 부동산 개발과 다를 바 없는 PPP 사업에 혈안이 된 것일까? 이는 앞서 지적한 대로 모든 사회조직에서 실적 평가가 확산된 흐름과 결부되어 있다. 가능한 최대 규모의 PPP 사업을 벌이려는 경향은 공공 부문도 '실적'을 올리고 수행성 점수를 더 따려들어 생기는 현상이다. 다른 한편에서 보면 그것은 국가 성격이 크게 변했다는 점도 보여준다. 부동산 개발은 전형적인 의제자본 창출 과정으로서 대표적인 금융적 수탈에 속한다. 따라서 지자체 등이 PPP 사업에 목매달고 있다는 점은 오늘날 이런 수탈을 국가가 주도하고 있다는 말이다. 기획금융이 부동산 개발의 주된 금융 기법으로 등장하면서 한국의 시공간은 크게 바뀌었다. 서울의 경우 과거에는 어디서든 북한산, 도봉산, 관악산, 청계산 등 주변 산들이 보였으나 지금은 여간 애를 쓰지 않고선 이 산들을 보기 어려워졌다. 도곡동의 타워팰리스나 목동의 하이페리온 등 초고층 건물이 들어서서 시야를 가리고 있기 때문이다. 이 건물 상당수는 기획금융을 통해 들어섰다. 최근 대도시 경관이 얼마나 많이 바뀌었는지 생각해보면 기획금융이 얼마나 폭넓게 적용되고 있는지 실감할 수 있다.

오늘날 새롭게 조성되는 도시경관은 예외 없이 자연풍경과 역사적 기억을 파괴하거나 지워버린다. 대신 등장하는 것이 미래를 현재로 앞당기는 일이다. 근래 들어 우리 사회의 시공간이 급속도로 바뀌고 있는 것은 이런 미래할인 관행이 확산되고 있다는 징후다. 동일한 가치라도 그 실현을 앞당기려는 태도, 즉 순현재가치를 중시하는 경향은 금융파생상품의 묶기 기능, 즉 현재와 미래를 엮는 기능과 궤를 함께한다. 이 과정에서 기획금융도 중요한 역할을 하는데, 한국에서는 이 역할이 부동산 개발 즉 도시경관의 새로운 조직과 관련되어 있다. 미래의 현금 흐름을 예상하여 현재 진행되는 사업에 투자한다는 점에서 기획금융은 전형적으로 미래와 현재를 연결하는 금융기법이다.

그런데 이런 기법으로 주로 대규모 부동산 개발이 이루어지고, 그로 인해 도시경관이 격변한다는 것은 기획금융이 시간만이 아니라 공간도 새롭게 조직함을 보여준다. 그리고 기획금융의 광범위한 적용은 금융파생상품 논리가 확산되고 있다는 말이기도 하다. 금융파생상품을 오늘날의 가치 형태가 시공간적으로 교환·유통되는 지배적 작동원리로 이해할 수 있다면, 미래의 현금 흐름과 현재의 자본 투자를 통해 오늘날 도시경관의 주된 모습을 규정하고 있는 기획금융 역시 그런 원리를 웅변적으로 구현하는 것으로 볼 수 있다.

신자유주의가 이끈 '문화의 경제화'

신자유주의적 축적 전략이 지배하게 되면 그에 적합한 문화 형태를 구축하는 것이 필요하다. 금융적 수탈, 부채경제의 구축과 재생산을 위한 문화적 지배 전략이 요청되는 것이다. 신자유주의 시대에 한국에서 '문화의 경제화'가 추진된 것은 이런 맥락에서 이해된다. 한국에서 문화는 1980년대 중반까지는 '정치의 시녀' 역할을 담당했었다. 박정희·전두환 시대의 문화는 정치권력에 의해 휘둘리며 정치 행사의 보조나 장식 역할을 하도록 강요당했던 것이다. 반면에 민주화 운동의 성과를 훔쳐서 이루어진 권위주의 세력과 자유주의 세력 간의 협약으로 1987년 '민주화 체제'가 들어선 뒤, 문화는 '경제의 도구'로 탈바꿈하기 시작한다.

1990년대에 '문화의 시대'가 도래했다는 선언이 자주 제출된 것도 이런 흐름과 무관하지 않다. 이때부터 '오렌지족' '야타족' 'X세대' 'N세대'가, 그리고 2000년대에 들어와서는 'W세대' 'R세대' '명품족' 등이 등장했다. 당시 신세대가 보여준 문화적 감수성은 소비자본주의와 긴밀하게 연결되어 있었다. 신세대의 새로운 감수성은 대중음악, 게임, 채팅 등 신기술을 활용한 문화산업의 발달, 특히 아이돌을 젊은 세대의 새로운 본보기로 부상시킨 연예산업 등 자본주의적 대중문화의 성장을 기반으로 하고 있었던 것이다. 문화의 경제화는 그렇다면 당시 급속도로 성장한 소비자본주의의 다른 이름인 셈이고, 이는 또한 자본의 축적 전략과 연결되어 있었다고 봐야 한다. 1980년대 후반에 이르러 노동운동이 크게 성장하고 이를 통해 새로운 사회적 분배가 이루어지면서, 하향 이동하기 시작한 사회적 부를 자본이 회수하기 위한 전략으로 문화적 접근을 시도한 것이다.

문화의 시대 도래는 '경제적 상상'의 팽창을 불러일으켰다. 소비자본주의가 강화됨에 따라서 삶의 방식이 전적으로 달라진 것이다. 한국은 박정희 시대 이후 발전주의적 경제정책을 펼쳐왔고, 이에 따라서 생산과 저축을 중시하는 사회 환경이 조성되었으나, 1990년대 이후부터는 문화산업의 급성장과 함께 소비를 조장하는 사회운영 방식을 작동시키기 시작했다. 이런 흐름은 IMF 위기가 닥쳐온 1997년 이후부터 특히 심해져 2001년을 고비로 하여 한국의 가계저축률은 급속도로 떨어지기 시작한다. 물론 그렇다고 생산이 중단된 것은 아니지만 이 과정에서 경제를 이해하는 방식, 즉 경제에 대한 문화적 태도가 크게 변하기 시작했다고 볼 수 있다. 소비자본주의가 강화된다는 것은 일상생활이 화폐교환 중심으로 이루어진다는 말이기도 하다. 사람들의 삶은 연대, 호혜, 우정, 자애, 효도, 우애, 배려, 사랑 등 그 자체로 가치가 있는 다양한 활동으로 이루어진다. 그런데 소비자본주의가 개입하게 되면 이런 활동의 가치는 경제적 가치, 지불된 화폐의 액수로 산정되는 가치로 전환될 수밖에 없다. 경제적 상상의 팽창은 곧 인간 활동을 경제적 가치로 환산하는 경향이 늘어난다는 뜻이다.

2001년 10월 BC카드는 배우 김정은을 등장시켜서 '부자 되세요'라는 광고 문안을 유행시킨 적이 있다. 경제적 상상이 만연해 있지 않았다면 대중에게 대놓고 부자 되라고 권하기는 쉽지 않았을 것이다. '좋은 사람' '착한 사람' '훌륭한 사람' 되라는 말은 누구에게나 할 수 있지만 '부자' 되라고 하는 것은 저질스럽지 않은가. 그러나 오늘날 '부자 되라'는 말을 그렇게 생각하는 사람은 많지 않을 것이다. 이런 감정 구조 변화는 최근 들어 경제적 상상이 지배적으로 자리잡은 결과다. 다시 말해 미래의 가치보다는 현재의 가치를 더 중시하게 만드는 양의 시간 선호, 순현재가치 강조가 자연스럽게 된 결과인 것이다. 이로 인해 사람들의 꿈과 희망, 욕망은 특정한 방향으로만 향하게 되었고 삶의 목표를 자신의 경제적 가치를 높이는 데에만 두게 되었다. 지금 사람들은 예외 없이 '좋은 학교' '좋은 직장' '좋은 집'을 갖기 위해 불철주야로 움직인다. 좋은 학교, 좋은 직장, 좋은 집은 경제적 상상력이 지배적으로 작동할 때 드러나는 구체적인 모습이다. 그러나 이런 목표를 달성하기 위해 사람들은 특정한 인간형으로 거듭나야만 한다. 좋은 학교에 들어가기 위해 필요한 것은 '교육비'고, 좋은 직장을 위해서 필요한 것은 깡냥이며, 좋은 집을 위해 필요한 것은 '주택담보대출'이다. 이 모두 큰돈이 들어가는 일이다. 오늘날 사람들은 더 잘살기 위해서 더 많은 돈을 써야만 한다. 갈수록 많은 사람이 채무자로 바뀌고 있는 것은 전혀 놀라운 일이 아니다.

차입의존형 삶의 방식이 확산되다

신자유주의 시대에 들어와 사람들은 갈수록 '차입의존형' 인간이 되고 있다. 차입 행위는 처음에는 주로 기업에서 이루어졌다. 인수합병 과정에서 기업 자산이나 향후 현금 흐름을 담보로 은행 등 금융기관에서 돈을 빌려 기업을 인수하는 경우가 그것이다. 1000억의 가치가 있는 기업을 인수할 때 자신의 자본은 100억밖에 되지 않아도 나머지 900억을 인수 대상 기업의 자산과 예상 실적을 담보로 은행에서 돈을 빌릴 수 있으면 기업 인수가 가능하다. 믿기지 않지만 돈은 장부상으로만 왔다갔다하고 인수자는 실제로 한 푼도 내지 않은 채 기업을 인수하는 경우도 없지 않다고 한다.

기업의 차입매수leveraged buy-out를 나타내는 영어 표현에서 leveraged라는 단어는 지렛대를 의미하는 leverage의 변형이다. 차입매수에 지렛대의 의미가 들어 있는 것은 차입매수식 인수합병의 경우 외부에서 차입한 자본을 지렛대로 삼아서 이루어지기 때문이다. 그런데 오늘날 이런 외부 자본을 지렛대로 삼아 행하는 일이 매우 많아졌다. 말하자면 차입의존형 활동이 많아졌다는 것인데, 부동산시장 거품이 한창일 때 매입하고자 하는 주택을 담보로 큰 액수의 대출을 받곤 한 것이 그런 예다. 이런 담보대출자는 매입 대상 주택이 큰 수익을 가져올 자산으로 간주하고 부채를 차입하여 투자를 하는 것이기 때문에 '차입의존형 투자자'에 해당한다.

오늘날 차입의존형 삶은 도처에 널려 있다. 자녀의 사교육을 위해, 친구들 못지않은 패션 유지를 위해, 성형 수술을 받기 위해, 각종 깜냥을 쌓기 위해 빚을 지는 가정 그리고 개인이 얼마나 많은가. 멀쩡한 휴대전화, 자동차를 처분하고 새 모델로 바꾸는 소비자도 많고, 자신의 소득으로는 감당하기 어려운 비싼 레스토랑 고객이 되는 사람도 있다. 이들은 부동산이나 주식, 또는 펀드 투자를 위해 기꺼이 빚을 지는 사람들과 비슷한 삶의 방식을 추구하는 셈이다.

신자유주의적 주체 형성과 인구정책의 관계

차입의존형 인간의 증가가 자연스런 현상일 수는 없다. 그것은 신자유주의적 축적을 위한 인구정책을 집요하게 실시한 결과다. 이 인구정책은 자본의 신자유주의적 축적에 복무할 인간형 만들기로, 그동안 구축된 부채경제에 적합하고 쉽게 착취당하고 수탈당하는 인간 유형을 만드는 '주체 형성' 과정이다. 지난 20여 년의 한국 사회를 돌이켜보면 크게 세 종류의 주체 형성 전략이 맞물려 펼쳐졌던 것으로 보인다. 첫째 '자율적 선택자autonomous chooser'의 형성, 둘째 '투자자 또는 투기적 주체'의 형성, 셋째 '빚진 존재' 또는 '채무자 주체'의 형성이 그것이다.

먼저 자율적 선택자의 형성은 신세대를 대상으로 한 교육정책, 지식의 의미와 역할을 바꾸는 담론정책, 새로운 사회적 신화를 만들어내는 대중매체 전략 등에 따라 이루어진 것으로 판단된다. 1995년 김영삼 정부가 도입한 교육개혁안 이후 한국의 교육은 시장논리의 지배를 받게 되었다. 학생을 교육의 '소비자'로, 교원을 '공급자'로 만들고 교육을 상품화한 것이다. 이 결과 젊은 세대는 학생 시절에는 소비자로서 교육상품의 비용을 지불하다가 교육과정이 끝난 뒤에는 노동시장에 자신을 상품으로 판매해야 하는 신세가 되었다. 신자유주의 체제하에서는 전반적인 노동 배제로 젊은이들이 노동시장에서 양질의 일자리를 구할 기회가 갈수록 줄어들기 마련이다. 하지만 오늘날 젊은 세대는 교육 소비자가 된 결과 자신이 구매한 교육상품의 품질에 대해 스스로 책임을 져야 하는 형편이다. 신자유주의의 지배 전략이 펼치고 있는 극심한 취업난을 겪으면서도 그 책임을 자기에게로 돌리고 있는 것이다.

교육과정에 시장담론이 확대된 것과 비슷한 시점에 '신지식인론'이란 담론이 유포되기 시작했다. 신지식인론이 '신'지식인론인 것은 지식인의 역할을 새롭게 규정하고 있기 때문이다. 전통적인 지식인론과 신지식인론이 다른 점은 전자가 지식을 내용 측면에서 고려한다면 후자는 용도 측면에서 살핀다는 데 있다. 신지식인론에서 지식은 '노하우'가 되고, 그 도구적 생산성에 의해 가치가 평가된다. 이 신지식인론을 확산시킨 것은 김대중 정부였다. 김대중 정부는 상당수 개인에게 신지식인 자격증을 수여하는 등 '국민의 신지식인화'를 위해 무척이나 공을 들였으나, 이런 노력의 결과가 어떠했는지는 '신지식인 1호' 자격을 수여받은 코미디언 심형래가 최근 카지노 도박 등의 의혹을 낳으며 도산한 사례가 잘 말해준다. 신지식인론은 지식인에게 자신이 생산한 지식의 생존 책임을 지도록 했다는 점에서 자율적 선택자 양성 담론에 해당한다.

비슷한 시기에 자율적 선택자 형성에 중요한 역할을 한 또 다른 시도로 MBC 〈성공시대〉를 들 수 있다. 이 연속물은 1997년 11월부터 2001년 11월까지 4년 동안 총 189회 연속 방영되었으며, 매회 온갖 어려움을 무릅쓰고 결국 성공을 낚아채는 예외적 개인을 소개하는 방식이었다. 특히 이 프로그램의 방영 시기가 중요하다. 당시는 외환위기로 인해 IMF의 구제금융을 받게 되면서 긴축정책을 강요받았으며, 이 과정에서 대대적인 구조조정과 해고가 발생해 일자리를 잃은 사람들이 대거 자영업으로 뛰어들던 때다. 당시 〈성공시대〉가 장기방영의 성공을 거둘 수 있었던 것은 생계를 꾸리기 위해 미지의 세계로 들어가야 하는 사람들의 불안과 공포, 또는 희망을 겨냥했기 때문이었을 것이다. 하지만 그 역시 자율적 책임 담론에서 벗어나지 않았다. 이 프로그램의 전언은 '어떤 고난을 맞더라도 성공하라, 결국 당신 하기 나름이다'였다.

'교육개혁안' '신지식인론', 〈성공시대〉 등은 IMF의 구제금융을 받기 시작한 상황에서 신자유주의 정책이 더욱 강화되고 모든 것이 시장논리의 지배를 받게 되는 상황을 당시 한국인들이 저항 없이 수용하도록 한 인구정책에 속한다. 이런 정책을 자율적 선택자의 형성 전략으로 볼 수 있는 것은 교육 개혁안을 통해 양성되는 젊은 세대든, 신지식인론이 전제하는 새로운 유형의 지식인이든, 또는 〈성공시대〉가 IMF 위기 국면에서 가장 바람직한 인간형으로 제시하려 한 성공하는 사람이든, 모두 자기 자신이 선택한 것에 대해 스스로 책임을 져야 하는 것으로 만들었기 때문이다. 자율적 선택자는 자기책임화의 주체인 것이다.

두 번째로 살펴볼 인구정책상 주체 형성 전략은 투기적 인간형 또는 투자자 주체의 형성과 관련되어 있다. 앞서 살펴본 대로 최근 들어 특히 2000년대 이후 한국인은 저축보다는 대출을 더 많이 하게 되었다. 개인의 대출 증가는 금리인하로 인해 저축을 해도 크게 득이 되지 않아서 생긴 일이다. 게다가 이때는 부동산시장이 극도로 활성화되었던 시점이기도 하다. 이리하여 '부채의 자산화', 다시 말해 빚을 재산으로 여기는 경향이 생겨났다. 근래에 부채를 자산으로 간주하는 경향이 크게 늘어난 것은 차입의존 관행이 기업의 인수합병과 같은 전문영역만이 아니라 일반인의 삶 구석구석에까지 확산된 결과일 것이다.

신자유주의적 지배 질서가 '투자자 주체' 형성을 중요한 인구정책으로 삼게 된 것은 이 체제가 인구를 최대한 포괄하기보다는 일정하게 '배제'하는 전략을 펼친다는 말이다. 신자유주의 이전의 인구정책은 대중을 국민이나 시민, 또는 소비자로 호명했다고 할 수 있다. '국민' '시민'을 말하는 것은 외국인 등 극히 소수를 제외하면 사회구성체 내부 구성원 전원을 호명하는 방식이다. 물론 과거 박정희, 전두환 정권에서 국민 다수가 당한 고통을 생각하면 내부 구성원 전원을 호출하는 것이 꼭 바람직하지 만은 않다. 그런 호출은 '국민총동원' 명령에 지나지 않았다. 그러나 과거의 대중 호명은 오늘날과는 다르게 작동했다는 점을 상기시키고 싶다. 가령 '소비자'를 보더라도 이런 점은 분명한데, 소비는 대중이 예외 없이 영위해야 하는 생활의 일부라는 점에서 대중을 소비자로 부르는 것은 대중 전체를 대상으로 하는 호명 방식에 해당한다. 반면에 오늘날 이런 대중을 투자자로 호명하는 일이 잦아진 것은 신자유주의 시대 내 사회적 불평등 심화를 반영하는 현상인 것으로 분석된다. 알다시피 지금은 인구가 20 대 80, 심지어 1 대 99라는 구도로 불균등하게 양분되어 있다. 이런 상황에서 바람직한 인간형은 계속 돈을 쓸 수 있는 사람, 다시 말해 부동산이든 주식이든 펀드든 새로운 자본축적이 일어날 수 있는 부문에 계속 투자할 수 있는 사람이다. 이런 사람들은 '금빛'이나 특급 고객으로 인정받는 명품 인구군에 속하는 것으로 간주된다. 부채를 자산으로 삼아서라도 투자를 마다하지 않은 사람이야말로 오늘날 가장 바람직한 인간형 아니겠는가.

이리하여 세 번째의 인간유형이 등장하게 된다. 바로 채무자 주체 또는 빚진 존재다. 이미 지적한 대로 한국인 다수는 엄청난 액수의 빚을 지고 있다. 부채경제의 구축 속에서 (2012년 말 기준) 가구당 6600만 원, 개인당 2300만 원의 빚을 지고 있는 것이다. 부채를 자산으로 여기는 경향이 계속되고 심화되는 한 빚진 사람이 많아지고, 개인의 빚 규모가 커질 것은 뻔하다. 이런 현상은 물론 한국에서만 일어나는 것이 아니다. 2007년 비우량주택담보대출의 위기가 발생한 여파로 2010년 미국에서는 주택을 압류당한 사람이 100만 명에 이르렀다 한다. 아일랜드, 스페인도 상황이 비슷해 최근 이 나라들은 주인 없는 주택 수가 매우 늘어나자 중국인, 러시아인을 상대로 영주권 부여를 조건으로 내걸어 자국 주택을 매입해줄 것을 요청하고 나섰다. '주택보유빈곤층' 즉 하우스푸어라고 불리는 계층이 출현하기 시작한 한국에서도 비슷한 상황이 벌어질 것으로 보이는데, 이런 사태는 재산, 자산을 늘리려면 빚을 내는 것이 유리하다고 보는 계산을 부추긴 사회정책의 결과라는 점에서 금융적 수탈의 만연을 입증한다.

갈수록 많은 사람이 채무자로 전환되고 있는 현상은 가계대출과 같은 객관적 사실로만 확인되지 않고, 오늘날 개인이 겪고 있는 주체적·내면적인 어떤 변화를 통해서도 확인된다. 다른 맥락에서 이미 언급한 바지만, 오늘날 젊은 세대는 깜냥 쌓기로 여념이 없다. 해외어학연수, 각종 자격증 따기, 연수생 지원, 봉사활동 증명 받기, 성형수술 받기, 포트폴리오 만들기 등 자신의 능력이나 가치를 높일 방안이나 기회를 찾아 끊임없이 부산하게 움직이고 있다. 이런 모습은 젊은 세대가 행하는 '자기에의 배려'로, 자기 스스로 계율을 만들어 자신을 만들어가는 자기계율적 주체의 모습이다. 그런데 이런 주체의 특징은 자신을 모자란 사람으로, 스스로 빚진 존재로 여긴다는 점이다. 깜냥 쌓기에 열중하는 젊은 세대를 위시하여 오늘날 많은 사람이 빚진 존재가 된 것은 신자유주의 시대에 사람들이 갈수록 수탈의 대상으로 전락하고, 채무자가 되어가는 마당에 사람들 스스로 그런 신세가 되었음을 자신의 선택으로 여기도록 하는 인구정책이 작동하여 생긴 결과일 것이다.

문화사회를 향하여

지금까지 신자유주의적 자본주의 체제에서 사회와 인간이 어떻게 작동하고, 어떤 모습을 갖추게 되는지 알아보고자 신자유주의적 축적의 주된 전략인 자본의 금융화 경향에 핵심 역할을 하는 금융파생상품과 작동원리, 기획금융을 중심으로 한 미래할인 관행의 확산과 그에 따른 새로운 시공간 조직, 그리고 이 모든 축적 과정과 맞물려 가동되는 지배적 인구정책 또는 주체형성 전략을 살펴보았다. 이를 통해 확인한 것은 신자유주의가 지배하게 되면 부채경제가 형성되고, 자살률이 치솟으며, 사람들이 자기규율과 자기책임화에서 벗어나지 못하는 빚진 존재, 차입의존형 주체로서 살아가야 한다는 점이다.

이런 신자유주의적 삶과 단절할 수 있는가? 그동안 신자유주의에 대한 '대안은 없다'고 주장하는 '티나There is no alternative, TINA' 담론이 성행해왔다. 민영화, 구조조정, 세계화의 대세는 누구도 거부할 수 없다는 말이 절대 진리인양 유포된 것이다. 그러나 글머리에서 강조한 것처럼 지금 신자유주의는 위기에 처했다. 여기서 신자유주의는 네 번째 자본주의 축적순환에 해당하는 미국 헤게모니가 더 이상 실물 팽창을 할 수 없게 된 상황에서 등장했다는 것, 따라서 그 자체가 위기 대응책이었음을 강조하고 싶다. 신자유주의가 위기에 처했다는 뜻은 위기 대응책마저 위기에 처했다는 것이며, 오늘날 인류가 그만큼 중대한 위험에 처했다는 말이다. 1930년대 대공황이 닥쳤을 때 인류는 파시즘의 발흥과 수천만 명의 인명을 앗아간 세계대전을 겪은 바 있다. 신자유주의를 넘어서고 대안을 찾는 노력이 그만큼 중요한 이유다.

그러나 대안을 찾더라도 제대로 된 것을 찾아야 한다. 신자유주의가 사회복지 파괴를 자행하는 것을 보고 자본과 노동의 타협을 통해 일정한 수준의 사회복지를 구현한 수정자유주의, 즉 케인스주의로 복귀해야 한다는 주장이 있다. 허나 케인스주의가 지금 대안이 될 수는 없다. 케인스주의는 신자유주의보다는 진보적이지만 실물경제가 성장하는 국면에서만 가능하기 때문이다. 알다시피 오늘은 실물 팽창은커녕 금융 팽창도 위기에 처하여 자본주의 축적체계 자체가 혼란과 동요에 빠져 있다. 새로운 대공황이 일어날 공산이 큰 것이다.

그렇다면 올바른 대안은 무엇인가? 앞서 언급한 것처럼 문화사회가 대안이라는 것이 내 입장이다. 여기서 문화사회란 신자유주의는 물론이거니와 자본주의까지 넘어서야 성립할 수 있는 사회 형태로 제시된다. 비자본주의를 전제한다는 점에서 문화사회는 마르크스가 말한 '공산주의'와 근본적으로 동일하다. 하지만 공산주의라는 표현은 생산 중심적 사회구성을 강조하는 것이어서 생태 위기가 인류를 위협하고 있는 오늘날 인류의 보편적 이념을 가리키기엔 어딘가 부족해 보인다. 최근에 자본주의 이후의 대안 사회 이념과 표현으로 공산주의 대신 코뮌주의를 사용하는 사람이 늘고 있는 것은 이런 문제의식의 발로일 것이다. 나 역시 공산주의보다는 코뮌주의가 더 적절한 표현이라고 보는데, 그래도 새로운 대안 사회를 문화사회로 부르고자 하는 것은 바람직한 비자본주의적 사회의 주된 인간 활동은 문화적 성격을 띤 것이어야 한다고 믿기 때문이다.

문화사회는 기본적으로 '노동사회'와 구분된다. 문화사회의 관점에서 보면 자본주의 사회의 핵심은 노동사회다. 자본주의는 가난한 사람들이 노동을 하지 않으면 제대로 된 소득을 얻지 못하도록 함으로써, 지상의 모든 가난한 이가 노동에 목매달게 하는 사회다. 신자유주의 지배하에서 이런 노동사회의 질은 더욱 나빠졌다. 좋은 일자리는 줄이고 갈수록 많은 사람을 비정규직으로 내쫓아 같은 노동을 하는데도 임금을 줄일 수 있을 만큼 줄여 착취의 강도를 높이고 있는 것이다. 오늘의 노동사회는 특권적 노동을 하지 않으면 사람들이 제대로 살아가기 힘들게 하는 사회다.

문화사회의 문제의식은 노동사회, 무엇보다 오늘날 지배적인 자본주의적 임금노동사회를 극복해야만 인간다운 삶을 영위할 수 있다는 것이다. 물론 문화사회가 모든 노동을 배척하는 것은 아니다. 자본주의 사회를 극복한 뒤라도 사회적으로 필요한 노동은 계속 남을 것이며, 이런 노동은 민주적으로 관리될 필요가 있다. 그러나 문화사회는 사회적 필요노동은 사회적 통제와 관리하에 두되 가능한 한 노동을 최소화하고 자유시간을 최대화할 수 있을 때 실현이 가능할 것이다. 문화사회가 지향하는 문화는 기본적으로 그 자체로써 의미 있는 활동으로 구성되어야 하고, 인간이 유적 존재로서 발전시켜온 이성과 감성 등 각종 역능을 최대한 발휘할 기회가 되어야 한다. 이런 문화가 구현되려면 사람들은 오늘날 보여주고 있는 자율적 선택자, 투자자 주체, 차입의존형 주체의 모습을 벗어던지고, 대안적 삶을 추구해야 할 것이다. 새로운 삶의 방식을 발명하고 실험하는 일이 필요한 것이다. 소비자본주의가 강요하는 소비생활에서 벗어나 독점적 소유 중심의 삶이 아닌, 공유와 향유를 지향하고 사회적 연대, 호혜적 삶을 지향하는 새로운 주체로 거듭나려면 삶을 새롭게 설계해야만 한다.

끝으로 새로운 삶의 설계를 위해서는 인간적 삶의 절대적 조건인 시공간을 새롭게 조직할 필요가 있음을 강조하고 싶다. 먼저 공간의 조직에 대해 생각해보자. 오늘날 위기 속에서도 작동하고 있는 신자유주의적 축적 전략은 공간을 계속 자본의 지배와 통제하에 두고 있다. 자본이 지배하는 공간을 앙리 르페브르[●]는 '추상공간'으로 규정한 바 있다. 오늘날 기획금융을 통해 조성되는 초고층 건물, 대규모 상가, 유흥단지 등에서 사람들은 자신들의 고유한 삶을 영위하지 못하고 자본에 종속된 삶, 즉 투자나 소비만을 강요당한다. 문화사회를 구축하기 위해서는 추상공간이 지배하는 이런 공간 환경을 해체하고, 대신 자연과 역사, 기억을 보존하면서도 새로운 삶의 실험이 가능한 공간, 다양한 '차이'를 허용하는 공간을 만들 필요가 있다. 문화적 활동은 자본의 지배로부터 벗어나 인간 고유의 서로 다른 활력과 상상력이 중심이 되어 행해져야 하기 때문이다. 르페브르는 이런 새로운 공간을 '차이공간'으로 부르고, 이런 공간을 구축해야만 자본의 크기처럼 양적인 것이 아니라 삶의 생명력과 같은 질적인 것이 추구되며, 자연을 인간적으로 전유하는 것이 가능하다고 말한 바 있다. 문화사회 구성을 위해서는 차이공간의 확보 노력이 필수적이다.

문화사회를 구축하려면 시간도 새롭게 조직하고 운영해야 할 것이다. 마르크스에 따르면 '모든 경제는 시간의 경제 문제다.' 우리가 나름대로 역량을 키우며 하고 싶은 활동을 마음대로 하려면 그런 활동에 충분한 시간을 할당할 수

● Henri Lefebvre. 프랑스의 마르크스주의 철학자이자 사회학자. 평생 동안 소외이론과 국가 비판이라는 두 측면에서 마르크스주의 사상을 창조적으로 재구성하기 위해 노력했다.

있어야 한다. 사회적 생산을 위해서도 적합한 시간 투여가 필요하다. 사회적으로 필요한 생산과 이를 위한 노동은 어떤 개인, 공동체, 사회도 회피할 수 없으며, 꼭 민주적으로 관리해야만 한다. 오늘날의 자본주의적 노동사회가 문제인 것은 사람들이 대부분 시간을 임금노동에 바치고, 그것도 모자라 얼마 되지 않는 자투리 여가시간까지 자신들이 어렵게 얻은 소득을 자본의 회수와 다를 바 없는 소비에 온전히 갖다 바쳐야 한다는 데 있다. 오늘날 우리가 가진 시간은 그래서 죄다 자본에 봉헌된 것이나 다를 바 없다. 문화사회 즉 문화적 활동이 중심이 되는 사회를 만들자는 것은 더 이상 이렇게는 살지 말자는 것이다. 사회적으로 필요한 생산과 관련된 노동은 하되 불필요한 생산, 과잉생산을 위해서 쓸데없이 노동하는 것은 그만두고 노동에서 해방된 자유시간을 최대한 확보하자는 것이다. 자유시간이 풍부해야만 하고 싶은 활동을 할 수 있다.

누누이 말한 대로 신자유주의는 더 이상 대안이 아니다. 또 다른 자본주의도 우리의 미래가 될 수 없다. 이제 문화사회를 만드는 것이 필요하다. 사회적 필요 노동은 계속해야 하겠지만, 불필요한 노동은 최소화하고 그 대신 자유시간은 최대화하여 각자 개성을 자유롭게 만끽하며 역능을 최대한 키우면서 타자들과의 차이를 다양성의 자원으로 만들어 삶을 더욱 아름답게 가꿀 수 있는 사회, 그런 사회가 문화사회라면 문화사회는 꼭 만들어야 한다. 물론 문화사회를 만들기는 쉽지 않다. 자본주의 사회는 강력한 재생산 경향과 수단을 가지고 있고, 반면에 문화사회 건설에 필요한 사회적 조건들은 아직 몹시 미비하다. 문화사회 건설을 위해서는 오늘날의 지배적 축적전략인 신자유주의는 물론이고, 각종 자유주의를 가동하며 재생산을 거듭해온 자본주의마저 거부해야 한다. 이를 위해서는 문화사회 구현에 나설 변혁적 주체가 필요하고 이 주체의 정치적 역량이 강화될 필요가 있다. 문화사회로 향하는 첫걸음은 따라서 이런 변혁적 주체의 형성과 정치화로 시작되어야 할 것이다. 그와 더불어 문화사회에 대한 여망도 필수적이다. 그래서 외치고 싶다. 가자, 문화사회를 향하여!

더 읽어볼 책들

1. 조반니 아리기 지음, 『장기 20세기: 화폐 권력 그리고 우리 시대의 기원』, 백승욱 옮김, 그린비, 2008
자본주의는 그동안 네 번의 역사적 순환을 거치며 발전했다고 보고, 현존하는 미국-세계헤게모니 시기인 '장기 20세기'가 어떻게 형성되었는지 분석한 책이다.

2. 이매뉴얼 월러스틴 지음, 『유토피스틱스: 또는 21세기의 역사적 선택들』, 백영경 옮김, 창비, 1999
세계체계론자인 월러스틴은 이 책에서 불안정기에 도달한 체계는 극심한 동요를 일으키기 마련이라 보고, 이런 역사적 시점에는 자유의지의 역할이 더욱 중요함을 강조한다. 자본주의가 해체기에 들어선 지금, 과학과 정치학, 도덕의 동시적 실행을 통해 역사적 대안을 찾으려 하고 있다.

3. 데이비드 하비 지음, 『신자유주의: 간략한 역사』, 최병두 옮김, 한울, 2009
1970년대 이후 세계자본주의 정치경제를 지배해온 신자유주의의 이론적 기원과 정치적인 등장 배경, 그 사회적 영향 등을 이해하는 데 좋은 길잡이가 되는 책이다.

4강

사회변혁을 위한 역사 읽기:
역사의 반복과 정치적 리듬 분석

심광현

"향후 대공황과 맞물려 구조적 모순이 심화될수록
계급적·세대적 행위 양식의 급진화가 예상된다. 이 양자가 맞물려 만들어낼
변증법적 리듬 분석을 정교화하고, 이것으로부터 폭발성 주기를 예측해내기 위해서는
지난 20여 년간 나타난 계급적·세대적 행위 양식의 궤적에 대한 통계 연구
(지방선거/총선/대선의 세대별·지역별·성차별·계급별 투표율/지지율 등)를
축적하여 엄밀하게 체계화할 필요가 있다"

우리가 역사를 돌아보는 이유는 오늘이 왜 이런 상태가 되었는지를 살피기 위해서이기도 하지만 미래를 가늠해보기 위해서이기도 하다. 과거에서 미래 변화의 실마리를 찾을 수 있는 이유는 자연사나 일상사에 일정한 반복이 있듯이 역사에도 일정한 반복이 있기 때문이다.

　자연에서는 생물 종이 사계절과 밤낮의 리듬에 따라 생명의 리듬을 조응시킨다. 장소에 따라 다른 계절과 하루의 주기 변동에 조응하기 위해 개체생물은 독특한 생체시계를 가지고 있다. 인간의 일상사 역시 과거에는 이런 자연사적인 리듬에 맞춰져 있었다. 전통 달력이 24절기를 축으로 구성되어 있었던 이유가 여기에 있다.

　하지만 19세기 이후 급속한 도시화·산업화의 지구적 확산에 따라 자연사적 리듬에 맞춰져 있던 일상사에 거대한 변혁이 나타난 결과, 우리는 이제 자연적 리듬을 거의 망각하게 되었다. 전기 시대는 낮과 밤의 광학적 경계를, 석유 시대는 겨울과 여름의 기후적 경계를 해체하여 일상의 활동 주기는 자연적 리듬에서 벗어나 균등한 시계적 시간 간격을 따라 일직선으로 편평해졌기 때문이다. 인공적인 직선의 시간에 익숙해지면서 우리는 자연적 리듬과 생체적 리듬 자체를 망각하며 살아가고 있다.

　역사적 리듬 감각의 상실은 이런 자연적 리듬 감각의 상실과 맞닿아 있다. 하지만 역사에도 분명한 리듬이 있다. 한국 정치사에는 5년 단위의 대선, 4년 단위의 총선과 지방선거의 리듬이 있다. 이런 리듬에 따라 정치, 경제, 문화의 지형 변화가 분명해진다. 하지만 이런 제도적 리듬만을 의식할 경우 보다 복잡한 역사의 리듬을 놓치기 쉽다. 4~5년 단위를 넘어선 10~20년, 50~100년 이상의 긴 주기가 만들어내는 좀 더 큰 구조적 변화가 그것이다. 역사학은 아직이 문제에 분명한 답을 제시하지 못하고 있다. 일상적으로 시계적 시간이라는 직선적 시간 틀에 갇혀 있듯이 역사학 역시 연대기적 역사라는 기계적인 시간 틀에 갇혀 있기 때문이다.

하지만 20세기 후반에 들어와 역사학에도 변화가 나타났다. 장기지속과 복수의 시간대의 겹침이라는 관점으로 근대사의 굴곡을 포착했던 페르낭 브로델*은 기념비적인 연구 저서 『물질문명과 자본주의Civilisation materielle, economie et capitalisme』**를 통해 변화를 주도했다. 브로델은 수많은 사료에 대한 경험적 연구를 통해 파장이 다른 복수의 시간대를 역사 속에서 발견했다. 그러나 그는 주기적으로 순환하며 반복하는 규칙적 리듬을 발견하지는 못했다. 역사 속에서 일정한 주기를 가지고 순환하며 반복하는 장기적인 리듬을 찾아낸 사람은 『장기 20세기』를 쓴 조반니 아리기다.

아리기는 일련의 구조적 법칙을 가진 역사의 리듬을 찾아내기 위해 마르크스의 자본순환 공식 $\langle M-C-M'\rangle$에 눈을 돌렸고, 이윤율의 상승과 저하에 따라 $\langle M-C\rangle$(실물 팽창) 국면과 $\langle C-M'\rangle$(금융 팽창) 국면으로 나뉘어 반복하는 거시적인 운동 주기를 500년간의 역사 과정에서 경험적으로 확인했다. 그는 금융 팽창의 하강 국면에서 자본 권력은 불가피하게 영토 권력(국가)과 결합함으로써 단순한 반복을 넘어 지리적 팽창이라는 차이를 만들어낸다는 사실을 사례 연구를 통해 해명했다. 이로써 아리기는 복수의 시간대를 경과하는 과정에서 '네 차례의 헤게모니 순환을 반복하면서 지리적 팽창이라는 차이를 만들어낸' 500여 년에 걸친 자본주의 역사의 장기적인 리듬을 밝혀냈다.

한편 가라타니 고진은 아리기의 기념비적인 연구가 나오기 전인 1989년, 월러스틴의 세계체계론에 기대어 마르크스의 『루이 보나파르트의 브뤼메르 18일』

• Fernad Braudel, 프랑스의 역사가이자 교육자. 마르크 블로흐와 뤼시앙 페브르가 함께 창립한 『아날Annales』의 편집위원으로 활약해 주목받았다. 제2차 대전 이후 세계 문명의 역사의 거대한 틀을 이루는 명저들을 써서 역사학계에 큰 족적을 남긴 인물이다. 역사학이 중심축이 되고 다른 여러 학문 분야가 공동으로 참여하는 '인간학 연구'의 주창자이기도 하다.

•• 페르낭 브로델의 대표작으로 15~18세기 서유럽을 중심으로 한 시공간 속에서 자본주의가 언제, 어디서, 어떻게 태어났는지를 밝혀내고 있다. 이를 위해 약 400여 년간의 역사적 시공을 작업 공간으로 설정해 자본주의의 정체에 접근했다. 공간적으로는 서유럽을 중심으로 하되 동유럽과 중국, 일본, 인도, 이슬람 지역, 아메리카 대륙의 증거들도 적극적으로 활용했다. 인간의 자질구레한 일상을 역사의 전면으로 내세워 시대별 사회 각층의 존재 양식을 구명하는 이색적인 연구 방법이 인상적인 책이다.

을 재독해하는 『종언을 둘러싸고』라는 책에서 '역사의 반복'이라는 문제를 제기했다. 하지만 고진의 문제 설정에는 자본과 국가의 반복 강박적인 순환이라는 관점만 있을 뿐, 반복에서 발생하는 '차이'를 포착하는 관점이 결여되어 있다. 따라서 고진의 독해를 아리기의 발견 속으로 '포개넣을' 필요가 있다. 또한 마르크스가 온전히 밝히지 못했던 자본의 확산 운동에서 불균등한 형태로 나타나는 지리적 팽창의 리듬에 내재한 일련의 규칙들을 구체적으로 파악하기 위해서는 데이비드 하비•의 연구에 눈을 돌려야 한다. 장기적으로 보면 자본순환 공식은 시간적인 리듬(1차 순환-2차 순환-3차 순환)을 통해서 공간적인 리듬(공장, 도시건조 환경, 국가장치 확장의 지역적 이동) 역시 만들어내기 때문이다.

이렇게 마르크스-브로델-월러스틴-고진-아리기-하비로 이어지는 연구 성과를 잘 연결할 경우, 근대 역사의 복잡한 과정 속에서 순환 주기를 가진 중층적 '역사지리적 리듬'을 체계적으로 포착할 수 있을 것이다. 즉 '역사지리적 유물론'의 이론 체계를 확장하고 심화하여 풍부한 경험적 연구를 통해 수정, 보완해 나간다면, 인간과 자연의 신진대사를 촉진하는 사회적 노동의 역사적 변화 과정이라는 생태학적 문제 틀로부터 출발하여 자본주의 세계체계의 작동 규칙을 규명하고, 그 내적 모순의 폭발을 통해 코뮌주의 사회로의 전환에 대한 전망을 이끌어내고자 했던 마르크스의 계획을 '역사지리적 생태과학'이라는 일반이론의 형태로 발전시킬 수 있을 것이다.

이 글에서는 러시아혁명에서 발생한 독특한 정치적 리듬의 변증법적인 함의를 장기적 역사의 리듬이라는 관점에서 새롭게 해석해보고자 한다. 이 시기의 정치적 리듬을 분석하려는 일차적인 이유는 아리기의 가정에 따라 러시아혁명이 발생한 1917년 당시 세계체계의 해체적 리듬이 향후 2010~2020년대에

• David Harvey. 지리학자로 출발해 분과학문을 뛰어넘는 통찰력을 기반으로 오랫동안 비판적 관점에서 공간의 정치경제학을 정립하는 데 힘을 쏟아온 마르크스 정치경제학의 대표적인 연구자. 1970년대 초부터 40여 년간 대중과 함께 마르크스의 『자본』을 강독하는 프로젝트를 벌여왔다.

도 유사하게 반복할 것이라고 보기 때문이다. 물론 역사는 단지 반복하기만 하는 것이 아니라 차이를 만들어내기 때문에 한 세기 전의 특수한 리듬이 동일하게 반복되지는 않을 것이다. 그러나 차이를 고려하면서도 유사한 구조적 리듬의 반복을 예상할 수 있다면, 미래의 카오스를 가로질러 적극적인 사회변혁을 준비하는 데 좀 더 유리한 입지를 확보할 수 있을 것이라고 본다.

이런 유형의 연구는 역사와 정치를 바라보는 관점의 대대적인 전환과 새로운 정치적 상상력에 기초한 변혁적 실천을 촉진하려는, 일종의 '사고실험'이라고 할 수 있다. 아인슈타인이 자신의 방법을 사고실험이라고 칭한 데에는 두 가지 이유가 있다. 하나는 과학적 연구를 가능하게 만드는 이론적 가설과 실험적 검증 간의 거리라는 문제에 대처하려는 것이고, 다른 하나는 상상력을 통해 이 문제를 해결하려 한 것이다. 아인슈타인은 상대성이론이라는 초거시적 이론을 실험적으로 검증할 수 있는 물리적 수단을 발견하지 못했기에 오직 이론적 '상상'을 통해서 자신의 가설을 벼려낼 수 있었다. 그 이론의 타당성은 상당한 시간이 지난 후에야—일반상대성이론은 1919년에, 특수상대성이론은 1976년에—정밀한 실험 관측에 의해 검증될 수 있었다. 연구 범위와 대상이 초거시적일수록 이론적 가설/예측과 실험적 검증 사이에는 시간적 간격이 늘어날 수밖에 없다. 수십 년에서 수백 년에 걸친 역사지리적 리듬 분석은 인문·사회과학에서 가장 범위가 넓은 초거시적 연구이며 경험적으로 검증이 이루어지려면 상당한 시간이 필요할 수밖에 없다. 이런 간극을 버텨낼 수 있는 것은 오직 기존 자료에 대한 철저한 분석으로부터 도출한 튼튼한 이론적 가설과 추론, 그리고 대담한 상상력뿐이다.

이런 맥락에서 보면, 마르크스의 『자본론』이야말로 인류 역사상 처음으로 초거시적인 역사지리적 리듬의 변증법을 포착하고자 했던 대담한 사고 실험이라고 할 수 있다. 그는 18~19세기의 역사자료에 대한 세밀한 분석, 고전 정치경제학과 철학 및 당대의 과학기술 연구 성과, 19세기 사회주의 운동사에 대한 종합적인 연구를 통해서 내적 모순을 가진 자본순환 운동의 복잡다단한 메커니즘을 해명할 수 있는 이론 체계를 세웠다. 더 나아가 이를 바탕으로 자본의 전 지구적인 운동이 야기할 모순의 전 지구적 폭발과 이 과정에서 나타날 코뮌주의 사회로의 전환의 필연성에 대해 대담한 이론적 상상력을 펼친 바 있다. 그 당시나 그 이후에도 그의 이론을 경험적으로 검증해줄 만한 방법론적인 수단은 부재했지만, 1994년 아리기의 연구를 통해 마르크스 이론의 타당성이 방대한 역사 자료의 검증을 거쳐 확인되었다. 또 2008년 미국 금융위기와 2010년 이래 확산되고 있는 유럽 금융위기 역시 21세기에도 마르크스의 이론이 적용될 수 있다는 사실을 경험적으로 입증해주고 있다.

그런데 최근 들어 급성장하고 있는 '복잡계 과학'• 역시 자연계와 인간 행동 속에서 나타나고 있는 다양한 리듬을 발견하고, 그것에 내재된 일련의 규칙들을 찾아내기 시작했다. 이렇게 발견된 과학의 도움을 얻을 경우 마르크스 이론의 타당성을 입증할 경험적 근거를 찾는 일이 좀 더 빠르게 전진될 수 있다고 본다.

• 물리적·생물학적·사회학적 대상을 수학적으로 분석하는 학문

폭발성 패턴이란 무엇인가

　1990년대부터 '복잡계 네트워크 과학'이라는 새로운 학문 분야를 개척해온 앨버트 라즐로 바라바시는 2010년 『버스트: 인간행동 속에 숨겨진 법칙BURSTS: The Hidden Pattern Behind Everything We Do』이라는 책을 출간하여 전 세계의 이목을 끌었다. 그는 복잡한 물리적 현상, 화학적·생물학적 시스템들의 역동적 움직임 속에서 나타나는 창발현상을 탐구하는 데 적용해왔던 복잡계 네트워크 과학을 인간 행동에 새롭게 적용함으로써 '인간 역학Human Dynamics'이라는 새로운 학문 분야를 탄생케 했다는 극찬을 받았다. 그는 철새의 이동에서 사람들의 웹 브라우징Web Browsing, 전쟁에서 백만장자, 질병에서 편지 작성, 국가안보부에서 추기경들의 콘클라베Conclave*까지, 실로 어마어마하게 폭넓은 인간 행동에 대한 경험적 조사를 통해 '폭발적 패턴'을 찾아내고 이를 '멱함수 법칙'으로 공식화했다. 이런 연구 방법은 문헌 자료의 연대기적 정리에 머물던 역사 연구를 법칙 발견과 예측 가능한 과학적 연구로 격상시킬 수 있는 통로를 개척하는 데 크게 기여할 것으로 보인다. 그렇다면 바라바시의 연구는 마르크스, 아리기가 해명한 초

● 교황을 뽑는 전 세계 추기경들의 모임으로, 교황이 사망하면 16~19일 사이에 교황청의 시스티나 성당에 모여 새 교황을 선출한다.

거시적인 역사지리적 리듬의 메커니즘을 구체적으로 규명하는 데 어떤 도움을 줄 수 있을까? 그의 연구에서 우리 논의에 도움이 될 만한 부분만을 거칠게 압축해보면 다음과 같다.

(1)1905년, 아인슈타인은 물 위에 떨어진 꽃가루가 끊임없이 움직이는 신비로운 운동의 메커니즘을 분석해—원자의 존재를 인정하고 그 원자들이 꽃가루를 무작위적으로 밀어낸다는 가정하에—주어진 시간의 입자의 이동거리는 시간의 제곱근에 정비례한다고 예측한 논문을 발표했다. 3년 뒤 프랑스의 물리학자 장 바티스트 페랭Jean Baptiste Perrin이 액체에 현탁한 작은 입자의 움직임을 추적하는 기술을 개발하여 실험한 결과, 아인슈타인의 예측에 완벽히 부합했고 이에 의해 한 세기를 끌어온 원자의 실체에 대한 논쟁이 마무리된 바 있다. 바라바시는 사람의 행동 역시 물에 뜬 꽃가루와 크게 다르지 않다고 주장한다. 물론 인간은 작은 원자들에 차여서 그러는 게 아니라 동기나 임무 혹은 책임이라는 뉴런들의 섬세한 깜빡임에 이끌려서 그렇다는 것이다. 바라바시는 누군가의 일정이나 생활방식, 동기를 모르는 사람이 볼 때는 그의 움직임이 무작위적으로 보이지만, 그 발자취를 역추적한 후에는 그 움직임을 매 단계 충분히 설명하고 예측할 수 있다고 주장한다.

(2)디어크 브로크만Dirk Brockmann은 2006년 『네이처』에 발표한 「인간 이동의 측정 법칙」이라는 논문에서 사람들의 움직임에 아인슈타인의 이론을 적용한 결과 자잘한 이동은 쉽게 설명할 수 있지만, 드물게 벌어지는 커다란 초확산적 점프는 설명하지 못한다는 사실을 확인했다. 이런 결과를 두고 1959년 카를 포퍼●가 주장한 바와 같이 통상 인간 행동은 예측 불가능한 측면이 있기에 혁명을 예측

● Karl Riamund Popper. 오스트리아 출신의 과학철학자. 과학철학 뿐 아니라 사회 및 정치 철학 분야에서도 많은 저술을 남겼다. 고전적인 관찰-귀납의 과학 방법론을 거부하고, 과학자가 개별적으로 제시한 가설을 경험적인 증거가 결정적으로 반증하는 방법을 통해 과학이 발전함을 주장해 세계적인 명성을 얻었다. 『열린사회와 그 적들』, 『추측과 논박』 등의 대표작이 있다.

하는 것은 불가능하다고 결론내릴 수도 있지만, 바라바시는 그렇지 않다고 주장한다. 문제는 방법이 아니라 데이터에 있다는 것이다.

1910년대에 기후 예보에 관한 리처드슨의 방법이 제기되었을 당시와는 달리 지금은 3일 후의 일기 변화를 95퍼센트의 정확도를 가지고 맞춰내고 있지만, 방법은 여전히 동일하다. 여기서 바라바시는 컴퓨터와 인공위성의 도움으로 데이터의 수집 범위와 정확도에서 엄청난 차이가 나타났다고 말한다. 바라바시는 겉으로는 무작위적으로 보이는 현상들, 가령 전쟁 발발과 소득 분포 같은 현상들에 실은 하나의 수학적 법칙, 즉 '멱함수 법칙의 패턴'이 숨겨져 있다는 점을 찾아낸 리처드슨과 파레토의 사례를 일반화하여, '초확산 점프'가 자연과 사회 속에 반드시 존재한다고 보면서, 이를 '척도 없는 네트워크'라고 부른다. 즉 평균에서 크게 벗어나는 데이터가 소수지만 늘 존재한다고 예측하자는 것이다. 이런 관점에서 그는 이메일 사용자들의 전송 패턴을 분석하면 그것이 무작위적이지 않고, 멱함수 법칙을 가진 폭발성 패턴을 찾아낼 수 있다고 설명한다. 사람들의 이메일 패턴에는 정교한 법칙에 따라 짧고 긴 시기가 섞여 있었다는 것이다. 프린터 사용이든 전화통화든 수면 주기든, 막대기를 손끝에 바로 세워두기 위해 가하는 작은 움직임까지, 인간 행동의 어떤 면을 살펴보든 항상 똑같은 폭발적 패턴, 즉 긴 휴식기 뒤에 격렬히 활동하는 짧은 기간들이 오는 패턴이 있다고 바라바시는 설명한다.[1]

(3)인간 행동에서 왜 이런 폭발성 주기가 나타나는가? 바라바시는 우리는 어떤 행동을 하든, 예나 지금이나 시간이 부족하기 때문에 '우선순위'를 설정할 수밖에 없는데,[2] 우선순위를 설정하는 순간 우리의 반응 시간은 오히려 불균등해지며, 대부분의 작업은 신속하게 처리되지만 나머지 소수의 작업들은 거의 무한

정 기다려야 하는 상황이 발생한다고 주장한다. 우선순위는 생산성을 북돋우는 능력이 있지만 치러야 할 대가가 큰데, 가장 큰 부작용은 줄이 늘어지는 현상이라는 것이다.[3] 동물 역시 한 자리에서 우물쭈물하다가 돌연 훌쩍 뛰어넘는 방식의 '레비 비행'을 보인다고 한다.[4] 앨버트로스의 고기잡이 패턴, 유카탄 반도의 거미원숭이부터 순록, 초파리, 회색 바다표범에 이르기까지 동물계 전반에 레비 궤적이 존재한다는 것이다. 비스와나트한과 슐로모 하블린의 공동 연구에 의하면 공급이 많지 않은 먹이를 채집할 때 최적의 전략은 짧은 걸음으로 마구 많이 돌아다니다가 가끔 멀리 점프하는 조합이라고 한다. 또 유전자 활동을 통제하는 단백질인 전사transcription 인자가 어떻게 DNA에서 정확한 결합 위치를 찾아내는지에 대한 ― 뉴욕과 L.A.를 연결하는 3961킬로미터의 거리에서 동전 하나를 찾는 것과 마찬가지인 ― 방법, 그리고 월드와이드웹에서 정보를 검색하는 과정도 역시 레비 비행의 방식으로 이루어진다고 한다.[5]

인간의 질병 역시 폭발성 주기를 가지고 있다. 건강한 시기에 해당하는 긴 기간이 있다가 자주 진료실을 들락거리는 짧은 기간이 온다.[6] 도쿄대 연구진의 실험에 의하면 사람들의 행동은 손목 움직임 같은 사소한 면에서조차 폭발적이다. 대상자가 손목을 움직이지 않는 휴식기의 길이가 멱함수 법칙을 따랐던 것이다. 대상자 25명 중 14명은 휴식기의 폭이 남들보다 더 넓은 패턴이었는데 임상적으로 우울증 진단을 받은 사람들이었다. 건강한 대상자는 휴식기가 평균 7분이었는데, 우울증 환자들은 15분이 넘었다. 게다가 멱함수 법칙을 특징짓는 수치인 지수값도 서로 달랐다. 기초과학이 응용과학에 적용되는 과정 역시 멱함수 법칙에 따랐다.[7] 유전자들이 커지고 꺼지는 시기에서도, 진화 과정에서도 폭발성 주기가 발견되었다.[8] 폭발성은 생명의 기적에서 핵심적인 요소이고 생명이

환경에 적응하고 생존하기 위해 부단히 몸부림친 증거다. 1970년대에 진화생물학자 나일스 엘드리지와 스티븐 제이 굴드●가 '단속평형설'을 제안했는데 이것은 고생물학에서 발견되는 급격한 진화적 변화를 설명하기 위한 이론이다.[9]

⑷인간 행동의 예측 가능도에는 최대 한계가 있다. 데이터베이스를 아무리 열심히 뒤져보아도 모든 사용자에게 평균 93퍼센트의 예측 가능도가 적용되었다. 어떤 사람의 위치를 알 수 없는 시간이 전체의 7퍼센트밖에 안 된다는 것이다. 이런 불확실성은 사람이 자주 다니는 한 장소에서 다른 장소로 옮기는 동안에 발생했다. 가령 차가 막히는 시간대에는 퇴근에 걸리는 시간이 불확실하다. 점심시간은 무엇을 먹느냐에 따라서 걸리는 시간이 불확실하다. 하지만 나머지 시간에는 사람들의 움직임을 예측하기가 비교적 쉬웠다. 예측 가능도가 80퍼센트 미만인 사람은 거의 전무했다. 이동거리나 교통수단은 천차만별이어도 모든 사람이 습관의 노예였다. 이런 행동들의 예측 가능도에 대해서는 멱함수 법칙 대신 '가우스 분포'●●가 적용된다.[10] 데이터 수집의 정확도가 높아지고 있기 때문에, 무작위적인 현상과 예측 가능한 현상을 잘 구분할 수 있다면, 사회구조의 많은 속성에 대해 그 미래를 내다볼 수 있다. 현대는 데이터, 과학, 기술이 한곳으로 모여서 개인과 사회의 미래라는 인류 최대의 수수께끼를 풀려고 노력하는 수렴의 시대다. '인간 역학 연구'는 과학의 마지막 기둥이고 언젠가 그 영향력이 20세기 초 물리학의 영향력이나 현재 진행중인 유전학 혁명의 파급력만큼이나 어마어마해질지도 모른다.[11]

바라바시의 연구에 의하면 결국 인간 행동은 습관적인 반복 때문에 의외로 예측 가능도가 매우 높은데, 이런 예측 가능도는 통상 가우스 분포를 나타낸

● Stephen Jay Gould. 미국의 고생물학자이자 진화생물학자. 생물 종의 진화가 오랜 기간에 걸쳐 점진적으로 일어난다는 기존의 '계통점진설'을 거부하고 오랜 기간 안정적인 평형 상태를 유지하다가 종 분화가 나타나는 짧은 시기에 급격하게 진화적 변화가 이루어진다는 '단속평형설'을 주장해 큰 주목을 받았다. 현대 진화 이론의 발달과 과학의 대중화에 크게 기여하였다.

●● 도수度數 분포 곡선이 평균값을 중앙으로 하여 좌우 대칭으로 종 모양을 이루는 분포. 정규분포라고도 부른다.

다. 다른 한편으로 예측 불가능하게 보이는 행동 역시 우선순위 설정에 따라 폭발성 주기를 나타내는 멱함수 법칙을 따른다는 사실이 확인되면서 예측 가능도는 높아진다(이런 사실을 그는 이미 90년대 말에 '무작위 네트워크'와 '척도 없는 네트워크'라는 개념으로 구분한 바 있다).

결국 어느 경우에도 인간 행동은 예측 가능하다는 말인데, 21세기에 들어와 모든 종류의 과학 지식과 데이터베이스가 수렴되고 있기 때문에 이런 예측 가능성은 점점 더 높아지고 있다는 것이다. 이런 관점에 서면 우리는 과거의 역사를 새롭게 해석할 수 있고, 그것으로부터 새로운 정치적 함의를 이끌어낼 수 있다.

아리기의 시각에서 본 역사의 패턴

조반니 아리기는 『장기 20세기』에서 브로델의 연구를 마르크스의 자본순환 공식에 따라 재구성하면서 근대자본주의 세계체계의 역사지리적 팽창 과정에서 네 번의 헤게모니 순환 패턴을 찾아낸 바 있다.

> 마르크스의 자본의 일반정식(M−C−M′)은 개별 자본가의 투자 논리뿐 아니라 세계체계로서의 역사적 자본주의의 반복 양상 또한 묘사하고 있는 것으로 해석될 수 있다. 이런 양상의 핵심 측면은 실물적 팽창(MC)과 금융적 재생과 팽창국면(CM′)의 교대이다. (…) 이것이 합쳐진 두 개의 시기 또는 두 개의 국면이 온전한

하나의 체계적 축적 순환을 구성한다(M-C-M')[12]

"네 번의 체계적 축적 순환이 규명될 것이며…… 그것은 15세기에서 17세기 초의 제노바 순환, 16세기 말에서 18세기 대부분 시기에 걸친 네덜란드 순환, 18세기 후반에서 20세기 초에 걸친 영국 순환, 그리고 19세기 말에서 현행 금융적 팽창 국면으로 지속되고 있는 미국 순환이다. 이런 대략적이고 예비적인 시기 구분이 함의하듯이, 연이은 체계적 축적 순환은 중복되며, 비록 그 지속 기간이 점점 더 단축되긴 하지만, 이들은 모두 한 세기 이상 지속된다. 따라서 '장기 세기'라는 관념이 제기되며, 이는 세계적 규모의 자본축적 과정 분석에서 기본적 시간 단위로 채택될 것이다.[13]

이런 방법으로 아리기는 2008년 미국의 금융위기를 정확히 예측한 바 있는데, 이후 확산된 유럽의 금융위기는 이제 미국 헤게모니의 '장기 세기'가 막을 내리는 과정의 명백한 지표다. 이 과정은 과거의 세 차례 헤게모니 교체 과정이 그러했듯이 미국이 아닌 다른 지역으로 헤게모니가 이동하거나 혹은 자본주의 세계체계 전체가 막을 내리고 자본주의가 아닌 전혀 다른 세계체계로의 전환 과정이 될 것이다. 아리기는 21세기에 나타나고 있는 체계 이행에 대해 다음과 같이 세 가지 가능한 시나리오를 제시하는 것으로 『장기 20세기』의 결론을 개방하고 있다.[14]

(1)구중심지의 국가 형성과 전쟁 형성 역량이 크다면 새로운 중심지에 축적된 잉여자본을 힘, 잔꾀, 또는 설득을 통해서 영유하는 지위에 올라설 수도 있을

것이고, 그렇게 함으로써 진정한 전 지구적 세계제국을 형성하여 자본주의의 역사를 종식시킬 수도 있다.

(2)구중심지 대신에 동아시아 자본이 '감제고지瞰制高地'•를 차지하게 될 수도 있다. 그러나 새로운 경비병은 국가 형성과 전쟁 형성 역량을 결여할 것이기에, 첫 번째 시나리오에서처럼 행위자들의 의도적 행동에 의해 종식되는 대신, 세계시장 형성의 의도하지 않은 결과로 자본주의는 국가 권력과 더불어 소멸할 것이고, 시장경제라는 하위층이 다소 아나키적인 질서로 복귀할 수 있을 것이다.

(3)인류애가 냉전 세계질서의 청산에 동반한 폭력의 증폭이라는 공포(또는 영광) 속에서 불타 없어져 체계의 카오스로 영구 복귀함으로써 자본주의 역사가 종료될 수 있다. 그러나 이것이 단지 자본주의 역사의 종료를 의미할 것인지 인류 역사의 종료를 의미할지 말하는 것은 불가능하다.

그런데 아리기는 13년 후 출간한 『베이징의 애덤 스미스Adam Smith in Beijing』(2007)에서 두 번째 시나리오가 유력해지고 있고, 그 새로운 중심지가 중국이 될 것이라고 기술하고 있다. 왜 중국인가에 대한 대답으로 아리기는 몇 가지 이유를 제시한다. 첫째, 중국은 그 어떤 지역보다 광범위한 노동자원을 확보했는데, 이런 형태의 노동 혁명은 동아시아 이외의 어떤 곳에서도 성공하지 못했다. 둘째, 중국은 인도와는 달리 농업 혁명으로 중국 내부의 극빈층의 비율을 최소화하는 데 성공했다. 셋째, 과거 헤게모니가 도시국가였던 제노바/베네치아에서 도시국가와 영토국가의 중간 단계인 네덜란드, 그리고 다시 영토국가인 영국으로, 이후에는 대륙 규모의 미국으로 이동했던 사례를 보면, 적어도 미국 수준의 영토를 가진 나라만이 다음 헤게모니 이동의 후보가 될 수 있다. 그런데

• 적의 활동을 살피기에 적합하도록 주변이 두루 내려다보이는 고지.

중국은 영토가 크면서 인구는 그 4배에 달하므로 후보 자격이 있다. 넷째, 헤게모니의 이동에는 항상 전쟁이 수반되었다는 역사적 사실에도 불구하고, 중국은 에너지를 외부로 확장시키려는 서구 방식으로 발전한 것이 아니고 내부로 응축하려는 성향이기 때문에 평화로운 권력 이동이 가능할 것이라는 점이다.

하지만 구(舊)경비병인 미국과 유럽에 축적된 군사적·국가적 역량이 이렇게 평화로운 헤게모니 이동에 동의할지 불확실하다. 설령 그럴 수 있다고 해도 애덤 스미스나 브로델이 생각한 시장경제의 아나키적 질서에 의해 세계경제가 지속 가능할지는 더욱 불확실하다. 아리기의 시나리오가 불확실한 것은 무엇보다도 그가 마르크스의 자본순환 공식을 활용하기는 했지만, 자본주의의 실체를 금융 팽창으로 간주하고 시장경제라는 개념을 실물생산과 유통으로 한정해서 생각하는 스미스–브로델의 관점에 입각해 '자본주의 없는 시장경제'라는 비현실적인 구도를 처음부터 끝까지 밀고 나갔던 데에서 연유한다.

하지만 마르크스가 해명했듯이—브로델이나 스미스가 생각한—'투명한 시장경제'란 부르주아 경제학이 가정하는 하나의 가상일 뿐이다. 시장경제가 잘 작동하는 실물 팽창의 국면에서도 이윤율 회복과 잉여가치 축적이 가능한 것은 언제나 노동력과 자연자원의 착취/수탈을 지속 가능하게 지원하려고 계급투쟁을 물리적·이데올로기적으로 통제, 조절해온 강력한 국가장치(ISA, RSA)의 작동을 필요로 하기 때문이다. 이 사실을 '괄호'치고 축적순환을 이론화한 것이 아리기의 문제점이었다. 『장기 20세기』에서 이 문제에 대해 그가 밝힌 생각을 들어보자.

금융적 팽창을 주요 자본주의 발전의 종결 국면으로 보는 브로델의 이해 방식

덕에 나는 자본주의 세계체계의 전 생애(브로델의 장기지속)를 다루기에 더 용이한 분석 단위로 분할할 수 있게 되었으며, 이를 체계적 축적 순환이라고 불렀다……. 명백하게 이 관심사는 아주 협소하다. 이처럼 관심사를 협소하게 잡은 덕에 (1)나는 세계자본주의에 대한 브로델의 연구에 다소의 논리적 일관성과 추가적 시간대—브로델의 여행이 끝난 1800년으로부터 우리를 떼어놓은 두 세기—를 덧댈 수 있었다. (2)그러나 관심사를 협소하게 잡은 대가 또한 크다. 계급투쟁, 그리고 중심과 주변 지역들로의 세계경제의 양극화—나의 최초의 장기 20세기 이해에서는 둘 다 두드러진 역할을 했다—는 거의 완전히 구도에서 배제되었다."[15]

계급투쟁과 세계경제의 양극화를 이론 구성에서 배제한 대가는 아리기가 생각한 것 이상으로 큰 것 같다. 첫째, 다양한 지역에서 발생하는 행위자들 간의 투쟁을 괄호칠 경우 역사의 순환적 리듬을 규명하는 일이 장기적인 기후변동을 규명하는 일과 다를 바 없는 통계적인 작업, 혹은 역사를 오직 승리자들의 기록만으로 보는 것과 다름없는 결과를 초래할 위험이 크다. 둘째, 인간 행위를 괄호친 더 큰 대가는 현재 이행 과정의 역동성에 대한 구체적인 분석과 미래 변화를 예측하기가 어려워진다는 점이다. 역사적으로 발생한 계급투쟁의 역동성을 괄호에서 벗겨내어, 아리기가 말한 축적 순환의 과정 속에 다시 삽입한다면 어떤 결과가 나올 수 있을까?

들뢰즈는 가라타니 고진에 앞서, 『차이와 반복Diffe´rence et Re´pe´tition』•에서 마르크스가 『루이 보나파르트의 브뤼메르 18일』에서 보여준 역사의 반복에 관한 테제("모든 위대한 역사적 사건과 인물들은 말하자면 두 번 반복된다…… 처음에는 비

• 이 책은 들뢰즈의 국가박사학위 청구 논문이자 주저로 꼽히는 책이다. 현대 철학의 개념으로 자리잡은 유목민, 유랑자를 뜻하는 '노마드nomad'가 소개된 책이자 칸트나 헤겔의 변증법과 구별되는 새로운 변증론을 제시한 연구서로 널리 알려졌다.

극으로, 그 다음에는 소극으로")를 재해석하면서 세 가지 반복의 시간에 대해 다음과 같이 설명한다.

> 현재는 반복을 일으키는 어떤 것에 해당한다. 과거는 반복 자체에 해당한다. 그리고 미래는 반복되는 것에 해당한다. 그런데 전체적으로 볼 때 반복의 비밀은 반복되는 것 안에 있다. 반복되는 것은 두 번에 걸쳐 전조되고 지시되는 셈이다. 최상의 반복은 바로 미래의 반복이다…… 사실 첫 번째 종합[습관의 종합]은 단지 시간의 내용과 정초에만 관련된다. 두 번째 종합[기억의 종합]도 단지 시간의 근거에만 관련된다. 하지만 세 번째 종합[순수 지속의 종합]은 시간의 순서, 집합, 계열, 그리고 최종 목표를 마련해준다.[16]

들뢰즈는 '현재적 습관의 주기적 반복' '과거 기억의 주기적 반복'을 거부하고 '절대적으로 차이나는 것'의 반복으로 만들기를 '반복의 철학'의 핵심 프로그램으로 제시한다.[17] 여기에 더해 그는 '박자-반복'과 '리듬-반복'을 구별한다. 전자는 후자의 겉모습이거나 추상적 효과에 불과하며, 전자가 '정태적 반복'이라면, 후자는 '동태적 반복'이다. 또 전자가 추상적인 '총체적 결과'에만 관련된다면, 후자는 '작용중의 원인'에 관련된다. 하나는 '작업의 결과'이지만, 다른 하나는 '몸짓의 진화'와 같다는 것이다.[18]

종합해보면 들뢰즈는 반복이 시간의 주된 특징이라는 점을 강조하면서도, 세 가지 시간/반복을 구별하며 현재 습관의 시간/반복, 과거 기억의 시간/반복의 정태적 특성을 비판하면서, 결과보다는 작용중인 진화의 몸짓에 주목하여 순수 지속 시간의 절대적 차이 만들기의 반복을 대안으로 제시하고 있다. 여기서 중요한 것은 정태적 반복과 동태적 반복의 구별이다. 이 구별을 앞서 제시한 바라바시의 논제와 비교해보면, 전자는 사람들의 습관적 반복에 따라 나타나는 가우스 분포의 반복, 후자는 우선순위 설정에 따라 나타나는 멱함수 분포의 폭발성 주기, 레비 비행의 반복에 해당된다. 이때 우선순위 설정은 들뢰즈식으로 말하면 세 번째 순수시간의 종합에서 "시간의 순서, 집합, 계열, 그리고 최종 목표를 마련"해주는 역할, "어떤 것의 생산 안에서 일어나는 극적인 반복"의 역할을 한다고 재해석할 수 있을 것이다. 즉 시간의 순서와 계열과 목표를 정해주는 우선순위의 설정에 따라 극적인 반복이 가능해진다고 할 수 있다. 그렇다면 사람들의 행동 속에서 이런 우선순위를 갖는 극적인 목표란 무엇일까?

베르그송의 말을 빌자면, 이는 '순수 지속의 시간' 속에서 나타나는 '생명의 도약'이며, 역사는 이런 생명의 도약의 주기적 폭발에 의해서 '창조적 진화'를 이루어나간다고 할 수 있다. 역사적 과정에서 사람들의 행동이 가우스 분포를 이루는 평균분포로 작용과 반작용을 습관적으로 반복하다가도, 생명에 대한 위협이 커지는 어떤 변곡점에 이르게 되면, 생명의 도약을 위해 폭발적인 행동(레비 비행)을 하게 된다고 할 수 있다. 역사 속에서는 생명의 도약을 위한 이런 창조적 진화의 동력 형태가 바로 아리기가 괄호쳤던 "계급투쟁과 세계경제의 양극화"과정에서 창발하게 되는 '폭발성 주기'로부터 유래한다고 볼 수 있다.

1917년 러시아혁명이야말로 20세기 역사에서 나타난 가장 극적인 폭발성 주기의 사례다. 19세기 영국 헤게모니의 해체 과정에서 발생한 제1차 대전의 와중에서 생존 위기에 처한 러시아 대중의 갑작스러운 봉기로부터 창발한 러시아혁명은 초기에는 혁명가들조차 때 이른 혁명이라고 생각했지만, 짧은 시간 동안 나타난 역동적인 계급투쟁 과정에서 무력혁명으로 발전하게 됨으로써 세계

체계 전체의 향방을 바꾼 극적인 사건이었기 때문이다. 이 폭발성 주기는 다른 지역에서는 각기 다른 양상으로 전개되면서 미국 헤게모니의 형성 과정에 거대한 굴곡을 만들어내었다. 따라서 21세기 미국 헤게모니의 해체에 따른 이행 과정의 복잡성을 분석하고 예측하기 위해서는 『장기 20세기』에 나타났던 여러 형태의 폭발성 주기에 대한 분석이 필수적이라고 할 수 있다.

러시아혁명의 재구성: 레닌이라는 감독을 만나다

1990년대 동구권 붕괴 이후, 러시아혁명에 대한 일반적인 평가는 평화주의적 관점에 치우쳐 무장봉기에 따른 혁명정부 수립에 대한 음모론적인 평가가 주류를 이루어왔다. 하지만 1917년 2월 23일 혁명-임시정부의 출범에서 시작하여 10월 26일 볼셰비키● 혁명정부 수립까지 246일에 걸친 혁명 과정을 자세히 분석해보면, 임시정부에서 출발하여 1차, 2차 연립정부를 거쳐 대코르닐로프●● 전투에 이르는 4분의 3 지점에 이르기까지, 볼셰비키는 레닌에 의해 일사불란하게 통제되는 권위주의적인 음모 조직과는 닮은 점이 별로 없었다. 오히려 '아래로부터의 혁명'의 대중적 발전과 당시 지배적인 사회주의 정당들과 각급 수준의 볼셰비키의 조직적 활동 사이에 훨씬 복잡하고 역동적인 관계가 있었다. 여기서는 알렉산더 라비노비치●●●의 『혁명의 시간 The Bolsheviks Come To Power』●●●●의 기록들에 주로 의거하여 이 복잡성을 분석해보고자 한다.

우선 페트로그라드 볼셰비키 조직에는 레닌과 견해가 다른 지도자들이 많

● 다수파라는 뜻으로, 1903년 제2회 러시아 사회민주노동당 대회에서 레닌을 지지한 급진파를 이르던 말이다.
●● Lavr Georgievich Kornilov. 러시아혁명 당시 반혁명 지도자. 러시아군 최고사령관으로 반혁명파와 연합국의 지지를 과신하고 군사독재를 요구하다가 파면되었다. 러시아혁명 이후 남부 러시아에서 반혁명군을 지휘하다가 전사했다.
●●● Alexander Rabinowitch. 유대계 러시아인 집안 출신의 역사학자. 미국에서 교육받은 그는 처음에는 대다수 역사학자처럼 10월 혁명을 쿠데타로 보는 보수적 시각의 소유자였다. 그러나 수많은 1차 사료를 분석한 뒤 러시아혁명을 체계적으로 연구하다가 10월 혁명을 평등을 목표로 삼은 진정한 대중 혁명으로 보는 관점의 전환을 꾀했다.
●●●● 10월 혁명을 극소수의 무자비한 혁명가들이 권력을 찬탈한 쿠데타라는 서구 역사학계의 통설을 뒤집고 10월 혁명의 정설을 다시 세운 것으로 유명한 역사 연구서.

았고. 특히 카메네프●와 지노비예프●●를 필두로 한 '온건' 볼셰비키들은 레닌의 모든 이론적·전략적 가정을 시종일관 거부했다. 가령 레닌이 4월 페트로그라드로 돌아와서 즉시 사회혁명을 요구했을 때 볼셰비키 다수가 반응을 보이지 않았다.[19] 이런 영향으로 인해 4월 말에서 7월까지 당중앙위원회는 온건 성향을 유지했다.[20] 또한 5월과 6월에 구성된 농민과 노동자-병사 소비에트는 수적으로 임시정부보다 더 큰 대표성을 갖고 있었지만, 전 러시아 소비에트의 중앙기관들은 9월까지도 온건 사회주의 정당, 즉 사회민주주의의 멘셰비키당●●●과 신新인민주의의 사회주의혁명가당 지도자들이 이끌었고, 이들은 임시정부에 도전하는 데에는 관심을 보이지 않았다.[21] 그에 반해서 당대 문서에 나타난 공장 노동자와 병사와 수병들의 열망과 관심사는 레닌과 볼셰비키가 내놓은 정치, 경제, 사회 개혁 강령과 가까이 일치했던 반면, 다른 모든 주요 정당은 그렇지 못했다.[22] 특히 '4월 위기' 이후 온건 사회주의자들이 임시정부에 참여하면서 대중은 온건 사회주의자들을 임시정부의 결점과 동일시하기 시작했다.[23]

따라서 볼셰비키 내부에만 이견이 있는 것이 아니라, 소비에트 지도부와 아래로부터 촉발된 대중의 요구 사이에도 심각한 균열이 있었다고 보아야 한다. 이런 차이점은 7월 3~4일 페트로그라드/크론슈타트에서 발생한 무장봉기를 소비에트 지도부가 거부한 데에서도 극명하게 드러난다. 하지만 당시 무장투쟁에 대해서는 레닌 역시 자제를 요청했던 점에서 레닌-볼셰비키와 아래로부터의 혁명적 요구 사이에도 일사불란한 연결망이 있다고 볼 수 없다.

그러나 볼셰비키는 시종일관 임시정부에 참여하지 않은 채 노동자, 농민, 병사들의 열망을 반영하는 강령을 외치면서 소비에트에로의 권력 이양을 요구하는 소리를 높여나간 결과, 2월 페트로그라드에서 볼셰비키는 2000명 정도였는

● Lev Borisovich Kamenev. 11월 혁명에 참가한 뒤 공산당 간부로 활약하다가 스탈린과 대립하여 제명되었으며, 1934년에 키로프 암살 사건에 연좌되어 1936년에 처형당한 소련의 정치가.
●● Grigory Yevseyevich Zinovyev. 레닌을 도와 볼셰비키의 확립에 노력하여 요직을 두루 거쳤으나, 스탈린과 대립하여 당에서 제명된 뒤 처형당한 정치가.
●●● 레닌이 이끄는 볼셰비키와 대립했던 러시아 사회 민주 노동당의 자유주의적 온건파. 당의 지도적 역할을 부정하고 합법적인 테두리 안에서 혁명운동을 펼칠 것을 주장했다.

데 반해, 4월 협의회 개최시 1만6000명, 6월 말에는 3만2000명으로 늘어났고, 수비대 병사 2000명이 볼셰비키 군사조직에 가담했으며, 병사 4000명은 프라우다 클럽에 가입했다.[24] 이런 증가세는 임시정부에 참여한 온건 사회주의자들과 대중의 혁명적 요구 간의 간격이 커지는 데 비례하여 더욱 커져갔다.

　레닌 역시 무장봉기의 입장을 일관되게 견지한 것은 아니었다. 레닌이 임시정부에서 소비에트로의 평화적 권력 이양전술(4월 테제)을 포기한 것은 7월 26일 제6차 당대회였지만, 핀란드로 망명한 후 8월 말 대코르닐로프 전투를 경과하면서 7월 사태 이전의 '4월 테제'와 (다수파 사회주의자들과의 제휴도 인정하는) 온건파의 평화적 전술 강령으로 되돌아갔다. 9월 전반기 동안 레닌은 온건파와의 타협에 관심을 기울였다. 그러나 9월 12일, 14일 편지에서는 갑자기 비타협적인 방향으로 선회한다.[25] 하지만 9월 21일 개최된 볼셰비키당 중앙위원회에서 여전히 타협안이 승리를 거두자, 레닌은 '한 평론가의 일기에서'라는 논설을 통해 당을 강력히 비판했고, 중앙위원회 사퇴서를 내놓기까지 했다.[26] 이후 격렬한 논란 끝에 당내의 반대를 이겨내고 레닌의 무장봉기안이 10대 2(카메네프와 지노비예프의 반대)라는 표차로 채택되는 것은—무장봉기 개시를 겨우 10일 앞둔—10월 10일 당중앙위 회의에서였다.[27]

　이렇게 볼 때 러시아혁명 과정은 2월 혁명에서 10월 혁명으로 일사불란한 상승 운동의 형태를 취하고 전진하기보다는 다양한 세력 간의 이견들이 충돌하는 가운데 지그재그로 움직였으며, 오히려 마지막 보름이라는 아주 짧은 기간에 무장봉기를 향해 급속하게 나아갔던 셈이다. 이런 의미에서 러시아혁명이야말로 20세기 역사 과정 전체에서 예측 불가능하게 극적인 형태로 폭발성을 드러내 보인 정치적 사건이었다고 할 수 있다.

하지만 그저 드라마틱하다고 기술하는 것과 그 드라마틱한 혁명 과정 내에 일련의 규칙이 내재해 있음을 밝혀내는 것은 전혀 다른 문제다. 나는 후자의 입장에서 러시아혁명의 진행 과정에는 놀랍게도 실제로 정확하게 드라마틱한 규칙(할리우드 상업영화의 표준 플롯)이라고 부를 수 있는 어떤 규칙이 발견된다고 주장하려 한다. 그리고 이어서 이 규칙은 앞서 바라바시가 말하는 예외 값을 가진, 멱함수 분포를 이루는 폭발성 주기, 레비 비행 같은 보편적 궤적과 매우 흡사하다는 것을 설명하고자 한다.

이 발견적 기술을 명료하게 하려면 우선 두 가지 전제가 필요하다. 첫째, 분석 대상인 러시아혁명의 시간대를 최대한 좁게 설정해보는 것이다. 넓게 설정하여 1905년까지 소급하거나 혁명 이후의 긴 과정 모두를 포함하게 되면 분석 대상이 몹시 흐려지기 때문이다. 이 때문에 여기서는 1년(1917년) 동안의 시간대 중에서 2월 23일 대중봉기에 의해 구체제가 정지되고, 3월 초 임시정부가 출범한 때로부터 시작하여 10월 26일 볼셰비키가 겨울궁전을 점령해 혁명정부가 출범하는 시기까지의 제한된 기간을 분석 대상으로 삼고자 한다. 둘째, 혁명 과정의 복잡다단한 사건 중에서 좌우 세력 관계의 흐름에서 변곡점을 이루는 사건들만을 추려내어보는 것이다. 그래야만 혁명적 흐름의 위상학적 연관 관계를 명확히 할 수 있기 때문이다. 즉 세력들의 충돌에 의해 세력 관계의 흐름이 시간이 지나면서 변화하는 과정을 좌에서 우로 우에서 좌로 방향을 꺾는 특이점들의 궤적으로 이어보면, 혁명의 정치적 리듬을 포착할 수 있다는 것이다.

여러 사건이 진행되는 동안 출발 당시에는 볼셰비키 내에서도 고립되어 있었던 레닌이 볼셰비키를 주도하게 되고, 소비에트 내에서 소수파였던 볼셰비키가 다수파로 전환하면서 최종적으로 무장봉기를 통해 정치권력을 장악해가는 데 결정적 분기점이 되었던 중심 사건들을 분류해보면 다음과 같다.

> (1) 4월 24일: 4월 3~7일 사이 레닌의 귀국과 4월 테제 발표 이후 전국 볼세비키 당 협의회에서 레닌의 부분 승리
> (2) 9월 1일: 페트로그라드 소비에트에서 과반수가 볼세비키안의 최초 찬성
> (3) 10월 21일: 볼세비키 군사위원회가 수비대 지휘권 장악
> (4) 10월 26일 볼세비키 겨울궁전 점령

물론 혁명의 전반기에 (1)과 (2)는 주목할 만한 사건이라고 할 수 없고 오히려 두 차례의 대중봉기와 1, 2차 연립내각의 수립 등이 더 큰 사건이다. 그럼에도 불구하고 (1)과 (2)를 중심 사건으로 설정한 것은 레닌이 볼세비키 내부에서, 그리고 볼세비키가 소비에트 내부에서 주도권을 쥐기 시작한 변곡점에 초점을 맞추었기 때문이다. 이 네 가지 중심 사건에 소요된 시간적 간격은 '60일-130일-40일-6일'이다. 그런데 이런 시간적 간격은 놀랍게도 할리우드 영화의 표준 플롯의 시간구성 비율과 거의 일치한다.

할리우드의 대표적 시나리오 작가인 로버트 맥기의 『시나리오 어떻게 쓸 것인가Story: Substance, Structure, Style, and the Principles of Screenwriting』에 따르면, 2시간짜리 할리우드 영화의 표준 플롯에서 중심 사건의 시간 배치는 '30분-70분-18분-2분'의 간격으로 이루어진다. 또한 보조 사건의 시간 배치는 '1분-15분-25분-45분-50분-60분-75분-90분' 정도의 간격으로 배치된다. 러시아혁명 과정에서 나타난 중심 사건과 보조 사건의 배치를 할리우드 영화 표준 플롯의 중층 구조를 적용하여 재구성해보면 표1과 같은 배치표를 만들 수 있다.

표1 러시아혁명 과정의 중심 사건과 보조 사건의 플롯 구성표

월일	2/23	4/24	9/1	10/21	10/26
중심 플롯 (볼셰비키의 세력화)		30분 (60일)	70분 (130일)	18분 (40일)	2분 (6일)
보조 플롯 ① (정권 위기)		25분(4월 21일) 1차 연립내각	60분(7/3-4 위기) 2차 연립내각	(9/25) 3차 연립내각	
보조 플롯 ② (소비에트) (볼셰비키)		15분(4월테제)	45분 (5-6월 전국대회)	75분 (8월 3일 볼셰비키 당대회)	
보조 플롯 ③ (무장투쟁)	1분(2/27)		50분(?)	90분(8/24-29)	118분(10/21~)

이렇게 드라마 구조인 '문제 발생–해결책을 찾기 위한 갈등–반전과 심화된 위기와 절정–최종 해결'에 이르는 표준적인 시간 리듬 그리고 '정치적 갈등–위기–해결책'이 만들어지는 역사적 행동의 시간적 리듬 양자 사이에는 공통적인 리듬 패턴이 있다. 주인공과 적대 세력이 각기 조력자의 도움을 얻어 갈등, 투쟁하며 온갖 장애물을 돌파하여 최종적으로 목표를 성취해내는 극적인 과정에서 대중이 가장 보편적으로 선호하는 리듬 패턴을 찾아내어 만든 표준 플롯은, 실은 폭발성 주기를 가진 인간 행동의 리듬 패턴에 대한 대중적인 선호도를 의미하는 것에 다름 아니다. 이런 대중심리가 바로 러시아혁명의 리듬 패턴에서도 동일하게 나타나는 셈이다.

이 공통적인 리듬 패턴은 도입과 전개 과정에서는 길게 늘어지며 낮은 수준의 반전을 거듭하던 시간적인 리듬이 중반부에 들어가 한 번의 결정적 실패 이후 위기를 겪고, 후반부에 이르면 두 번째 위기를 극복하면서 절정을 향해 치닫기 시작한다. 그리고 마지막에는 아주 빠른 호흡으로 절정에 달하면서 막을 내리는 변증법적인 구조로 이루어져 있다. 바라바시의 이론을 활용하면 이 리듬

은 일상적인 가우스 분포와 예외적인 멱함수 분포의 결합 구조를 이루는 형태인 셈이다.

전반부에서 나타나듯이 엎치락뒤치락하는 작은 반전의 평균분포(가우스 분포)를 거쳐, 7월 페트로그라드/크론슈타트 무장봉기 실패 이후, 후반부에서는 연립정부의 무력 진압과 무장봉기 간의 대결 양상으로 치닫는 과정을 거쳐 폭발성 주기(멱함수 분포)가 나타난다. 이런 전환이 일어나는 결정적 이유는─바라바시의 이론에 따르면─'우선순위 설정'이다. 우선순위 설정을 둘러싼 갈등은 좌파와 우파 양 진영 모두에서 나타난다. 우파 내에서는 7월 봉기를 겪은 후 강력한 질서 수립의 필요성을 느낀 두 세력, 즉 케렌스키(사회주의혁명가당)와 코르닐로프(입헌민주당과 우익들) 간의 경합 및 갈등 과정에서 코르닐로프의 군사쿠데타가 시도된다. 좌파 내에서는 코르닐로프 쿠데타와 케렌스키의 시도 등에 대항하기 위해 레닌의 무장봉기안이 채택되는 반전이 이루어진다. 물론 볼셰비키 내부에서 카메네프/지노비예프 등의 반대파가 계속 이견을 제출하지만, 무장봉기에 우선순위를 정한 레닌과 트로츠키의 빠른 행보가 군사혁명위원회의 행동을 폭발성 주기의 방향으로 이끌면서 혁명에 성공하게 된다.

레닌과 볼셰비키는 때 이르게 갑작스레 터져나온 7월 크론슈타트 수병의 무장봉기에 자제를 요청했고, 이를 계기로 케렌스키 정부에 의해 체포와 괴멸 위험에 처하기까지 했다. 게다가 소비에트 지도부는 케렌스키와 협력하면서 변화를 거부했고, 엄격한 질서 회복을 위한 권위주의 정부로의 전환을 모색한 케렌스키와 코르닐로프 간 경쟁과 무력 쿠데타의 흐름이 확대되었다. 이런 가운데 볼셰비키 입장에서 이에 맞서는 무장봉기 전술로의 전환이 불가피했다고 볼 수 있다. 만일 4분의 3 지점 이후에도 볼셰비키가 무장봉기안을 채택하지 않고 전반부처럼 대중적 파업 전략을 반복, 고수했을 경우 무력 진압을 선호하는 제2의 케렌스키, 코르닐로프가 등장하지 않으리라는 보장이 없었기 때문이다. 이런 흐름을 종합하여 다이어그램으로 그려보면 다음과 같다(그림1 참조).

이렇게 적대 세력 간의 변증법적인 길항 관계는 사실상 모든 드라마틱 갈등의 보편적 구조이기도 하다는 점에서, 무장봉기에 대한 요구는 당시의 긴장

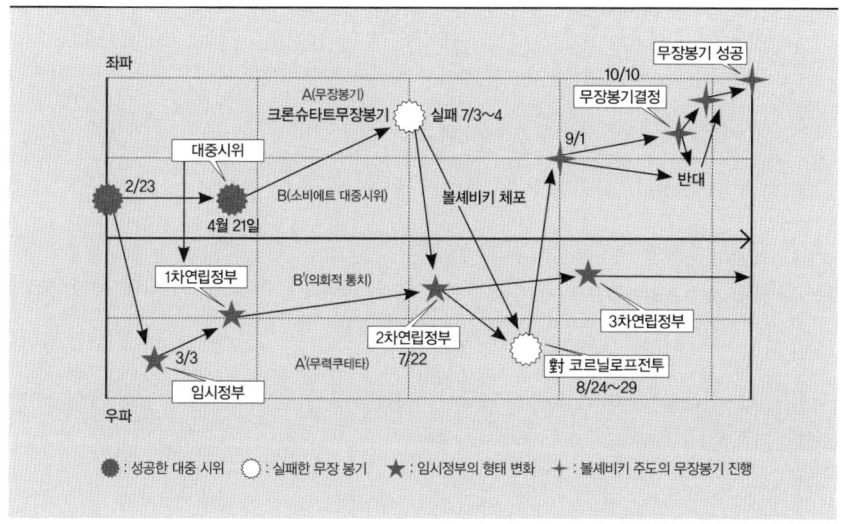

그림1 러시아혁명의 적대적 갈등과 우선순위의 전개 구조

된 상황에서 나타나는 정치적 리듬 패턴 속에서 행동했던 대중의 역동적 요구를 잘 반영한 것이라고도 할 수 있다. 레닌의 탁월함은 전체 혁명 과정이 진행되는 동안 이런 형태의 변증법적 리듬을 정확하게 간파한 뒤, 매 변곡점마다 적합한 행동 강령을 제시하면서 빠르고 일관되게 우선순위를 설정하고 조직을 주

도해갔다는 점에 있을 것이다. 이런 맥락에서 되돌아보면 레닌 자신이 의식했든 아니든 간에 레닌을 러시아혁명이라는 거대한 '논픽션 드라마'의 정치적 리듬을 정확하게 간파하여 탁월하게 연출한 감독이라고 불러도 과언이 아니라고 할 수 있다.

저항의 시간을 준비하며: 정치적 리듬 분석의 전망

이와 같은 정치적 리듬 분석을 통해서 얻는 것은 무엇인가? 우선 1917년의 폭발성 주기에서 주목해야 할 지점은 10월 중하순 '열흘간의 무장봉기' 자체가 아니라, '레닌과 볼세비키-소비에트-임시정부-우익쿠데타 세력' 간에 나타난 '무장봉기-대중봉기-의회주의-무력 쿠데타'라는 상이한 정치적 흐름 간의 복잡한 변증법이다. 앞서 말했듯이 이 리듬은 가우스 분포와 멱함수 분포의 이중적 결합 형태를 취하고 있다. 여기서 중요한 것은 1917년 이후 유럽에서 볼세비키의 전략이 성공했는가 아닌가에 있는 것이 아니라, 이 리듬의 이중 구조가 1919년 코민테른●의 발족 이후 유럽과 세계 전역에서 유사한 형태로 반복되었다는 점이다. 물론 유럽 지역에서 1917년 볼세비키 모델은 실패했고, 그 대신 정세를 주도한 것은 멘세비키적인 사회민주주의 혹은 극우 정권이었다.

그런데 이런 차이는 볼세비키 모델이 전쟁의 진행 과정에서 실행되는가, 아니면 전쟁 종료 후에 진행되는가의 여부와 밀접한 관련이 있다고 보아야 한다. 러시아와 중국에서 무장봉기가 성공한 것은 제1차 대전과 항일 전쟁의 진행 과

● 공산당의 통일적인 국제 조직. 1919년에 레닌의 주도 아래 소련공산당과 독일사회민주당 좌파를 중심으로 창립되어 국제 공산주의 운동을 지도하다가 1943년에 해산되었다. 제3인터내셔널이라고도 부른다.

정에서 전쟁 중단을 갈망하는 대중 및 병사들이 전쟁을 지속하려는 정부와 강력한 대결 구도를 형성했던 점과 깊은 연관이 있다. 반면 유럽에서는 정부와 대중 간의 강력한 대결 구도가 소멸된 전후에, 또한 노동계급 내부에서도 멘셰비키적 경향이 주도하고 있는 가운데 성급하게 볼셰비키 모델을 적용하려 했기에 성공할 수 없었다.

또 한 가지 주목해야 할 점은 1917년 레닌의 전략적·전술적 행보와 레닌이 죽은 1924년 이후 스탈린의 일국사회주의● 전략에 종속된 코민테른 및 각국 공산당 정책 간의 중요한 차이다. 일반적으로 서구 역사가들은 레닌의 혁명 전 이론/전략과 스탈린주의 간의 연속성을 강조해왔다. 그러나 레닌의 이론과 전략은 일괴암─塊巖적이고 정체된 형태가 아니라 세계정세에 대응하며 발전해왔고 유연성이 있었다. 레닌은 중앙집중주의와 대중 주도, 정치적 의지와 경제결정주의, 강제와 대중적 설득, 직관적인 도박과 정보에 입각한 계산 사이에서 팽팽하게 움직였으며, 긴장과 변화는 레닌 사고의 핵심이었다. 사민주의에 대한 집요한 불신에도 불구하고 레닌은 국제주의적 전망을 잃지 않았고,[28] 그가 죽고 난 후에는 두 번 다시없었던 다원주의와 공개토론을 계속 유지했었다.[29] 이런 특징 때문에 케빈 맥더모트는 레닌 당시의 코민테른이 다섯 가지 모순으로 특징지어진다고 주장한다. 첫째, 공산주의적 다원주의와 볼셰비키 중앙주의 사이의 긴장. 둘째, 레닌의 볼셰비키 보편화 전략에 내재한 국제주의와 러시아적 특수성 간의 긴장. 셋째, 노동자계급과 중간계급을 연결하여 대중적 공산당을 강화하려는 계획과 엄격한 규율 사이의 긴장. 넷째, 사민주의자들과의 '공동전선'(1921~1928년 코민테른 노선) 노선과 유럽 멘셰비키에 대한 볼셰비키의 반감 사이의 불화. 다섯째, 세계 혁명에 대한 공약과 소비에트 국가 이익과의 불편한

● 1924년에 스탈린이 주장한 사회주의 건설에 관한 이론. 트로츠키의 영구 혁명론에 반대하여, 서유럽 혁명운동의 지원 없이 소련만으로도 혁명 정권을 유지하고 사회주의를 건설할 수 있다는 내용이다.

관계가 그것이다.³⁰ 그런데 사실 이런 긴장과 모순은 새로운 것이 아니라 이미 1917년 러시아혁명 과정에서 모두 드러났던 것이며, 레닌은 정세에 따라 멘셰비키와의 타협 혹은 대립이라는 유연성을 보여준 바 있다.

그러나 레닌 사망 이후 스탈린 시대에 접어들면서 코민테른의 볼셰비키화가 노골적으로 추진되어 점차 전자의 측면이 제거되고 후자가 강조되는 방향으로 전개되었다. 그러나 이런 모순은 쉽게 해소되지 못한 채 코민테른의 전술은 지그재그 행보를 계속했다. 1924년은 좌익으로 선회, 1925~1926년은 부하린●의 감독하에 불확실한 중도의 길로, 1927~1928년은 악명 높은 좌익으로 선회했다.³¹ 1928~1933년 코멘테른 제3기에 스탈린은 러시아혁명은 세계 혁명에 의존한다는 레닌의 기본 입장을 뒤집어 세계혁명은 소련에서의 사회주의 건설에 의존한다는 것으로 바꾸었다.³² 아울러 좌파 사민주의자를 공산주의의 최대의 적으로 규정하면서 '초좌익'으로 선회했고, 코민테른을 스탈린주의화시켰다. 그 결과 코민테른은 많은 손실을 입었고, 히틀러의 권력 장악에 의해 위기로 내몰렸다. 이에 대응하여 각국 공산당은 독자 노선을 모색, 1934년 프랑스 공산당 주도로 인민전선이 시행되었다. 이런 흐름 때문에 1935년 7월 코민테른 제7차 대회에서는 '위–아래로부터의 반파시스트 동맹 노선'이 채택되지 않을 수 없었다. 그러나 트로츠키주의에 대한 스탈린의 개인적 복수가 1937년 5월 카탈로니아에서 스페인 마르크스주의 통일노동자당과 아나키스트에 대한 잔인한 공격으로 이어지면서, 공화국 진영 내 격렬한 불화와 프랑코의 군사적 승리를 조장했다. 이로써 코민테른의 유연한 정책과 반파시스트 통일이라는 목표 확보의 기회에 쐐기를 박고 말았다.³³

이 두 가지 측면을 종합해보면, 1917년 러시아혁명의 경우나 1919년 창설

● Nikolay Ivanovich Bukharin. 스탈린과 대립하여 농업 집단화 강행에 반대하다 숙청당했던 소련의 정치가이자 경제학자. 3월 혁명 직후 모스크바의 볼셰비키를 지도했으며 11월 혁명 후 당 기관지 「프라우다Pravda」의 편집장을 맡기도 했다.

이후 1937년 인민전선의 실질적 중단에 이르는 코민테른의 활동기 동안 가장 큰 특징은 볼셰비키와 멘셰비키, 볼셰비키 내에서의 다양한 입장들, 그리고 러시아와 유럽 내 대중운동에서 발생한 불균등성 간의 모순적·복합적인 관계망의 변증법적인 리듬이라 할 수 있다. 대립물의 모순적 통일과 투쟁이라고 요약할 수 있는 변증법적 과정에서 대립물의 통일이 상생(선순환)의 방향으로 혹은 상극(악순환)의 방향으로 나아갈지는 미리 결정되지 않는다. 상생에 이르면 혁명은 성공할 수 있지만, 상극에 이를 때 혁명은 소멸될 수밖에 없다. 결국 레닌이 주도했던 1917~1923년의 혁명 과정에서 변증법적 리듬이 상생의 방향으로 나아간 데 반해, 레닌 사후 스탈린 시대로 접어들면서 변증법적 리듬은 '민주 집중제'의 긴장을 상실하고 지속적으로 스탈린주의적인 환원주의로 경도되면서 상극의 방향으로 나아갔다고 평가할 수 있다.

그러나 국제공산주의 운동의 실패를 스탈린의 일국사회주의나 스탈린 일인숭배의 책임으로만 돌리기는 어렵다. 맥더모트 등이 강조하듯 첫째, 이 시기에 거의 모든 공산당은 기존 질서에 심각하게 도전할 수 없는 매우 약한 소수의 조직이었고, 많은 노동자는 개량주의적 사민주의의 이상에 헌신하고 있었다. 둘째, 유럽과 북미의 자본주의는 세계대전을 거친 후 1920년대에 들어와 '개조'되면서 안정되었고 상황을 본질적으로 비혁명적으로 만들었다. 이탈리아와 동유럽의 우익 권위주의 정권은 사회주의 활동의 모든 싹을 무자비하게 잘라버렸다. 게다가 대공황을 맞은 1930년대에는 파시스트의 탄압이 더욱 강해져 대다수 공산당의 처지는 나빠졌다. 이런 이유에서 맥더모트 등은 코민테른에 대한 판단을 성공 혹은 실패라는 단일 쟁점으로 축소해서는 안 되며, 다양한 측면에서 부정적·긍정적인 면들이 혼합되어 있었다는 사실에 주목하자고 제안한다.[34]

이에 덧붙여서 맥더모트 등은 혁명 이전의 볼셰비즘이 비교적 '폭넓은 교파'였으며, 1923~1924년, 1928~1929년, 1934~1935년에도 대안적 길로 나아갈 가능성이 있었지만, 테러와 결합되어 사회주의 이상에 셀 수 없는 손실을 가했던 스탈린주의의 초중앙집중화·관료화를 통해 공산주의의 이상을 죽게 만든 씨앗은, 결국 최초의 레닌주의적 처방(특수한 볼셰비키 모델의 보편화 시도)에서 찾아야 한다는 결론을 피하기 어렵다고 주장한다.[35]

하지만 스탈린주의가 실패한 원천이 레닌주의적 처방에 있었는가 아닌가를 두고 벌어진 그간의 논쟁은 역사의 흐름을 매우 협소하게 보는 데서 기인한다. 50~100년 단위로 교체되는 헤게모니 순환과 같은 장기적 관점에서 보면 전혀 다른 평가가 가능하다. 청년 마르크스는 향후 발생할 혁명의 발발과 실패의 반복을 예상하듯이 『독일 이데올로기』에서 다음과 같이 주장한 바 있다.

> 만약 완전한 혁명을 위한 이들 물질적 요소들이 준비되지 않는다면, 즉 한편으로는 당시의 생산력, 다른 한편으로는 혁명적 대중의 형성—현 사회의 일면적·부분적 상태에 반대해서만이 아니라, 현재의 '생활의 생산' 자체에 반대하여, 현 사회의 토대인 '총체적 활동'에 반대하여 혁명을 일으키는 혁명적 대중의 형성—, 이 양자가 존재하지 않는다면 그때는 아무리 저 혁명의 이념이 수없이 외쳐진다 하더라도 그것은 실천적인 발전과는 전혀 무관한 것으로 되어버린다. (…) 공산주의의 역사가 이를 증명하고 있다.[36]

내가 다른 글(『문화/과학 68호』, 「19세기 유토피아에서 21세기 유토피스틱스로」)에서 주장한 바와 같이, 이제까지의 공산주의 혁명은 생산력과 혁명적 대중의 형성이라는 두 가지 물질적 요소를 "동시에" 갖추지 못했기 때문에 모두 실패할 수밖에 없었다. 1917년 러시아혁명과 1949년 중국 혁명은 후자는 갖추었다. 그러나 전자를 갖추지 못한 상태에서 발생했기 때문에 결국 혁명적 동력은 낙후된 생산력을 발전시키는 일에 소진되었다. 결국 양자는 '국가자본주의'와 '사회주의 시장경제'라는 기이한 혼합물로 퇴행하고 말았다. 반면 서구에서의 68혁명은 전자는 갖추었지만, 후자가 형성되지 못했기에 실패하고 말았다. 이 문제를 구조적으로 분석하려면 다시 마르크스로 돌아가야 한다.[37]

여기서 마르크스가 말하는 '생산력의 발전'은 단순히 기술적인 의미에서 '생산수단의 고도화'만을 의미하지 않는다. 우선 그가 말하는 '생산력'은 '자연적 소재와 에너지+생산수단+노동력'의 '결합'을 의미하는 것이므로 기술이 곧 생산력인 것이 아니라 기술은 생산력의 한 요소일 따름이다. '발전'이란 이 결합 방식이 지역적 차원을 넘어서 세계적 차원으로 확산되는 것을 의미한다. 이런 이유에서 마르크스는 생산력 발전이 혁명의 전제 조건임을 다음과 같이 설명한 바 있다.[38]

> 한편 이 생산력의 발전(이는 동시에 인간이 지역적인 존재가 아니라, 그들의 세계사 속에서 현실적으로 경험적으로 존재하고 있다는 의미를 내포한다)은 다음과 같은 이유에서도 절대적으로 필요한 현실적인 전제이다. 즉, 첫째로는 생산력의 발전 없이는 단지 궁핍만이 일반화될 뿐이고, 따라서 궁핍과 함께 필수품을 둘러싼 투쟁이 다시 시작되지 않을 수 없어 온갖 해묵은 더러운 일들이 다시 발생하게 될 것이기 때문에, 그리고 둘째로는 생산력의 세계적 발전과 함께 비로소 인간의 보편적 교류가 확립되고, 따라서 한편으로는 '무산자' 대중이라는 현상을 모든

국가 속에서 만들어내고(보편적 경쟁), 다른 한편으로는 각 국가는 다른 국가의 혁명적 변화에 의존하지 않을 수 없게 만들어, 결국에는 지역적으로 국한된 개개인들을 세계사적이며 동시에 경험적으로도 보편적인 개인들로 바꾸어놓기 때문이다. 위의 것들 없이는 (1)공산주의는 단지 하나의 지역적 현상으로만 존재하며, (2)교류의 '힘' 역시 보편적인 것으로, 즉 견딜 수 없는 힘으로까지 발전할 수 없으며, 미신에 둘러싸인 우물 안 개구리 신세를 벗어나지 못한다. (3)교류의 확장은 지역적 공산주의를 없애버릴 것이다. 경험적인 면에서 예상할 때, 공산주의는 오직 '일거의' 또한 '동시적인' 행동에 의해서만 가능하며, 이는 다시 생산력과 그와 연결된 세계적 교통의 보편적 발전을 전제로 한다.[39]

이렇게 보면 이제까지 자본주의를 극복하고자 시도했던 어떤 혁명도 결코 성공할 수 없었던 것이 당연한 셈이다. 생산력의 세계적 발전과 함께 인간의 보편적 교류가 확립되는 일은 오늘과 같은 '유비쿼터스 시대'의 도래와 더불어 비로소 가능해진 일이기 때문이다. 이는 곧 오늘에 이르러서야 마르크스가 말한 세계적 차원의 공산주의 혁명이 일어나기 위한 전제 조건 하나가 비로소 충족될 수 있게 되었음을 의미한다. 그렇다면 또 다른 조건인 "혁명적 대중의 형성"은 어떠한가?

마르크스에게 생산력이 단순한 기술이 아니듯이 혁명적 대중은 단순히 봉기하는 대중이 아니다. 마르크스에 의하면 혁명적 대중은 "각 사람들을 각종의 국민적 또는 지역적 한계로부터 해방시키고 그들로 하여금 전 세계의 생산(정신적인 생산을 포함하여)과 실천적으로 관계를 맺게 하고, 또한 전 지구를 이렇게 모든 측면에서 전면적으로 생산해내는 즐거움을 누릴 능력"을 지닌 대중, "전반적인 상호 의존 즉, 각 사람들 간의 이 자연필연적인 '세계사적' 협동 형태"를 이룰 수 능력을 갖춘 대중을 의미한다.[40]

> 공산주의 의식이 대규모로 만들어지기 위해서도, 또한 그 목적 자체의 승리를 위해서도 광범위한 인간 변혁이 필요한데, 이 변혁은 오로지 실천적인 운동 즉 '혁명' 속에서만 이루어질 수 있다. 그러므로 혁명이 필요한 까닭은 단지 지배계급이 달리 타도될 '방법이 없기 때문'만이 아니라, '타도를 수행하는' 계급은 오직 혁명 속에서만 모든 낡은 찌꺼기를 떨쳐버리고 사회를 새롭게 건설할 능력을[41] 몸에 갖출 수 있기 때문이다.[42]

세계적 차원에서 보면 최근 1~2년 사이에 파죽지세로 확산된 중동 혁명과 유럽과 미국 등지에서 빈발하고 있는 대중 시위와 폭동, 한국의 '희망 버스' 물결 등은 오랫동안 위축, 소멸되었던 대중운동이 세계적 차원에서 새롭게 형성되어 시작하고 있음을 알리는 명백한 지표다. 물론 이렇게 봉기하는 대중과 마르크스가 말한 혁명적 대중의 형성과는 아직 상당한 거리가 있다.

하지만 앞서 말한 가우스 분포와 멱함수 분포의 변증법적 리듬이라는 관점에서 보자면, 최근 전 세계적으로 나타나고 있는 대중적 에너지의 분출은 미국 헤게모니의 해체와 더불어 다시 도래할 가능성이 높은 새로운 폭발성 주기의 징후라고 볼 수 있다. 유럽 금융위기의 확산과 더불어 전 지구적 차원의 축적 위기와 통치성의 위기가 증폭되고 있고, 전 지구를 하나로 연결하는 SNS를 매개로 인간 행동의 전파 속도가 급속히 증가하고 있어, 어디선가 조만간 이런 폭발성 주기가 발생할 수 있다고 가정하는 것이 그렇지 않다고 가정하는 것보다 더 합리적이라고 본다.

한국의 경우도 1960~2007년까지 45년 이상 초고속성장을 계속해왔지만 2008년 이후 성장률이 급속히 저하되면서 '성장 한계'에 이르렀고, 2008년 미국과 유럽의 금융위기 확산에 따른 세계경제의 위기와 맞물려 모순이 심화되는 과정에서 출현한 '신자유주의 경찰국가'의 노골적 통치 방식에 대해 젊은 세대와 노동자 계급의 저항이 점차 거세지는 방향으로 정세가 바뀌고 있다. 그간 한국 현대사의 역동성을 만들어내었던 여러 중장기 주기가 겹치게 될 2010년대 중반에 접어들면 한 세기 전과 유사한 폭발성 주기가 다시 등장할 가능성이 높다. 그리고 과거와 달리 자본주의가 포화 상태에 이른 오늘날에는 행위의 주체가 계급 구성에만 의존하지 않는다는 점에 주목해야 한다. 내가 다른 글(『문화/과학』 62-63호, 「세대의 정치경제학 비판」)에서 논증했듯이, 오늘날 계급 갈등은 세대적·지역적·성차적 '치환-응축-폭발'이라는 중층적인 방식으로 관철되고 있기 때문이다. 2012년 19대 총선에서 확연하게 나타난 '20대~40대＝민주통합당' 대 '50대~60대 이상＝새누리당'이라는 세대 간 대결 구도와, '수도권＝민주통합당' 대 '비수도권＝새누리당'이라는 지역 간 대결 구도는 한국 사회의 압축성장이 만들어낸 계급 갈등의 세대적·지역적 치환을 보여주는 것이다.

향후 대공황과 맞물려 구조적 모순이 심화될수록 계급적·세대적 행위 양식의 급진화가 예상된다. 이 양자가 맞물려 만들어낼 변증법적 리듬 분석을 정교화하고, 이것으로부터 폭발성 주기를 예측해내기 위해서는 지난 20여 년간 나타난 계급적·세대적 행위 양식의 궤적에 대한 통계 연구(지방선거/총선/대선의 세대별·지역별·성차별·계급별 투표율/지지율 등)를 축적하여 엄밀하게 체계화할 필요가 있다. 이런 통계적 궤적으로부터 행위 양식의 가우스 분포와 멱함수 분포가 얽혀가는 추세를 정확하게 추출하여, 긴 시간대와 짧은 시간대의 다양한 행위 양식을 비교 분석한다면, 다가올 폭발성 주기를 보다 정확하게 예측할 수 있지 않을까 싶다. 이럴 경우 정치학은 이론적으로는 협소한 분과 학문의 수준을 넘어 통합 학문적 지평을 새롭게 개척하면서, 실천적으로는 그동안 상실해왔던 정치적 힘을 회복할 수 있을 것이라고 본다.

더 읽어볼 책들

1. 앨버트 라즐로 바라바시 지음, 『버스트: 인간의 행동 속에 숨겨진 법칙』, 강병남·김명남 옮김, 동아시아, 2010

이 책은 휴대전화에서 월드와이드웹의 사용, 전쟁에서 질병에 이르기까지 세상사의 온갖 다양한 인간 행동이 무작위적일 것이라고 생각해왔던 기존의 상식을 뒤엎고, 그 모든 현상이 예측 가능한 폭발적 패턴을 따르고 있다는 사실을 '척도 없는 네트워크'라는 개념을 통해 과학적으로 규명하고 있다.

2. 케빈 맥더모트·제레미 애그뉴 지음, 『코민테른: 레닌에서 스탈린까지 국제공산주의 운동의 역사』, 황동하 옮김, 서해문집, 2009

이 책은 한동안 "역사의 쓰레기통"에 버려졌던 코민테른의 역사를 1960년대부터 발표된 서구 학계의 코민테른 문헌, 소련 붕괴 이후 개방된 모스크바 중앙당 문서고 사료, 영국 공산당 문서고 등 다양한 사료를 통해 비교 분석하여 재조명하면서, 코민테른의 볼세비키화가 유럽 및 세계 각국의 공산당의 부침과 어떻게 상호작용했는지를 체계적으로 분석하고 있다.

3. 조반니 아리기 지음, 『장기 20세기: 화폐 권력 그리고 우리 시대의 기원』, 백승욱 옮김, 그린비, 2008

이 책은 500여 년에 걸친 자본주의의 세계체계의 역사적 전개 과정을 실물 팽창과 금융 팽창이라는 두 국면을 가진 하나의 장기지속적인 축적체계/헤게모니 주기가 네 차례 반복되면서, 지중해 연안에서 지구 전체로 확장되어온 과정으로 분석한 뒤, 자본주의의 역사를 선형적 시간이 아닌 차이를 가진 주기적 반복의 시간으로 파악했다.

5강

신보수정권 시대, 민주주의 좌파의 길을 모색하다

조희연

"결국 신자유주의적 지구화시대/포스트-민주화 시대에 다양한 민주주의 좌파가 — 사회주의적 민주주의 좌파, 생태주의적 민주주의 좌파, 여성주의적 민주주의 좌파, 자율주의적 민주주의 좌파 등등 — 어떻게 새로운 동맹 관계를 형성할 것인가. 이와 더불어 대중 투쟁을 어떻게 민주주의의 이름으로 급진화시킬 것인가가 관건이다"

민주주의는 논쟁적 개념이다. 상이한 시각과 이론들은 민주주의 자체를 각기 달리 인식하고 규정한다. 기관지 『노동자의 힘』(2008년 7월호)에서는 '자본가 없는 세상만이 진짜 민주주의'라는 표지 제목을 쓰고 있다. 이것은 우리가 민주주의를 가장 이상적인 형태로 확장해서 실현하고자 했을 때, 즉 최대주의적으로 구현하고자 했을 때의 어떤 모습을 보여준다. 많은 사회적 소수자의 투쟁 현장에서 우리는 '가부장적 지배와 차별이 없는 세상만이 진짜 민주주의' '장애인을 차별하는 민주주의는 가짜다'라고 하는 구호를 듣는다. 자본주의가 극복될 때 민주주의를 말할 수 있는가. 가부장제와 장애인 차별이 없어질 때만을 민주주의라고 이야기할 수 있는가. 더 나아가 모든 차별이 '차이'가 될 때라야만 민주주의를 말할 수 있는가. 우리가 이러한 물음에 긍정적으로 답하기 위해서는 역설적으로 민주주의를 새롭게 정의해야 하는 과제를 통과해야 한다고 생각한다.

　　한국사회는 이미―1987년부터를 기점으로 하더라도―20여 년 동안 민주주의의 역정을 거쳐왔다. 20여 년 전과 비교할 때 한국 민주주의는 현실 속에서 근본적인 변화를 겪었다. 87년 6월 항쟁 당시 거리에서 떠올렸던 민주주의를 기준으로 한다면―비록 최근 한국 민주주의가 퇴보하고 있다는 우려가 크지만―이미 민주주의는 상당히 진전되었다고 할 수 있을지도 모른다.

　　문제는 민주주의의 현실 자체는 변했는데 민주주의라는 '규범적 지도'는 20년 전 그대로라는 점이다. 한국의 사회 진보와 변화를 위해서 민주주의라는 것이 여전히 '희망의 언어'와 나침반으로 남아 있고자 한다면, 민주주의론 자체를 급진적으로 '진보화'시켜야 한다고 나는 생각한다. 왜냐하면 새로운 보수의 시대로 한국 사회가 이행한 것은, '민주주의를 급진적으로 확장('민주주의의 사회경제적 확장'도 그 일부가 될 것이다)하지 못한 진보에 대한 대중의 복수'라고 보기 때문이다(혹자는 '배고픈 민주주의에 대한 인민의 복수'라고 표현했다). 새로운 보수 정권하에서 핵심적인 과제가 있다면 바로 한 단계 높은 개혁을 민주주의의 이름으로 실현할 사회적·지적 기반들을 만들어나가는 것이다. 이러한 기반 가운데 '민주주의론 자체의 급진적 심화'도 위치할 것이다.

여전히 민주주의의 이름으로, 대중의 고통을 만들어내는 사회경제적 불평등성을 극복해갈 수 있어야 하고, '일제고사를 보지 않을' '급진적 자유권'이 확장되어가야 하며, 각종 사회적 차별을 획기적으로 극복해나가야 할 것이다. 민주주의의 이름으로 가야 할 여정이 아직도 많이 남아 있다면, 여정 내내 민주주의는 여전히 '불온한 언어' '급진적 언어'로 남아 있어야 하리라.

초자본주의적 입장에서
민주주의론의 가능성을 묻다

　87년 6월 항쟁으로 정점에 이른 반독재 민주화운동 내부에는 일종의 '민주주의 우파'와 '민주주의 좌파'가 있었다. 1987년 당시의 민주주의 좌파가 NL, PD, 레닌주의, 인민민주주의, 네오마르크스주의,• 진보적 자유주의 등으로 구성되어 있었다고 한다면, 이제 그것은 진보적 여성주의, 급진생태주의, 자율주의,•• 사회민주주의 등을 포괄하는 식으로 변화했다. 이들이 오늘날 다양한 현실 형태의 민주주의 좌파 혹은 급진민주주의자다. 한편 다양한 민주주의 좌파 간의 새로운 동맹 관계를 형성해내며, 현 단계 투쟁을 한 차원 높은 대중 투쟁으로 급진화시킬 것인가 하는 세력이 있다. 바로 그 연결 지점에 '민주주의의 급진화' 프로젝트가 있다. 민주주의의 급진화 프로젝트는 신자유주의적 지구화 시대/포스트-민주화 시대에 대응하여 민주주의 좌파가 신자유주의적 자본주의를 넘어서려는 새 프로젝트라고 할 수 있겠다. 이처럼 급진민주주의라는 이름으로 민주주의론을 재구성하고자 하는 시도는 반독재 민주화운동 과정에서 생

• 1920년대 이후 이탈리아의 그람시, 헝가리의 루카치, 독일의 프랑크푸르트학파 등이 주도했던 정통파 마르크스주의의 변종 형태다. 유럽의 신좌익 운동에 사상적 영향을 끼쳤다.

•• 이탈리아 노동자의 자율적 조직 활동에서 시작된 이론적·실천적 분파. 정체성 확립을 강조하는 가운데, '다중 multitude'이라는 개념을 통해 서로 다른 문화, 인종, 종족, 젠더, 성적 취향 및 각기 다른 노동형태와 생활방식, 세계관, 욕망 등과 같은 내적 차이들로 이루어져 있으나 연결되어 있는 실천적 주체를 지향한다.

겨난 다양한 민주주의 좌파 세력이 포스트-민주화 체제하에서 새로이 구성해야 하는 '공통성'을 민주주의 담론을 중심으로 구성하고자 하는 노력이다.[1]

여기서 우리는 자본주의를 넘어서는 '민주주의의 급진화(급진민주주의) 통로'가 과연 가능한가라는 문제에 부딪힌다. 먼저 사회주의로 가는 경로에서 민주주의의 급진화(사회화) 투쟁은 사회주의를 향한 운동과 많은 부분 공통점이 있다. 1980년대 반파쇼 투쟁●에서도 경험했듯이 민주주의 투쟁은 사회주의 투쟁의 질적 성격에 따라서 각기 다른 의미를 갖는다. 민주주의는 거의 '정기적으로 선거를 치루는 정치제도'와 같은 의미로, 즉 최소주의적으로 왜소화될 수도 있고, 반대로 최대주의적으로 확장될 수 있다. 민주주의와 사회주의의 결합 양상은 사회주의 투쟁 자체에 따라 달라질 수 있는 것이다.

그다음으로는 국가사회주의의 붕괴와 다른 경로의 탐색이다. 나중에 설명하겠지만 민주주의의 도구화는 국가사회주의를 내적으로 견제하고 자가 발전할 메커니즘을 없애버렸다. 국가사회주의에 따른 민주주의의 폐기는 국가사회주의의 붕괴를 촉진함으로써 어떤 의미에서 '변형된 복수復讐'가 나타났다고 본다.

민주주의는 그 자체로 인류 사회의 '목적 가치'라는 성격이 있기 때문에, '수단적인' 것으로 파악해서는 안 된다. 이는 사회주의 자체와 다르다. 민주주의가 최대주의적으로 실현된 사회라고 해도 생산수단의 사회화가 실현된 탈자본주의 사회와는 다르다. 그럼에도 불구하고 '민주주의의 사회화'[2] 운동은 사회주의 운동과 많은 공통성이 있으며, 사회주의는 '사회화된 민주주의'로서의 성격이 있다고 생각된다. 이런 점에서 민주주의는 사회주의의 충분조건이 아니지만 '필요조건'으로 파악되어야 한다. 여기서 나의 문제의식은 바로 사회주의자 혹은 반자본주의, 혹은 현 체제를 넘어서고자 하는 급진주의자들이 어떻게 자신

● 원래는 1920년대 후반부터 제2차 대전이 끝날 때까지 전 세계적으로 전개된 파시즘 반대 투쟁을 뜻하나, 여기서는 1980년대 벌어진 학생운동의 노선을 말한다.

을 현존하는 민주주의 투쟁의 급진적 선도자로서 개입할 수 있는가다. 사회주의자는 당연히 민주주의의 급진적 확장주의자며, 현실에서는 급진민주주의자로서 싸우게 된다. 문제는 사회주의적 급진민주주의자들이 대중의 다양한 아래로부터의 투쟁을 반신자유주의의 방향으로 급진화하며, 페미니즘적인 급진민주주의자, 생태주의적 급진주의자 등과 동맹하면서 이를 추동할 것인가라는 점이다.

군부 독재에서 복합적 자본 독재의 시대로

급진적 민주주의자 혹은 민주주의 좌파의 관점에서 1987년 이후의 한국 사회의 변화 과정을 보면, 한쪽에서 민주주의가 복원되고 그것이 한국 사회의 지배적 작동원리가 되고 있지만, 다른 한쪽에서는 민주주의의 형식 속에서 자본주의적 지배가 착근·확장되어 가는 과정이 나타나고 있었다. 1960~1970년대, 한국 사회에서 정립된 초기 단계에서의 자본 지배, 즉 '개발독재적 자본 지배'가 있었다고 한다면, 이제 개발독재를 통하여 강력해진 자본 권력과 시장 권력을 기반으로 새로운 자본 지배가 출현·안착되어가고 있었다. 이 과정에서 정치·경제·사회 권력 간 상호 관계의 재조정을 포함한, '지배의 새로운 정렬'이 이루어졌다. 이러한 자본 지배에 대해 아래로부터의 (인)민 투쟁을 통하여 민주주의가 강제되었기 때문에, "민주주의적 자본 지배"의 형태가 작동했다.

물론 새로운 자본 지배와 그 지배하의 민주주의적 '형태'—이것을 단순히 '기만'이자 '장식'으로만 볼 필요는 없다. 이것은 (인)민이 투쟁으로 쟁취한 공간이며 지배의 '균열' 지점이자 저항이 숨 쉬는 공간이다[3] — 는 모순적으로 결합되어 움직이고 있다. 이러한 지배 조건에 대응하여, 민주주의가 새로운 자본 지배의 '정치적 외피'로 전락하지 않기 위해서는 민주주의를 더욱 급진화시키는 노력이 필요하다. 즉 민주주의가 자본 지배의 '상부구조'로서 '정합整合적'인 제도가 되는 것이 아니라, 자본 지배하에서 민중의 권리와 요구를 실현하는 무기이자 통로가 될 수 있도록 해야 한다. 한국의 반독재 저항운동은 '민주주의의 이름으로' 초기의 개발독재적 자본 지배에 대항하여 그 독재적 지배 형식을 타파하고 자본 지배에 도전하는 데 성공했다. 이제 새로운 지배 조건에서 다시 민주주의의 이름으로 저항하기 위해서는 '변화된 민주주의의 깃발'이 필요하다. 특히 개발독재적 지배에 대항하는 민주주의 담론은 일정 부분 반공주의, 친미주의, 반북주의, 개발주의 등의 지형을 공유하고 있었다. 이제 이것을 넘어서야 한다. 이런 맥락에서 한국의 대중적인 반독재 저항 투쟁을 통해 '국민적 합의'가 된 민주주의 담론을 급진적으로 재구성해야 하며, 이는 또한 비판 담론으로 재구성되어야 한다고 생각한다. 이것이 바로 한국적 '급진민주주의'다.

새로운 급진민주주의 담론은 새로운 복합적 자본 지배와 새로운 민주주의적 지배의 모순을 포착하고, 그것을 넓혀 민주주의의 이름으로 자본 지배에 대항하는 하나의 지적·실천적 통로라 할 수 있다. 이러한 급진민주주의적 저항 담론은 민주주의론 자체의 재구성을 포함해야 하며 — 민주주의 좌파를 위한 민주주의론의 재구성 —, 또 새로운 민주주의적 자본 지배에 대항하는 저항 주체들과 연대 전선의 재구성을 포함해야 한다. 급진민주주의적 관점에서 볼 때, 근대자본주의에 대한 저항의 발전 과정은 민주주의를 부단히 급진적으로 재정식화하는 과정이며 새롭게 '급진민주주의적 연대전선'을 재구성하는 과정이라고 할 수 있다.

근대사회에서의 자본주의와 민주주의, 그리고 '민주주의적 변혁주의'

서구 근대의 맥락에서 시민혁명은 근대민주주의를 정립한 역사적 계기였다. 나는 근대 시민혁명을 통하여, 두 가지 자유와 해방에 주목할 필요가 있다고 생각한다. 하나는 절대주의적인 국가의 통제로부터 시민사회가 독립하고 (인)민에게 정치적 자유와 해방이 주어졌다는 점, 다른 하나는 근대 시민혁명을 통하여 경제에 대한 국가 개입과 통제가 종식되면서, 자본과 시장의 자유, 재산권의 자유가 확립되었다는 점이다. 이런 점에서 (인)민의 해방과 자본의 해방 두 가지가 동시에 일어났다고 할 수 있다. 전자를 정치적 자유화라고 한다면, 후자를 경제적 자유화라고 할 수 있을 것이다.[4]

주지하다시피, 한국의 87년 6월 항쟁도 유사한 결과를 가져왔다. 즉 이 항쟁으로 인한 구개발독재 체제의 붕괴는 개발독재로부터의 정치적 자유화를 가져왔을 뿐 아니라 경제적 자유화도 가져왔다. 전자의 정치적 자유화는 개발독재적인 국가 통제로부터 쟁취한 시민사회의 자유, 시민적 자율, 공론장의 자율화·자유화를 의미하며, 후자는 개발독재적 국가 통제에서 얻은 자본과 기업 및 시장의 자율화·자유화를 의미한다. 근대 시민혁명 이후 혹은 한국적 맥락에서는 87년 6월 항쟁 이후 한두 가지 해방(자유)을 둘러싼 각축전이 전개되었으며, 이러한 해방된 자본과 시장, 그리고 해방된 (인)민의 다툼을 나는 '자본주의와 민주주의의 전쟁'이라고 부르려 한다.

자본주의와 민주주의, 그 모순 속의 결합

이러한 자본주의와 민주주의의 전쟁에서 자본주의는 민주주의가 갖는 급진적 잠재력을 순치馴致시키면서 자본주의의 '정치적 외피'로 작동하게끔 한다. 많은 서구 국가에서 자본주의는 민주주의에 의해 포획되고 형식화되는 역사적 경로를 보여주었다.

그러나 민주주의는 인간 해방과 사회 진보에 있어서 자본주의를 통해 형식화·도구화되는 차원으로만 환원할 수 없는 '잠재적 급진성'을 갖는다. 그렇게 생각하는 첫 번째 이유는 민주주의가 근대 시민혁명에서 정점에 이르는 (인)민의 투쟁을 통해 세워진 것이며, 자본 권력과 시장 권력에 대해서도 지배의 불가피한 형식으로 강제된 것이라는 점, 이로 인해 자본주의와 민주주의는 '화해할 수 없는 내재적 긴장과 모순'을 가진 채로 결합되어 있다는 점에 기인한다. 민주주의는 '지배의 기획'이 아니라 노동자계급과 근대 (인)민의 계급적·사회적 투쟁을 통해서 획득된 것이고, 그런 점에서 계급적·사회적 투쟁의 '효과'로서 존재하게 된다. 급진민주주의의 관점에서 볼 때, "민주주의는 하나의 정치제도가 아니라 사회적·계급적 각축 과정을 통해서 새롭게 구성되는 역사적·현재적 구성물이다"[5]라고 말할 수 있다. 물론 민주주의가 (인)민의 아래로부터의 투쟁의 성과로 지배 세력에 주어진 이후에는, 그것이 '지배의 형식'으로 작동하게 되고, 앞서 서술한 것처럼 지배 세력은 이를 부단히 형식화하려 한다. 허나 민주주의는 단순히 지배의 '도구'나 '외피'로만 환원될 수 없는 근본적인 긴장을 가진 채로 존재하고, (인)민이 그것을 통해서 자신들의 요구와 이해를 실현하고 자본주의에 저항하는 '최소공간'으로 작용한다.

둘째, 근대민주주의는 대표자 정치와 (인)민 정치의 괴리 속에서 태어났다고 하는 '원형적인 결손'[6]이 있지만, (인)민이 정치의 주체라고 하는 원리 위에 서 있고 그래서 언제나 '이상적 민주주의'는 현실적 민주주의를 상대화함으로써 부단히 이상적인 민주주의를 향하여 변화해갈 수 있게 만든다. (인)민은 현실의 민주주의를 이상적 민주주의에 비추어 공격하며 변화를 요구할 수 있다.

물론—자본주의와 긴장을 가지면서 존재하는—현실적 민주주의가 이상적 민주주의로 부단히 변화해나가면서, 양자의 결합 관계도 변할 수 있고, 긴장도 줄어들 수 있을 것이다. 자본주의는 민주주의 내에서 제기되는 다양한 요구와 이해들을 일정한 수준에서 타협적으로 충족함으로써 다양한 저항을 체제에 내화하기 때문이다. 그러나 변화된 '현실적 민주주의'에 대해 새롭게 인식된 '이상적 민주주의'가 현실적 민주주의를 새롭게 상대화함으로써, 현실적 민주주의와 '이상적 민주주의' 간의 새로운 긴장이 나타나게 된다.

셋째, 현실적 민주주의는 부단히 자본 권력을 포함하여 다양한 현실 속 권력에 의해 포획되고 제한된다. 즉 민주주의가 '이상적 민주주의'로 존재하지 않는 것은 물론 자본주의(자본 권력과 시장 권력)에 의해 부단히 포획되고 자본주의와 모순되지 않는 식으로 존재하도록 견인·변화된다.

여기서 민주주의가 급진적으로 확장되어 자본주의에 대한 통제 기제로 작용할 수도 있고, 반대로 민주주의가 자본주의에 포획되어 자본주의의 '정치적 외피'로 작용할 수 있다. 이 긴장 속에서 자본주의와 민주주의의 결합이 나타난다. 근대 이후의 과정은 바로 이러한 민주주의의 구성 투쟁 과정이라고 볼 수 있다. 이런 점에서 민주주의가 현존하는 지배 권력에 따른 '최소주의적 식민화'

와 (인)민에 의한 민주주의의 '최대주의적 확장' 사이의 다툼 속에서 구성된다고도 할 수 있다. 요약하자면, 민주주의는 자본주의에 의해 부단히 포획·제한되면서도 이와 동시에 그러한 포획·제한을 넘어서면서 부단히 모순적 결합에 놓여 있게 된다.

근대자본주의와 민주주의의 두 가지 동학: 자본 운동 확대 vs (인)민의 주체화 확대

이상의 내용이 근대 자본주의와 민주주의의 관계를 '정태적'으로 파악한 것이라면, 동태적 과정으로도 파악할 수 있다. 첫째, 자본주의는 확립의 과정 이후 자본 운동과 자본 지배의 범위를 부단히 넓혀가는 가운데 자본에 의해 식민화되는 영역은 점차 확장되어간다. 근대 산업혁명 이후 서구 자본주의의 물적 토대가 확립되었지만, 그 당시 자본주의의 '외부'는 광범위하게 존재했다. 심지어 자본의 직접적인 지배하에 있는 작업장에서조차 직접생산자●에 대한 자본의 '형식적 포섭'이 일반적이었다. 이후 노동에 대한 자본의 지배는 점차 형식적 포섭을 넘어 실질적 포섭으로 확대·심화되어갔다.

이러한 움직임에도 불구하고, 초기자본주의●●에서 생산 영역을 제외하고서는 자본의 순환 과정 내 많은 영역이 자본 지배의 외부로 존재하게 된다. 그러나 자본의 물적 기반이 넓어지면서, 자본의 식민화 영역도 넓어진다. 즉 생산 영역에서 재생산 영역으로, 심지어 '생체적' 차원으로까지, 작업장 내부에서 외부로, 자본 지배의 직접적 공간에서 국민국가의 전 공간으로, 나아가 제국주의적 지배를 거쳐 식민지 공간에 이르기까지 넓어지는 것이다.

일단 국민국가 내부로 시야를 한정해볼 때, 자본의 식민화 영역은 직접적으로는 작업장 영역에서부터 작업장 외부로 커지며, 노동자계급과 대중의 삶 속

● 자기 소유의 생산 수단을 이용하여 제품을 생산하고 그 결과가 모두 자신에게로 돌아가는 생산자.
●● 독일 경제학자 좀바르트가 처음 쓴 개념으로 수공업적 경제체제가 근대자본주의로 옮아가는 과도기의 경제체제를 의미한다. 유럽에서는 대략 15세기 중반부터 18세기 중반까지 해당한다.

더 많은 부분이 자본의 식민화 영역으로 포섭되어간다. 예컨대 소비자본주의 단계로 오면서 대중의 욕망과 사고, 신체가 자본 지배의 새로운 영역이 된다. 사실 네그리*가 이러한 자본 지배의 영역 확장을 '제국의 형성'과 연관시켜 논의하지만, 자본 지배의 영역 확장이란 곧 근대 자본주의의 성립 이후 지속적으로 관철되어온 장기 과정이라고 할 수 있겠다.

신자유주의는 사실 이러한 자본 지배가 현대적인 형태로 확장하는 현실이라고 할 수 있다. 통상 신자유주의라고 하면, 1980년대 이후 미국이 주도하는 시장근본주의적 지향이나 흐름으로 인식되는데, 이는 후진국 경제가 개방화·시장화의 논리에 더욱 많이 지배받게 된다는 것,—그러한 확장된 지배를 주도하는 것은 물론 금융자본이다—나아가 선진국 대자본의 지배가 전 지구적으로 확장되어가는 것을 의미한다.

이러한 자본의 식민화 영역 확장에는 심지어 제도정치도 포함된다. 구성적 투쟁에서 언급한 것처럼, 자본주의는 부단히 제도정치와 시민사회 영역에 침투하여 이를 자본의 논리에 복속시키고, 그것이 자본의 질서와 모순되지 않는 방향으로 존재하도록 한다(그림1 참조).[7] 이를 '정치의 자본화' 시도라고 한다면, '사회의 자본화' 시도도 나타난다고 할 수 있다. 예컨대 현존하는 사회 속에 있는 다양한 차별적 요인을 자본 운동의 조건으로 활용하고자 노력하게 된다(1960~1970년대 젠더 불평등을 자본이 저임금의 조건으로 활용했던 것을 떠올려보자).

둘째, 자본주의의 식민화 대상이 되는 (인)민, 그리고 민주주의 체제하 정치의 주체가 되는 (인)민이 고정된 존재로 지속되는 것이 아니라 부단히 변화해간다. 특히 모순적 결합을 하는 자본주의와 민주주의에서, 민주주의를 구성하는 (인)민이라는 존재가 스스로 주어진 삶의 조건들을 비판적·저항적으로 인식하

---

* Antonio Negri. 이탈리아의 정치철학자, 자율주의의 주창자로 그의 제자인 마이클 하트와 쓴 『제국』을 통해 학문적 명성을 얻었다.

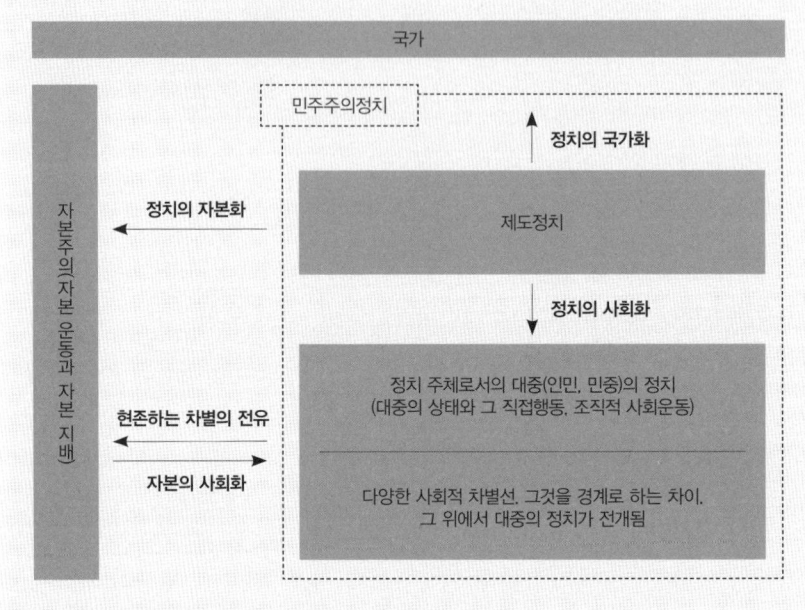

그림1 제도정치와 자본주의, 국가, 운동의 관계

는 존재로 부단히 변화해가는 것이다. 이러한 변화를 나는 '(인)민의 주체화'라고 부르려 한다. 민주주의를 구성하는 (인)민은 특정한 사회적 차별과 분할선을 주어진 것으로 인식한다.―이것을 자본은 스스로의 운동을 위해서 자원으로 전유한다―그러다가 (인)민 내부에서 약자, 피해자, 소수자가 내부의 주어진 차이들을 문제삼으면서 점차 저항적 존재로 바뀌어간다. 사실 민주주의라는 형식적 그릇 속에 있는 민주주의는 언제나 동일한 것은 아니다. 민주주의를 구성하는 (인)민의 주체화의 정도에 따라 다른 민주주의로 존재하는 것이다. 민주주의가 부단히 발전되어가는 과정은 바로 이러한 (인)민의 주체화의 진전에 민주주의가 연동되어 있기 때문이다.

여기서 중요한 점은 자본 지배의 확산은 곧 (인)민의 저항적 주체화 확산을 촉발하는 핵심 요인으로 작용하게 된다는 것이다. 물론 (인)민의 주체화는 자본 지배 영역의 확장이라는 요인에 따라서만 규정되는 것은 아니다. 그러나 나는 이것이 대단히 중요한 규정 요인이자 다른 요인들의 경제적 기초를 구성—예컨대 인종적 소수자들이 주체화되는 데 있어서도 경제적 계기들이 중요하다—한다고 생각한다.

(인)민은 근대 민주주의의 주체로서 스스로 대의代議되는 것에 만족하지 않고 제도정치를 통하여 자신의 요구를 자본에 강제하고자 한다. 특정한 자본 질서는 (인)민의 주체화에 따라 언제나 '문제'적 현실로 바뀐다. 특히 신자유주의적 자본 운동에 따라 이전과 달리 더 많은 삶의 영역이 자본의 지배하에 포섭되면서, 자본 운동과 민주주의 간의 긴장은 더욱 커진다. 이처럼 자본주의와 민주주의(그 일부로서의 제도정치) 간에는 모순적 긴장이 있고, 이것이 양자 간 관계 변화의 동력으로 작용한다.

(인)민의 주체화에 있어 전근대와—시민혁명을 분기점으로 하는—근대는 중대한 차이가 있다. 특히 (인)민의 저항적 주체화라는 관점에서 보면, 근대의 민주주의는 저항 자체의 '존재론적 정당성'과 '저항의 최소공간'을 보장하는 체제라는 특징을 보인다. 전근대에서 저항은 반역이요 존왕尊王적 질서에 대한 불온한 이탈이다. 물론 근대에도 민중의 저항은 불온한 것으로 여겨져 억압되지만, 저항 자체의 존재론적 정당성이 부정되지는 않는다. 더구나 최소공간의 존재는 이후의 권리 획득과 요구 투쟁을 위한 공간으로 작동하며, 이전에 비해 '잠재적 저항성'이 현재화되는 데 상대적으로 낮은 장벽을 부여하게 된다.

다양한 주체가 벌이는 '연대의 정치학'

이처럼 (인)민이 주체화되는 과정은 동시에 다양한 소수자 집단이 주체화되어가는 과정을 내포한다. 이것을 나는 "(인)민의 주체화의 영역 확장"[8]이라고 표현한 바 있다. 예컨대 노동자계급의 등장은 (인)민의 주체화의 한 표현이다. (인)민의 주체화는 노동자계급의 저항적 주체화를 넘어서 저항의 사회적 주체가 확대되는 것으로 나아간다. 다양한 (인)민 내부의 집단들의 주체화는 다양한 해방적 사회운동의 출현으로 이어진다.

보통 다양한 저항 주체의 등장과 확산은 노동자계급이라는 주체가 지닌 중심성이 희석되는 것으로 이해된다. 다양한 사회적 저항 주체의 등장은 노동자계급 주체가 왜소해지는 것이 아니라 연대 세력이 그만큼 늘어난다는 것을 의미한다. 역설적으로 자본의 식민화 영역이 늘어남으로써 좁은 범주의 노동자계급 주체를 넘어 다양한 사회적 저항 주체가 연이어 등장했다. 자본주의의 전개 과정은 한편으로 자본의 식민화 영역이 확대되는 과정이지만, 다른 한편으론 저항의 사회적 주체들이 확대되는 과정이기도 하다.

근대 초기의 자본 지배와 구별되는 20세기적 자본 지배, 그리고 현대의 신자유주의적 자본 지배는 새로운 저항성과 그것을 나타내는 저항 주체를 만들어내게 된다. 그런 만큼 급진민주주의적 연대 전선에 참여할 수 있는 사회적 저항 주체도 늘어난다고 볼 수 있다.

민주주의적 변혁주의란 무엇인가

더욱 넓은 변혁론의 차원에서 급진민주주의가 지향하는 바는 '민주주의적 변혁주의(혁명주의)'로 표현할 수 있다. 이는 곧 민주주의가 갖는 평등주의적 잠재력―평등한 정치적 참여와 (인)민의 자기통치라고 하는 이상을 생각해보자―을 급진적으로 확장하는 방식을 통해 현실의 자본주의에 도전하는 대중적 기반을 유지·발전시키는 입장 혹은 시각이다. 자본주의를 넘어가기 위하여 상상하는 경로는 예컨대 계급혁명론적 변혁주의, 무정부주의적 변혁주의, 급진 생태주의적 변혁주의 등 다양할 수 있다. 나는 87년 민주항쟁을 통하여, (인)민이 쟁취한 민주주의는 자본주의의 모순들이 '사회적 내전'으로 발전해가는 것을 저지하는 '관리기계'로 전락하지 않아야 하며, 자본주의와 다양한 사회적 차별이 드러나는 현실 속에서 그것들을 넘어서는 '작지만 지속적인 통로'로 작용해야 한다고 생각한다. 또 1980년대 일반민주주의를 제기하던 합리적 핵심을 다시 떠올려본다면, 이러한 민주주의적 변혁주의가 다른 변혁주의와 대중을 연결하는 매개일 수도 있다고 본다.

이처럼 우리는 민주주의적 변혁주의를 상정함으로써 민주주의를 중심으로 하여 기존의 변혁주의에 대한 성찰 위에 설 수 있다. 더 구체적으로 말해보자면 먼저 민주주의를 비본질적인 것으로 보는 일종의 도구적 시각은 국가사회주의가 무너지는 데 중요한 인식적 기초로 작용했다고 하는 성찰이다. 민주주의는 자본주의에 의해 부단히 허구화되고 심지어 자본주의의 '정치적 외피'로까지 왜소화될 수 있다. 허나 그것으로 환원될 수 없는 '목적적 가치'를 갖는다. 이 점에서 민주주의의 현실에 대한 급진적인 비판론을 공유하면서도 민주주의에 대한 도구적 시각으로 나아가지 않고, 반자본주의론적 지향과 민주주의적 지향을 결합시키고자 한다.

많은 경우 자본주의에 대한 급진적인 비판론은 자본주의에 도전하지 못하는 민주주의 비판 속에서 민주주의에 대한 도구적 시각으로 나아간다. 민주주의에 대한 도구적 시각에 섬과 동시에 자본주의적 착취의 문제가 해결되면 민주주의는 형식적인 것이므로 사회주의 이론과 실천에서 민주주의는 부차적 의제가 된다. 이런 민주주의의 기각은 역사적으로 보면 국가사회주의가 '독재적' 사회주의로 전락해간 중요한 원인이었다.

자본주의는 민주주의의 도전 속에서 (인)민의 혁명화를 저지하면서 스스로를 '문명화'했다. 그 결과 자본주의는 점점 안정적인 체제가 되었다. 반면에 국가사회주의는 민주주의를 도구화함으로써 현실사회주의의 문제를 스스로 정정할 기회를 박탈당했으며, (인)민을 억압하는 체제로 타락해갔다. 국가사회주의는 현실에서는 "전 사회적 감시와 처벌의 체계를 통해 유지되고 일상생활의 '경찰화'와 연결되어 있는 전체주의적 통제 체제"[9]로 작동했다. 그리하여 결국 무너진 것이다.

'사회주의로 가는 민주주의의 길'을 넘어

그다음은 '사회주의를 향한 민주주의적 경로'를 지향했던 사회민주주의와 전후의 유로코뮤니즘•(이하 유로콤)이—일종의 '민주주의적 변혁주의'를 상정했음에도 불구하고—왜 자본주의를 넘어서는 변혁주의로 발전하지 못하고 '민주주의적 자본주의'로 왜소화되었는가에 대한 성찰이다.

주지하다시피 1950년대 사회민주주의는 일찍이 사회주의를 향한 민주주의적 경로를 채택했고, (1951년 7월 2일 '민주사회주의 목적과 임무'라는 제목으로 발표된 이른바 프랑크푸르트선언••과 1959년 바트고데스베르크강령,••• 유로콤은 1960년대 말~1970년대 초중반을 거치면서 이태리공산당과 프랑스공산당이 주도하는 전환을 통해 의회주의적인 경로를 수용했다. 전후 사회민주주의와 1970년대 이후 유로콤

• 스페인, 이탈리아, 프랑스 등 서유럽 국가에서 1970년대에 전개된 공산당의 독자적인 '자주노선'을 뜻한다. 의회제 민주주의의 전통을 통하여 '레닌주의'나 '프롤레타리아 독재'를 버리고 사회당이나 보수당과의 정치적 연대를 모색하여 민주적인 정권교체를 용인하는 노선으로 전환하는 등의 특징을 보였다.
•• 1951년에 서독 프랑크푸르트암마인에서 채택한 사회주의 인터내셔널의 강령으로, 히틀러와 스탈린의 독재에 대항하는 민주사회주의라는 진로를 밝혔다.
••• 독일사민당이, 1959년 11월 본 남쪽의 바트고데스베르크에서 열린 임시 당대회에서 채택한 당의 기본 강령. 사회주의에의 지향을 약화시키고 민주주의를 기본으로 삼았다.

이 이러한 전환 속에서 이른바 '프롤레타리아 독재'론을 포기하면서, 자본주의적 민주주의 내부에서의 투쟁 전략을 주된 전략으로 택하는 방향으로 변화했고, 서구의 부르주아 민주주의가 갖는 '공간으로서의 가능성'을 '선진자본주의론'이라는 이름으로 인정했다. 이것은 사실 사민주의와 유로콤이 '자본주의와 대결하는 민주주의'가 아니라, '자본주의와 화해하는 민주주의'의 길로 갔다고 본다. 이 점에서 만일 자본주의를 넘어서는 '민주주의적 변혁주의'를 사고한다면, 어떻게 사민당과 유로콤의 실패를 극복할 것인가라는 고민이 필요하다.) 사실 1987년 이후 우리 사회에서는 '비합법전위당 노선'이 주변부에 머물렀다. 우리에게는 (인)민이 피로써 민주주의적 제도를 쟁취했기 때문에, 우리 스스로도 이 틀 안에서 쟁투해야 하는 조건에 놓여 있다. 그럴 때 민주주의가 파시즘에 대립하는 혁명적 구호였던 시기와 달리, 이제 1987년 이후에는 자본주의의 '관리기제'로 전락해버릴 수 있다. 보기에 따라서는 한국에서 '부르주아 민주주의'가 갈등 속에서도 빠르게 안착되어간다고 말할 수 있다. 이러한 부르주아적 민주주의를 뛰어넘는 민주주의의 급진적 확장이 일어나지 않는다면, 좌파정치 세력이나 진보정치 세력이 오히려 부르주아 민주주의적 공간을 풍부하게 만드는 역할을 하게 된다.

이런 점에서 우리가 민주주의적 변혁주의를 다시 사유한다면 그것은 선진자본주의론이나 사회주의로 가는 민주주의적 길과 구별되어야 한다고 생각한다. 가장 중요한 차별점은 민주주의를 '절대적인' 것으로 파악하지 않고 구성적 각축의 결과로 보는 데 있다. 유로콤이 채택한 선진자본주의론이 왜 사회주의로 가는 민주주의적 길로 작용하지 못하고 자본주의에 포섭되는 길로 나아갔을까? 이는 '프롤레타리아 독재론'의 폐기 자체보다는, 오히려 부르주아 민주주의의 개방성(사회주의로 가는 민주주의적 길을 허용할 정도로)을 절대적인 것으로,

부르주아 민주주의의 '고유한 내재적 속성'으로 파악했기 때문이라고 본다. 나는 부르주아 민주주의가 '사회주의로의 민주주의적 이행'을 보장할 정도로 내재적으로 열려 있다는 시각은 잘못된 것이라고 생각한다. 민주주의는 고정된 제도의 복합체가 아니라, 노동자계급과 근대 (인)민의 계급적·사회적 투쟁을 통해서 획득된 것이고 그런 점에서 계급적·사회적 투쟁의 '효과'로서 존재한다.[10] '민주주의 급진화' 프로젝트의 관점에서 "민주주의는 하나의 정치제도가 아니라 사회적·계급적 각축 과정을 통해서 새롭게 구성되는 역사적·현재적 구성물이다."[11]

이러한 전제의 차이는 자연스럽게 실천적으로 민주주의(그 내부에서 보장된 제도정치)와 의회 외부의 대중 투쟁의 관계에 대한 새로운 인식을 동반한다. 여기서 우리는 유로콤 좌파로서의 니코스 풀란차스*가 주창한 의회 내 투쟁과 대중 투쟁의 이중투쟁론[12] 같은 데서 지혜를 빌려볼 수 있을 것이다. 의회 외부의 대중 투쟁의 힘이 살아 있지 않는 한 부르주아 민주주의는 대단히 제한적이며, 그 내부에 있는 진보정당은 포획된다.[13] 여기서 이른바 부르주아 민주주의에서 활동하고, 그것에 급진적으로 도전하면서, 현존하는 자본주의에서부터 파생되어 나오는 대중 투쟁과 견결히 결합하는 이중투쟁이 전개되지 않는 한, '선진민주주의론'이 상정하는 경로는 언제나 자본주의에 포획된다.[14]

급진민주주의의 시각에서, 제도화된 의회정치만을 민주주의적 정치의 전부라고 생각해서는 안 되며 모든 제도화된 의회정치는 정치 출발로서의 (인)민, 혹은 그들로 구성된 '사회'로부터 괴리되어 현존하는 것이기 때문에, 늘 상대적인 시각에서 보는 것이 중요하다. 대중 투쟁은 다양한 계급적·사회적 투쟁으로 구성되는데, 이것은 정치 주체로서의 (인)민의 정치적 자기표현이며 (인)민의 자

---

* Nicos Poulantzas. 알튀세르와 함께 프랑스의 뛰어난 구조주의적 마르크스주의자 중 한 명이다. 알튀세르와 달리 풀란차스는 마르크스주의 이론 전반에 걸쳐서라기보다 사회계급, 정치, 파시즘과 같은 현실세계 분석에 더 몰두하였다.

기정치라고 할 수 있을 것이다. 이것은 때로는 대중의 '직접행동'[15]으로, 때로는 조직화된 사회운동이 매개하는 '운동정치'로 표현되며, 그 일부는 제도화된 정치를 통해서 '대의'된다. 기본적으로 의회민주주의 내에서의 경쟁(제도정치)은 주어진 정치 지형 내에서 더 많은 정치적 지지를 얻으려는 행위다. 이는 급진적 정당조차도 예외가 아니다. 다양한 대중운동은 바로 이러한 지형 자체를 바꿔나가기 위한 실천이다. 그런 의미에서 민주주의적 변혁주의는 부르주아 민주주의를 절대적인 것으로 여기고 그 내부에서 좌파 정당의 의석을 늘리는 투쟁을 통해서가 아니라, 제도정치, 대중의 직접행동, 운동정치 등의 상호작용 속에서 민주주의를 포착해야 한다.[16] 민주주의적 변혁주의는 '제도로서의 민주주의'가 아니라 '운동으로서의 민주주의'로 파악한다.

이러한 민주주의론의 급진적 재설정은 사실 많은 논의에서 발견할 수 있다. 예컨대 마르크스 자신에게도, 민주주의가 부르주아 사회의 계급적 모순을 은폐하는 정치적 외피로 작동한다는 인식뿐만 아니라, 노동자계급의 투쟁에 기인하여 쟁취해야 하는 민주주의의 구성적 이상에 대한 견해도 있다.[17] 이것은 지배 헤게모니와 그것에 대응하는 대항 헤게모니의 공간으로 시민사회를 재발견한 그람시의 핵심적 논의이기도 하다.

현대 마르크스주의의 대표적 이론가인 엘린 메익신즈 우드•는 다음과 같이 말한다.

> 나 자신의 지향점은 여전히 사회주의이지만 오늘날의 저항과 항거들은 전혀 다른 종류의 것이며, 따라서 새로운 '비판'을 요구한다. 여러 분절화된 저항들에 어떤 단일한 통일적 주제가만이 지금 있다면, 그것은 민주주의에 대한 열망

• Ellen Meiksins Wood. 마르크스주의 역사가로 『먼슬리 리뷰』 편집위원 등을 오랫동안 역임했으며 『계급으로부터의 후퇴』 『자본주의의 기원』 등의 대표작이 있다.

aspiration to democracy이다. (…) '형식적' 민주주의와 민주주의의 자유주의와 일체하는 자본주의의 특정한 사회적 관계를 제외한 다른 맥락에서는 실제적으로 불가능했고 이론적으로는 문자 그대로 상상 불가능했을 것이다. 자본주의의 그러한 사회적 관계는 민주주의를 진전시키고도 했고 한계지우기도 했다. 그래서 자본주의에 대한 최대의 도전은 민주주의고, 그 협소한 한계를 넘어서서 확대되는 것이었다. '민주주의'가 사회주의가 동의어가 된다고 하는 주장도 바로 이 지점에서 제기된다. 물론 이때 쟁점은 사회주의 해방이 계급해방을 넘는 어떤 것을 요구하는가 하는 것이 될 것이다.[18]

나아가 랄프 밀리반트●는 사회주의의 폐허 위에서 공산주의의 위기가 바로 민주주의 자체의 부재에서 발원하는 것으로, 자본주의에 따른 민주주의의 허구화에도 불구하고 민주주의의 말살에 사회주의자가 견결히 저항해야 한다고 말한다. 그는 "사회주의자들의 주된 과제 가운데 하나는, 자본주의 체제 속에서 얻어진 민주적 성과물들을 가장 단호하고 설득력 있게 수호하는 것이요, 자본제 민주주의의 결함을 가장 비타협적으로 비판하는 것이며, 나아가 자본주의적 지배가 가한 속박에서 마침내 민주주의를 해방시킬 그런 사회질서를 가장 잘 선전하고 주창하는 것이다"라고 말하고 있다.[19]

한편 에릭 라이트●●는 국가 권력이 모든 통제권을 갖는 '국가주의'나 경제 권력이 모든 통제권을 갖는 '자본주의'와 구별하여, 사회주의는 "생산수단이 전체 사회에 의해 집단적으로 소유되고, 그럼으로써 다른 사회적 목표를 성취하는데 있는 '사회 권력social power'으로 정의되는 것의 행사를 통해 자원의 배치와 사용이 결정되는" 것으로 정의한다.[20] 기존 사회주의는 국가주의 체제였던 셈이

● Ralph Miliband. E.P. 톰슨, 에릭 홉스봄, 페리 앤더슨과 함께 당대 최고의 마르크스주의 사상가로 불렸던 벨기에 출신의 사회학자. 신좌파 운동을 이끌었던 멤버 중 한 사람이었으며 마르크스주의 이론과 자본주의 비판에 대한 여러 권의 책을 썼다.

●● Erik Olin Wright, 미국의 마르크스주의 분석가이자 사회학자. 사회계층 문제에 특수한 연구적 관심을 보였으며 영향력 있는 신좌파 이론가로 평가받고 있다.

다. 그는 민주주의를 "사회 권력과 국가 권력을 연결시키는 특정한 방식"[21]이라고 보고, 국가 권력과 경제 권력을 사회 권력의 통제하에 두어야 한다고 주장한다. 그는 근대 이후 실험된 다양한 사회 권력 강화의 경로를 국가주의적 사회주의, 사회민주주의적 국가주의 경제규제, 연합체 민주주의, 사회적 자본주의, 사회적 경제 등으로 나누고, 민주주의를 기초로 하면서 사회 권력이 국가 권력과 경제 권력을 통제하는 새로운 사회주의상을 그리고 있다. 그리고 그는 민주적·평등적·해방적 이상을 향한 투쟁[22]은 역사적으로 사회 권력의 강화라는 새 제도가 만들어지는 과정을 파열적 전환, 침투적 전환, 공생적 전환으로 나누고 있다. 파열적 전환이 통상 사회주의적인 혁명적 전환 방식이라고 할 수 있는데, 이는 "현존하는 사회구조 양식을 완전히 파괴함으로써 새로운 사회 권력 강화의 새로운 제도를 만들어"[23]내는 방식이다. 나는 이것이 사회주의에 대한 "급진민주주의적 평등주의적 이해 radical democratic egalitarian"라고 생각한다.

'87년 체제' 아래 벌어진 자본주의와 민주주의의 전쟁[24]

앞서 논의한 내용을 바탕으로 1987년 이후 한국 사회의 전개 과정을 자본주의와 민주주의의 관계를 중심으로 살펴보자. 다시 정리해보자면, 87년 6월 항쟁은 한국 사회에서 독재체제가 민주주의 체제로 전환하는 지점이었고, 이 항쟁으로 성립한 체제를 '87년 체제'라고 불렀다. 이는 군부독재 체제의 민주주의적 전환을 지향하는 '민주화 체제'로서의 성격을 지니고 있다.

한국에서 1960~1970년대 개발독재의 시기는 바로 본격적인 전쟁의 전사前史에 해당한다. 즉 개발독재 시기에 한국의 개발 세력과 독재 세력은 전략적 동맹을 통하여 '자본주의'를 정립했다고 할 수 있고, 반대로 개발독재의 억압 속에서 한국의 민중은 '민주주의'를 정립해낸 셈이다. 한국의 노동자계급과 민중 투쟁을 통해서 민주주의가 획득된 것이고, 이것은 자본주의와 내재적 긴장을 가진 채로 존재하게 된 것이다.

87년 6월 항쟁 이후 바로 민중이 정립한 민주주의와, 개발독재가 정립한 자본주의의 본격적인 전쟁이 시작·전개되었다고 할 수 있다. 87년 체제는 독재 권력의 이완에 따라 (인)민의 민주화(정치적일 뿐만 아니라 사회적·경제적 민주화)에 대한 열망이 드러날 수 있는 공간을 확장했지만 동시에, 자본 역시 권력으로부터의 독립이 가능하게 되는 조건을 창출했기 때문에, 개발독재적 자본주의의 재편을 둘러싼 자본과 (인)민 사이의 대결 양상이 출현한 것이다. 물론 여전히 권력과 자본은 내적인 갈등에도 불구하고 (인)민을 향해서는 군건한 동맹관계를 유지하고 있었고, (인)민은 상대적인 열세에 있었다. 이 가운데 (인)민은 스스로가 쟁취한 민주주의(제한적인 형식적 민주주의)를 확장하여 자본주의를 사회적·공적·정치적으로 규율, 통제하기 위한 투쟁을 전개했다. 반대로 자본 세력은 새로운 민주주의 조건 자체를 '불가피한' 것으로 수용하면서, 그것이 새로운 자본주의와 모순되지 않는 방향으로 공존하도록 하는 '민주주의의 형식화' 투쟁을 전개함으로써 한국 자본주의의 안정적 재생산을 도모했다.

87년 6월 항쟁에 내재된 급진민주주의적 지향은 '민주주의와 자본주의의 전쟁'에서 민주주의를 확장하는 중요한 동력으로 작용했다. 주지하다시피, 노동자계급 운동은 87년 6월 항쟁이 복원해낸 민주주의적 정치공간을 적극적으로 활용하면서 스스로를 조직화해나갔고, 복원된 민주주의가 단순히 선거민주주의의 부활로 끝나지 않고 시장과 자본주의의 사회화를 위한 방향으로 나아가도록 하는 투쟁을—1987년의 타협적 프레임에 의해 제한되면서도— 전개해나갔다. 이것이 바로 민주주의 정치라는 공간을 통해서 자본주의에 대한 '강요된 개혁'을 낳았다.[25]

이러한 구체적인 결과가 노동자의 권리, 일반적인 인권의 확장 등 개혁적 조치로 나타났다. 1987년 이후 1997년까지 노동자 실질임금의 상승 같은 현상도 이러한 예가 될 것이며, 민주노총 같은 급진적 노동조직의 조직적·정치적 발전의 시기도 바로 이 시기에 있었다.

'97년 체제'의 이중적 전환과 딜레마

87년 체제는 1997년을 경과하면서 반독재 중도자유주의 세력이 주도하는 민주정부 시기로 이행하게 된다. 민주정부 시기는 한편에서는 반독재 중도자유주의 정부의 수립이라는 점에서 민주주의의 한 단계 진전이라고 할 수 있다. 그러나 다른 한편에서는 1997년 9월 외환위기 사태가 발생하고 IMF로부터 구제금융을 받고 그 관리하에서 본격적인 신자유주의적 개방화 시대로 들어가게 된 것이었다. 이러한 이중 체제를 '97년 체제'라고 부를 수 있을 것이다.

97년 체제는 '민주개혁적 정치'와 '신자유주의 경제'가 모순적으로 결합되어 있는 체제로 특징지을 수 있다.

여기서 중요한 것은 반독재 중도자유주의 세력이 민주개혁의 한 단계 높은 실현의 담지자가 된 반독재 자유주의 세력인 동시에 신자유주의적 (반)개혁의 담지자가 되는 모순적 위치에 놓여버린 것이다. 전자가 '성공의 위기'라고 한다면, 후자는 '실패의 위기'라고 할 수 있다. 이처럼 97년 체제 내 반독재 자유주의 정부하에서 개방과 시장 자율 이데올로기로 무장한 신자유주의적 개방화 경제기조가 전면화함으로써, 민주주의와 자본주의 간 힘의 관계도 후자가 전자를 압도하는 식으로 역전되었다.

　이러한 변화 속에서, 민주주의 정치에도 중요한 변화가 나타났다. 먼저 반독재 민주정부를 주도하는 반독재 자유주의 세력이 신자유주의 경제의 담지자가 되고 신자유주의화에 따르는 사회경제적 균열을 상쇄하는 정책을 구사하지 못함으로써 87년 체제하에 있던 반독재 자유주의 세력의 정치적 헤게모니가 결정적으로 균열되었다. 이처럼 반독재 민주정부가 자본 권력과 시장 권력과 '화해'하면서 그들의 요구를 담지하는 방향으로 나아가지만, 과거 독재적 보수정부와 다른 방식으로 대중의 사회경제적 요구를 담아내지 못하면서, 반독재 자유주의 세력의 한계가 전면적으로 노정되었고, 이는 반독재 자유주의 세력의 정치적 중심성과 주도성이 균열되었던 것이다. 바로 이런 의미에서 97년 체제하 반독재 자유주의 세력은 정치의 이름으로, 그리고 민주주의의 이름으로 자본 권력을 통제, 규율하기보다는 자본 권력의 확장을 위한 적극적인 역할로 자신의 위치를 설정함으로써 역설적으로 자기모순에 빠져들게 되었다는 것을 의미한다. 이는 연쇄적으로 반독재 민주정부의 정치적 기반을 균열시키고 반독재 자유주의 세력의 정치적 헤게모니를 균열시켰던 것이다. 이러한 조건 속에서 반독재 민주정부로부터 다양한 이반離叛이 나타나게 되었고, 다양한 이반과 대중의—모순적이기까지 한—다양한 요구와 이해들이 보수 세력에 의해서 '우파 헤게모니적 접합'이 이루어짐으로써, 신보수정권 시대가 출범하게 되었다.

　여기서 흥미로운 점은 97년 체제의 신자유주의적 성격이 그것을 주도한 반독재 자유주의 세력의 정치적 기반을 파괴할 정도로 쟁점화되는 것은, 결국 역설적으로 97년 체제하에서의 대중의 주체화(민주개혁적 정치가 앞으로 나아가는 데 긍정적 효과)가 앞으로 나아가는 바와 관련 있다는 것이다. 즉 97년 체제하에서 더욱 주체화된 대중은 반독재 자유주의 세력이 신자유주의 경제를 전면화하면서 파괴적 결과에 대면하게 되자 더욱더 적극적으로 이를 비판하고 지지를 철회하는 식으로 나아갔다. 이런 맥락에서 '2008년 체제'의 등장은 "87년 체제의 핵심원리로서의 민주주의를 사회경제적 차원으로 급진적으로 확장해내지 못한 개혁·진보 세력을 향한 대중의 복수"라고 표현될 수 있다.

신자유주의적 역사블록의 형성과 내부의 불안정

97년 체제는 신자유주의적 역사블록[26]이 형성되는 시기였다. 그동안 개발독재적 개발주의에 대한 비판적 시각을 가지면서도 민주개혁을 선호했던 반독재 자유주의 세력이 이제 신자유주의적 자본주의에서 독재적 보수 세력과 경제정책의 기조상 동맹 관계에 돌입했음을 의미한다. 이제 반독재 자유주의 세력이 신자유주의적 경제기조를 담지하고 전면화하게 되면서, 이를 배경으로 하여 자본 지배의 확장을 급속히 진전시키게 되었다. 어떤 의미에서 반독재 민주 세력이 IMF 경제위기를 매개로 하여 신자유주의 경제의 담지자가 됨으로써, 신자유주의적 역사블록의 새로운 형성을 보게 된 것이다.[27]

1987년부터 1997년까지 민주주의와 자본주의의 전쟁에서 대중은 민주주의의 이름으로 다양한 사회경제적 요구들을 제기하고, 이를 민주주의를 통해 자본주의에 강제하게 되었다. 그런데 여기서 자본 권력과 시장 권력이 '수세적' 지위에 놓여 있었다고 한다면, 이제 자본 권력과 시장 권력은 그동안 강화되어온 스스로의 힘과 '글로벌 신자유주의 효과'에 따라 도움을 받으면서, 대중의 다채로운 삶의 영역을 더욱 폭넓게 식민화해갈 수 있었다. 반독재 자유주의 세력이 87년 체제의 급진적인 경제적 잠재력을 알면서 61년 체제의 경제적 프레임에 도전하기보다는, 97년 체제하에서 새로운 신자유주의적 개방화 기조의 추진 주체가 되면서, 61년 체제가 지향했던 자본과 시장의 강화라는 기조에 조응하게 되었다. 즉 반反박정희 세력이 박정희 경제 프레임에—개방화 기조의 결합을 통해서—결속된 것이다. 이것은 87년 체제가 담고 있었던 '자본주의와 민주주의의 긴장'이 최소한 반독재 자유주의 세력에서 해소되는 것을 의미했다. 이제 자본 권력과 시장 권력은 반독재 자유주의 정부의 출현에 의해서 위협을 느낄 필요가 없어진 것이다. 과거 개발독재 세력이 조국 근대화의 이름으로 자본과 시장의 육성에 '올인' 했다고 하면, 이제 반독재 자유주의 세력은 신자유주의적 개방 기조하에서 당연시되는 국제경쟁력 강화를 위하여, 자본 및 시장과 전면적으로 대립하지 않는 세력으로 작동하는 상황이 나타나게 되었다.

그러나 이것이 한국에서 신자유주의적 자본 지배가 안정적으로 재생산된다는 것을 의미하진 않는다. 왜냐하면 신자유주의 역사블록의 형성에도 불구하고, 그것은 내적 균열을 안은 채로 존재하기 때문이다. 새로운 신자유주의적 자본 지배 구조에서 반독재 자유주의와 자본 지배 간의 대립과 긴장도 일정하게 있다. 특별히 민주주의의 급진적 확장을 통해서 자본 권력과 시장 권력에 대한 동세를 강화해야 한다는 논리가 반독재 자유주의 내부에 있는 상황에서,

이는 반독재 자유주의의 분열로 나타나게 된다(가령 FTA를 둘러싼 분열을 상기할 수 있겠다).

여기서 우리는 자본 지배와 그 지배 형식으로서의 민주주의의 관계가 결정론적인 성격이 아님을 알 수 있다. 재차 이야기하자면, 새로운 자본 지배와 민주주의적 지배 형태—이것을 단순히 '기만'이자 '장식'으로만 볼 필요는 없다—는 자본 지배를 향해 지속적으로 지배의 '균열' 지점을 만들어내며 저항이 숨쉬는 공간으로 작동한다.

'포스트-민주화' 체제로의 이행과 민주주의 좌파의 새로운 도전

2007년 이명박 정부의 출현은 97년 체제하 '반독재 자유주의적 민주개혁정치와 신자유주의적 경제의 모순적 결합' 해소, 신자유주의 경제 그리고 좀 더 '정합적인 신보수정권' 수립, 그리고 이들에 의해서 더더욱 전면화된 한국 자본주의의 신자유주의적 재편이 가속화되는 것을 의미했다.

MB정부의 등장으로 상징되는 신보수정권 시대는 단순히 정권담당 세력의 변화만이 아니라, 87년 6월 항쟁을 통해서 시작된 민주주의 체제로의 이행 과정이 새로운 전기에 들어섰음을 의미한다. 이런 점에서 이 시기를 '포스트-민주화 체제'의 시작이라 부를 수 있을 것이다. 이 포스트-민주화 체제의 정부 성격은 다양하다. 신자유주의적 지구화를 배경으로 한 신보수정권 성립으로 그 계기가 지워졌지만, 포스트-민주화 체제하에서 민주당이 재집권하여 '중도자유주의 정부'가 재성립하는 것도 가능한 시나리오다. 다만 그러한 경우 민주화 체제로 재이행하는 것은 아니다. 한마디로 87년 체제적 민주주의의 소멸이자 민주주의의 새로운 구성적 현실이 등장하는 것이라 할 수 있다. 통상 '민주 대 반민주' 구도가 87년 체제적 민주주의의 성격을 의미한다면, 포스트-민주화 체제는 이런 의미의 구도 소멸 혹은 주변화—일정한 과제를 남기고 있다는 점에서, 그리고 MB정부와의 쟁투에서 민주주의의 후퇴를 저지하기 위한 투쟁이 중요하기는 했지만—를 의미한다. 87년 체제적 민주주의가 미완성이었으니까, MB정부에 대항하면서 이를 '완성'하려던 생각은 잘못이다. 민주주의적 구성의 결과 자체가 달라졌고, 이는 진보에게 새로운 도전을 제시하고 있는 것이다. 이명박 정부의 출현은 원인이 아니라 결과였다.

신보수정권 아래 나타나는 새로운 대중적 저항의 목소리

한국의 진보 세력, 그리고 그 일부로서의 민주주의 좌파 세력은 바로 신자유주의적 지구화를 배경으로 하는 포스트-민주화 시대에 어떻게 새로운 급진민주주의적 전선을 구성하고 풍부하게 만들 것인가라는 과제에 직면하고 있다. 익히 알다시피 MB정부로 상징되는 신보수정권 시대의 출범 이후, '우파 헤게모니적 접합'하에 놓인 다양한 요구와 이해들이 급속히 균열되어갔다. 이명박 정부가 집권 과정에서 모순적인 요구들을 불안정하게 봉합하는 데는 성공했으나, 친기업적·친재벌적인 성격이 초기 정책 집행 과정에서 노정됨으로써—최소한 대중의 눈에 그렇게 인식됨으로써—'봉합' 자체의 모순성에 대한 대중의 이반이 새롭게 초래되었던 것이다. 이외에도 MB정권하에서는 대중의 다양한 이반에 잠재력이 깃들어 있다고 보았다. 즉 신보수정권 아래 '민주주의의 후퇴'에서 나타나는 새로운 저항성의 출현, 반독재 자유주의 정부 10년 동안 저항성이 억제되었던 사회경제적 하위 주체들의 새로운 저항 잠재력, 반신자유주의적 경제의 전면화에 따라 다양한 삶의 영역에서 저항적 잠재성이 현재화될 가능성 등이다. 나는 참여정부에 대한 대중의 이반을 가능케 했던 대중 스스로의 높은 기대가 역으로 이명박 정부에 대한 강한 불신을 촉발하는 동력으로 나타났다고 본다. 비록 2012년 12월 대선에서 박근혜 후보가 승리하였지만, 그 대선 공간이 '진보적 의제의 각축 공간'이었다는 — 예컨대 경제민주화, 재벌개혁, 복지 의제의 급부상 등 — 점이 이를 말해준다고 생각한다.[28]

포스트–민주화 체제로의 이행은 기존의 민주화 시대에서 헤게모니를 갖고 있던 반독재 자유주의 세력의 헤게모니가 균열되는 것을 의미하는데, 이는 한국 자본주의의 신자유주의화에 따른 도전을 반독재 세력이 수행하지 못함으로써 민주주의가 자본주의에 새롭게 포획되는 것을 의미한다. 여기서 바로 그러한 신자유주의적으로 재편된, 그리고 그것에 의해 이전의 민주주의를 포획한 한국 자본주의에 맞서, 새로운 급진민주주의적 가능성을 추구하는 것이 필요하다. 무력화된 이전의 '(자본주의 대 민주주의라는) 전쟁 전선'을 새롭게 재구성하는 과정이 필요하게 된 것이다. 여기서 이러한 새로운 (인)민의 이반과 저항성을 새롭게 담지하고 접합시켜낼 새로운 정치 주체와 헤게모니적 담론이 나타난다면, 곧 새로운 변화에 돌입하게 될 것이다. '민주주의의 급진화'와 민주주의 좌파의 헤게모니적 역할을 이야기하는 이유도 바로 여기에 있다. 이러한 과정을 일종의 새로운 '급진민주주의적 정치전선'의 형성이라고 하는 정치사회적 과정이라 부를 수 있을 것이다.

새로운 급진민주주의적 전망이 대중화·담론화됨으로써 대중의 정치적 대치

선이 가시화되었다. 즉 과거의 '독재 대 반독재' '개혁 대 반개혁'을 뛰어넘는 포스트-민주화 시대의 새로운 대치 전선이 가시화되는 것이다. 이는 비록 2012년 대선에서 박근혜 후보가 승리하여 2차 신보수정부로 이행했지만 지속되어야 할 과제다.

민주주의 좌파의 전략: 복합적인 반신자유주의 정치를 꿈꾸다

포스트-민주화 시대 아래 급진민주주의 전선의 당위성을 전제로 할 때, 그것은 두 가지 차원의 변화를 담고 있다. 첫째는 진보 세력, 그 일부로서의 민주주의 좌파와 대중이라는 관계의 새로운 구성이며, 둘째는 진보 세력 내부에서의 민주주의 좌파가 서로 맺고 있는 연대·동맹 관계의 새로운 구성이다.

먼저 진보 세력, 그 일부로서의 민주주의와 좌파 그리고 대중의 관계를 보자. 포스트-민주화 체제하에서의 새로운 변화의 동력은 결국 아래로부터의 사회운동적 실천 및 대중 투쟁을 통해서 창출될 수밖에 없다. 나는 이러한 새로운 민주주의의 구성을 위한 실천들을—제도정치 영역에서 실행되는 그것과는 구별되는—사회운동적 차원에서 실행되는 '복합적인 반신자유주의 정치'라 부르려 한다. 신자유주의적 지구화를 배경으로 신보수정권의 출범에 의해 나타난 포스트-민주화의 시대에 그것을 변화시키는 민주주의 좌파의 급진민주주의적 실천을 대중적으로 어떻게 구성할 것인가가 결국 중요하다. 그 실천의 핵심적인 성격을 나는 복합적 반신자유주의 정치라고 표현하려 한다. 이미 97년 체제를 거치면서 민주개혁의 과제가 진전되는 동시에 신자유주의적 기조가 확대되고 그 과정에서 '신자유주의적 불평등'이 전면화되기 시작했다. 이처럼 민주정부가 응전하지 못한 신자유주의적 불평등은 신보수정권을 낳게 되었다. 바로 이러한 포스트-민주화의 조건 속에서 민주주의 좌파의 과제를 고민하게 된다.

신자유주의의 핵심은 온갖 대중적 이슈의 사회성과 정치성을 부정하고 그것을 탈정치적인 경제적 쟁점으로 만드는 데 있다. 이러한 탈정치적 경제주의에 맞서 신자유주의 경제를 정치적 쟁점, 그것도 급진민주주의적 쟁점으로 만드는 것이 중요하다. 여기서 '복합적'이라고 하는 것은 반신자유주의 투쟁과 다양한 민주적 투쟁들을 '접합'하는 것을 의미한다. 다양한 민주적 투쟁을 '반신자유주의 투쟁'으로 '환원'하는 것이 아니라, 그것들의 고유성을 인정하면서도 그것이 반신자유주의적 정치 속에 헤게모니적으로 접합되는 경로를 찾아야 한다. 이러한 복합성 속에서 반신자유주의적 투쟁은 대중적 기반을 점차 넓혀나가게 될 것이다. 포스트-민주화 체제하에서 진보 세력, 그 가운데 민주주의 좌파 세력은—단기적인 전망이 아니라—중장기적인 전망을 가지고 이러한 복합적인 대중의 실천 속에서 '확장된 사회적 기반social base'을 만들어나가야 할 것이다.

이러한 대중적 실천의 과정은 '급진화 전략'과 '헤게모니 전략'을 합하려는 새로운 문제의식에서 비롯된다. 세 가지 영역에서의 대중적 실천은 '대중의 급진화'를 성취해가는 과정이기도 하지만, 동시에 기존 '진보의 경계'를 넘어 대중의 다양한 요구를 '헤게모니 차원에서 접합'해가는 과정이기 때문이다. 이런 점에서 대중적 실천의 과정은 '반신자유주의적 투쟁들과 다양한 민주적 투쟁'이 접합되는 과정이다(민주주의 좌파의 입장에서는 '헤게모니적 접합'의 과정이 될 것이다). 이러한 과제들이 중요한 이유는, 1987년 당시에 한국의 보수적 지배 체제가 군부 세력에 의해 지탱되고 있었다고 한다면, 현 단계 한국의 보수적 지배 체제는 개발독재하에서 강력하게 성장한 자본 권력과 시장 권력, 사회 각 영역에서 대중적 기반을 갖고 있는 다양한 '사회적 보수 세력'에 의해 유지되고 있기 때문이다.

적·녹·보 동맹? 민주주의 좌파 내부의 동맹 관계를 조정하다

다음으로 진보 세력, 그 일부로서의 민주주의 좌파 간 새로운 관계 형성이라는 과제가 제기된다. 돌이켜보면 반독재 민주화운동 내부의 운동들에서도 여러 차이가 있었다. 그러나 그것은 기본적으로 '반독재'라는 시대적 과제를 중심으로 하는 '수렴'의 기조 위에 서 있었다. 1987년 이후 지난 20여 년간 다양한 운동이 분화되어왔다. 과거 반독재적 동맹 구조가 97년 체제를 거치면서 균열되었고, 이제 포스트-민주화 체제하에서—새롭게 출현한 차이를 전제로 한—새로운 동맹 관계를 어떻게 구현할 것인가가 중요한 과제가 된다. 현재도 구좌파적 운동과 신사회운동적 운동 같은 긴장이 있다. 민중운동과 시민운동, 촛불운동 간에도 일정한 긴장이 있다. 또 생태운동과 좌파운동 간의 긴장, 여성운동과 노동운동 간의 긴장(2009년 초 민주노총 성폭력 사건)이 있다. 87년 체제 이후 '민주(주의)개혁'이라는 새로운 공통성을 구성해야 하는 과제가 생긴 것이다.

최근 '적·녹·보' 동맹이라는 표현으로 좌파적 운동, 생태주의적 운동, 여성주의적 운동이 어떻게 만날지 논의하는 것은,[29] 87년 체제-97년 체제를 경유하면서 분화·발전해온 사회적 저항운동들이 포스트-민주화 체제에 대항하는 반신자유주의적 저항 전선 속에서 어떻게 새롭게 만날 것인가라는 문제로 수렴된다. 이것은 자본의 식민화 확대에 따라서 사회경제적 진보운동으로만 파악되지 않는 다양한 저항 지점에서의 운동들의 만남을 의미한다. 나는 다양한 민주주의 좌파가 새로이 공통성을 만들어나가면서 급진민주주의적 연대 전선 속에서 만날 수 있어야 한다고 본다.

결국 신자유주의적 지구화시대/포스트-민주화 시대에 다양한 민주주의 좌파가—사회주의적 민주주의 좌파, 생태주의적 민주주의 좌파, 여성주의적 민주주의 좌파, 자율주의적 민주주의 좌파 등등—어떻게 새로운 동맹 관계(각자가 자신의 입장에서는 헤게모니적 동맹 전략이 될 것이지만)를 형성할 것인가, 이와 더불어 대중 투쟁을 어떻게 민주주의의 이름으로 급진화시킬 것인가가 관건이다. 여기서 민주주의의 급진적 확장주의자인 사회주의자나 반자본주의자 혹은 다양한 사회경제적 급진주의자들이 어떻게 자신을 현존하는 민주주의 투쟁의 급진적 선도자로 위치지울 것인가라는 고민에 직면하리라는 물음은 자명하다.

더 읽어볼 책들

1. 고병권 지음, 『민주주의란 무엇인가』, 그린비, 2011
'수유+너머' 지식공동체의 일원으로서 새로운 '코뮌주의'적 시각을 피력하고자 했던 저자는, 국민주권, 다수결, 대의제 등으로 구성되는 근대적 민주주의를 뛰어넘기 위하여, 홉스, 루소, 토크빌, 한국 정치학자들의 논의를 다시 읽는다.

2. 에이프릴 카터 지음, 『직접행동: 21세기 민주주의, 거인과 싸우다』, 조효제 옮김, 교양인, 2007
이 책은 직접행동이 민주주의의 결손을 보충하면서 민주주의를 역동화하고 제도정치를 보완한다는 시각에서, '직접행동'을 강조한다. 이러한 직접행동의 견지에서 저자는 자유민주의, 참여민주주의, 사회주의 등을 검토하고 있다.

3. 박찬표·최장집·서복경·박수형·박상훈 지음, 『논쟁으로서의 민주주의: 민주주의를 이해하는 문제에 관하여』, 후마니타스, 2013
한국 민주주의의 발전을 위해 '좋은 정당'과 정당정치의 발전을 강조하는 저자들이 14가지 테제를 통해 현재의 한국민주주의와 진보의 실패 지점을 '정당민주주의론'의 시각에서 피력한 책이다.

6강

한국 진보정치의
회생을 위한 제언

김세균

" 나는 진보 세력 모두에게 묻고 싶다. 낡은 것과의 결별을 선택할 것인가?
아니면 낡은 것의 재생에 매달릴 것인가? 서로 치킨게임을 할 것인가?
아니면 전진을 위한 윈·윈 게임을 할 것인가?
그 선택에 따라 진보정치가 지금보다 더 위축될 수도 있고
다시 힘차게 소생할 수도 있다 "

오늘날 세계자본주의 체제는 제2차 대전 이후 가장 심각한 위기 국면에 처해 있다. 이 위기 국면은 아마도 미국 헤게모니하에 조직된 전후 세계자본주의의 최종적 위기 국면, 그 마지막 단계에 해당할 것이다.

제2차 대전 이후 세계자본주의 체제는 미국 헤게모니하에서 이전과 구별되는 새로운 세계체제로 조직되었다. 미국은 전 세계적 수준에서 '봉쇄'와 '탈환'으로 대변되는 냉전 대결 정책을 추구하고 제3세계 반제민족주의 국가의 전복 등을 꾀함으로써 사회주의 운동 및 반제민족주의 운동의 위협으로부터 '자유진영'을 구해냈다. 한국전쟁은 미국이 세계자본주의 국가들을 자신의 군사적·정치적 헤게모니하에 조직하는 데 결정적이었다.

나아가 미국은 세계자본주의 체제 재구축에 손대며 'GATT 체제'[1]로 불리기도 하는 이른바 '제한적' 자유주의 세계체제로 세계자본주의를 만들어내는 데 앞장섰다. 여기서 제한적 자유주의 세계체제란 자유무역의 확대를 추구하면서 무엇보다 금융자본의 국제적 이동을 제한하는 동시에, 상대적으로 자립적인 국민경제적 공간의 성립과 발전을 허용하는 자유주의적 세계자본주의 체제를 뜻한다. 이 제한적 자유주의 체제는 제국주의 국가들의 식민지, 반식민지로 전락했던 지역의 정치적 독립을 허용하면서도 이 나라들이 '자유시장경제' 논리를 받아들이도록 만들어 각 나라의 국민경제를 세계자본주의 체제로 통합시키는 '신제국주의적' 세계체제이기도 했다.

1930년대 경제공황과 제2차 대전 등은 세계자본주의 체제를 파국적 위기로 내몬 구조적 과잉축적 위기를 폭력적으로 해소하고 제2차 대전 이후 세계자본주의 체제가 미국 헤게모니하에서 미증유의 새로운 성장국면을 맞이할 물질적 토대를 마련해주었다.[2] 그런데 제2차 대전 이후 세계자본주의는 크게 보아

⑴1970년대 중반까지 지속된 가속적인 자본축적 내지 장기적으로 나타나는 구조적 호황 국면과 ⑵그 이후의 구조적 과잉축적 위기 국면 혹은 장기적으로 나타나는 구조적 불황 (내지 침체) 국면을 거치면서 발전해왔다. 이와 더불어 세계자본주의 체제는 1980년대에 들어서면서부터 금융자본의 국제적 이동의 자유를 최대한 보장하고 각국의 국민경제를 세계자본주의 체제로 통합한 '제한적' 자유주의 체제에서 '신자유주의적' 세계체제로의 과도기였다.

제2차 대전 이후 세계자본주의 체제가—애초 영국 헤게모니하에 조직되었던 제2차 대전 이전의 세계자본주의 체제와 마찬가지로—왜 장기적인 호황 국면과 불황 국면을 거치면서 발전해왔는지는 역사적·경험적 연구들이 많이 나왔지만, 엄밀한 이론적 연구는 부족하다고 본다. 이러한 이론적 연구를 토대로 나는 갈 길을 잃은 한국의 진보정치가 살펴야 할 지점이 무엇인지를 논의해보고자 한다.

세계자본주의는 위기에 접어들고 있다

　우선 자본주의가 이처럼 장기호황·불황 국면을 거치면서 발전하는 이유는 무엇일까? 일단 무엇보다 투자할 곳이 많고, 평균이윤율●이 아직 상대적으로 높아 투자 증대를 통한 이윤총량의 증대가 이윤율 하락이 가져오는 이윤총량의 감소를 상쇄할 수 있는 자본주의의 발전 국면은 장기호황 국면으로 나타난다. 반면 평균이윤율이 더 낮아지고 투자할 곳이 상대적으로 적어져 투자 증대를 통한 이윤총량 증대가 이윤율 하락이 가져오는 이윤총량 감소를 더 이상 상쇄하기 어려워진 자본주의의 발전 국면은 장기불황 국면으로 나타난다.

　이와 관련하여 우리는 자본주의의 장기불황 국면을 만들어내는 '구조적 과잉축적 위기crisis of structural overaccumulation'와 대체로 10년 주기로 발생하는 '과잉생산 위기crisis of overproduction'를 구별할 필요가 있다. 여기서 구조적 과잉축적 위기는 생산된 상품들이 다 팔릴지라도 자본이 더 이상 적합한 이윤을 확보하기 어려워 생겨나는 위기인 반면, 과잉생산 위기는 생산된 상품들이 시장에서 잘 팔리지 않아 생겨나는 위기다. 그런데 구조적 과잉축적 위기와 과잉생산 위

● 여러 생산 부문 이윤율의 평균치.

기는 둘 다 자본 사이의 경쟁이 만들어내는 '자본주의적 생산의 무정부적 성격'에서 생겨난 위기지만, 위기의 성격과 발현 형태 등을 전혀 달리하는 두 종류의 위기이기도 하다. 과잉생산 위기는 과소소비 위기의 앞면이다. 그러므로 '완전고용'과 '대중의 유효수효 창출' 등을 목표로 하는 고전적 케인스주의(또는 좌파 케인스주의)는 과잉생산 위기의 뒷면인 과소소비 위기에 대한 대응책 혹은 예방책으로는 의미가 있지만, 자본의 구조적 과잉축적 위기에 대해서는 이 위기를 누그러뜨리는 데에 기여하기는커녕 촉진시키는 데 기여한다. 이 사실은 자본주의의 장기호황 국면에 위세 등등했던 고전적 케인스주의가 1980년대 이후에는 왜 부르주아 세력으로부터 '죽은 개' 취급을 받게 되었는가를 잘 설명해준다. 나아가 1980년대 이후에는 케인스주의라는 말을 앞세우긴 했지만, 이 케인스주의가 금융자본 운동의 뒤치다꺼리나 하는—'신자유주의에 봉사하는 케인스주의'라 할 수 있는—'신케인스주의'로 변질했는가를 설명해주는 것이기도 하다. 신자유주의 이론가들은 "시장 실패도 시장에게 맡겨라"라고 허풍을 쳤지만 신자유주의 체제를 실제로 뒷받침하는 역할은 신케인스주의가 맡았다.

과잉생산 위기는 무엇보다 고전적 케인스주의의 처방을 요구하기도 한다. 다만 구조적 과잉축적 위기 국면에 나타나는 과잉생산 위기를 극복하려는 케인스주의식 처방은 무엇보다 대중의 불만을 잠재우기 위한 일시적인 것 이상이 되기 어렵다. 그리고 나는 구조적 과잉축적 위기가 깊어질 대로 깊어진 조건 속에서 터진 과잉생산 위기는—그 위기가 세계적 수준의 대공황이라면—특정 형태의 역사적 세계자본주의 체제를 최종적으로 파탄시키는 경제위기가 될 것이라고 생각한다.

1980년대 이후 세계자본주의 체제의 발전은 대체로 다음과 같은 특징으로 전개되고 있다.

첫째, 세계자본주의의 장기호황 국면에는 '산업적 축적'이 자본축적의 주축이었다. 세계자본주의가 장기불황 국면에 접어든 1980년대부터는 산업적 축적의 위기를 '금융적 축적'으로 돌파하는 움직임이 본격적으로 일어나기 시작했다. 이와 관련해 1980년대가 자본축적의 중심이 산업적 축적에서 금융적 축적으로 이행하기 시작한 과도기였다면, 1990년대에는 미국계의 지구적 금융자본이 주도하는 금융적 축적이 황금기를 맞이했다. 이 황금기는 미국의 경우 마땅한 투자처를 찾지 못한 방대한 유휴자본들이 미래의 기대 수익을 찾아 IT산업에 대거 몰림으로써 생겨난 이른바 '신경제'라는 거품경제의 성장이 큰 뒷받침이 되었다.

둘째, 1990년대에 이르면 각국 국민경제를 세계자본주의 체제에 한층 더 깊숙이 통합하려는 움직임 역시 일어난다. 이와 관련해 1994년 수립된 WTO 체제[3]는 금융자본의 국제적 이동을 보장하고 개별 국민경제를 세계자본주의로 대거 통합시키기 위한 '신자유주의적' 세계 통합을 위한 체제라는 성격을 띤다. WTO 체제는 1970년대 중반 이후, 세계자본주의에서 심각하게 드러난 장기적인 구조적 과잉축적 위기의 타개책이라 할 수 있는 '신자유주의의 세계화'를 뒷받침하는 국제 체제로 규정될 수 있다.

셋째, 1990년대 초에는 소련 중심의 현실사회주의 체제가 무너진다. 현실사회주의 체제의 붕괴는 우선 그 체제가 지닌 고유한 모순에 말미암은 것이지만, 미·소 화해● 등을 배경으로 1970년대부터 데탕트 국면이 조성되고, 이를 통해 현실사회주의 체제가 세계자본주의 체제에 이미 깊숙이 통합된 것과도 크게 관련이 있다.

● 1960년대 말, 군사 문제를 비롯해 미국과 소련 양국 사이에 벌어진 긴장 완화의 구도.

한편 1990년대에 이르러 미국계의 지구적 금융자본이 세계적 자본축적을 주도했다. 그러면서 미국은 금융적 축적의 황금기를 맞이하였고, 1990년대 초 소련과 동구권의 현실사회주의 체제가 무너짐에 따라 '미국의 세계적 헤게모니 완성'이나 "미국이 더 이상 적이 없는 명실상부한 유일 패권 국가로 등장했다"는 것과 같은 담론이 큰 위세를 떨쳤다. 하지만 겉으로 보기에 미국의 이런 초제국주의 국가로의 부상은 정상적인 자본주의적 착취에 기반을 둔 산업적 축적이 아니라, 여타 자본들과 노동자대중 등에 대한 금융적 수탈이 주축을 이루었다. 이는 곧 산업적 축적의 부진과 그것이 야기한 구조적 과잉축적 위기가 깊어짐에 따라 세워진 바벨탑 같은 것이었다. 미국이 초제국주의 국가로 떠오르면서 산업적 축적의 차원에서 미국의 경제적 헤게모니의 실질적인 쇠퇴와 궤를 같이한 것이다.

　넷째, 2000년대 초 미국 월 가 주식시장에서의 주가폭락은 금융적 축적의 황금기가 끝났다는 것을 알린 최초의 신호탄이었다. 그리고 2001년 9·11사태는 신자유주의적 세계자본주의 질서와 이를 강제하는 미국에 대한 세계 민중의 저항이 앞으로 본격화될 것임을 알리는 상징적 사건이었다. 그런데 금융적 축적의 '좋은 시절'이 끝남과 더불어 금융적 축적의 위기를 타개하기 위한 금융자본의 공세 역시 한층 더 거세지기 시작했다. 금융상품 개발의 열풍이 불기 시작하고 주택건설 경기를 부양하려는 금융자본의 투기 역시 한층 더 기승을 부리기 시작했다.

　이와 더불어 미국의 대외정책에도 중요한 변화가 일어났다. 먼저 대외통상정책에서 미국은 2000년을 전후하여 양국 또는 지역 사이에 체결되는 특혜무역협정인 FTA같이 다자주의® 원리에 배치되는 무역협정에 부정적이었던 예전

● 여러 국가가 무역 문제의 해결을 위해 세계 수준의 협의체를 두고 가치 체계나 규범, 절차 따위를 각국이 준수하고 조율하도록 한다는 태도를 뜻한다.

과 달리 양자주의에 입각한 차별적 통상협정인 FTA를 적극 추진하기 시작했다. 이처럼 미국 중심의 배타적인 경제블록 형성을 지향하면서 미국의 통상정책이 변한 것은, 미 제국주의가 세계 모든 나라의 국민경제를 세계자본주의 체제에 포섭시키면서 미국 자신도 '하나의' 자유주의적 세계경제 체제 수립을 가능케 하는 규칙들을 지키는 미국 중심의 '지구적 제국 건설노선'이 미국의 일방적인 이익을 추구하는 '미 제국의 직접적인 확장 노선'으로 변한 것을 의미한다. 아울러 미국은 2000년대 이전까지는 최소한 타 선진국들의 이익까지 보장하면서 자국의 이익을 얻으려 한 '다자주의' 정책을 추구한 반면, 2000년대에 들어오면서부터는 타 선진국의 이익을 희생시키고 자국의 이익만을 극대화하려는 '일방주의' 정책으로 선회하기 시작했는데,[4] 이는 미국이 2000년대부터 처한 자본축적의 위기가 다자주의 정책의 추구도 어렵게 만든 것을 의미한다. 끝으로 미국은 이런 일방주의적 정책을 관철시키고 미 제국을 직접적으로 확장하기 위한 수단으로 '인도주의적 개입' 등을 앞세운 군사적 개입을 일상화하는 정책을 실행했는데, 미국의 이라크 침공과 아프가니스탄 침공 등이 미국의 이런 전쟁의 상시화 정책을 대표하는 것이었다.

다섯째, 2008년 서브프라임 모기지 사태가 촉발한 미국의 금융공황과 이 공황에서 거세진 세계금융공황은 멀리는 1980년대부터, 가까이는 2000년대에 이르러 한층 더 '허구적·퇴영적 축적' 성격을 띤 금융적 축적의 모순이 일거에 터져나온 사태로 평가될 것이다. 나는 2008년 세계금융공황과 더불어 미국 헤게모니하에 조직된 제2차 대전 이후의 역사적 세계자본주의 체제가 최종적 위기 국면으로 접어들었다고 생각한다.

그런데 이 금융공황은 각국 정부의 대대적인 재정투자를 통해 일시적으로 진정되는 듯했지만, '금융자본 구하기'를 일차 목표로 한 국가의 대대적인 재정 투자가 국가재정 위기를 불러일으키고 이 재정위기를 넘어서려는 대대적인 긴축재정이 국민경제를 전반적으로 위축시켜버렸다. 그런 가운데 노동자·민중의 삶을 더 한층 나락으로 떨어뜨려 금융위기를 재차 부채질하는 것과 같은, 데이비드 맥낼리David Mcnallly●가 말한 '글로벌 슬럼프Global Slump' 사태가 발생하고 있다.5 또한 이 사태는 미국이 자국 경제의 위기를 유럽 등 다른 국가로, 그리고 중심부 국가들이 주변부 국가들로 위기를 떠넘겨버림으로 말미암아 주변부 국가들에서 먼저 위기가 터지고 이 위기가 다시 중심부 국가들의 위기로, 그리고 이 위기가 다시 미국으로 되돌아오는 양상으로 발전했다. 이런 위기 순환은 갈수록 사태를 악화시키며 반복될 것으로 예상된다.

지구적 수준에서 '시장도 국가도' 모두 패배자로 만드는 이런 연쇄적 위기 폭발의 밑바닥에는 자본의 엄청난 과잉축적이라는, 특정 형태의 역사적 자본주의 체제의 생사와 관련된 문제가 놓여 있다. 날로 악화되며 확산되고 있는 이 위기는 앞으로 갈수록 심해지는 장기불황이나 (과잉축적 위기의 최종 국면이라 할 거대한 과잉생산 위기인) 지구적 수준의 대공황을 불러일으킬 것으로 보인다. 자본주의의 이런 발전은 다른 한편으로 전쟁 발발의 가능성을 높이는 과정이기도 하다. 그렇지만 미국의 핵 독점이 깨진 상태에서 전쟁 수행은 전쟁을 일으킨 나라 자체도 잿더미로 만들지 모르는 도박이다. 이 점은 국민자본 간의 융합이 크게 진척되고 있는 것과 더불어 세계자본주의가 처한 거대한 과잉축적 위기의 해소에 기여할 만한 전쟁이 발발하는 것을 막는 결정적 조건이 되고 있다.

한편 미국의 대이라크전과 대아프카니스탄전은 아랍 민중의 저항 등으로 소기의 성과를 내지 못한 채 미국의 국가재정 위기만을 악화시키는 결과를 낳았

● 민주주의 이론과 실제, 현대 사회운동, 마르크스주의와 여성주의, 반인종주의 등을 연구하는 캐나다 출신의 정치경제학자.

다. 이로 인해 미국의 세계적 헤게모니는 한층 더 훼손되었다. 오늘날에는 미국의 달러가 여전히 세계 기축화폐의 역할을 맡고 있고 미국의 군사력이 압도적 우위를 차지하고 있는 사실만이 미국의 세계적 영향력을 지켜주고 있다.

허나 이제 산업적 축적의 세계적 중심지가 아시아로 이전되고 있다. 중국이 G2로 부상하고, 중국을 비롯한 아시아가 세계경제의 중심 지역으로 주목받게 되었다. 이에 대응해 미국은 '아시아로의 귀환정책'을 본격 추진하면서 아시아 국가들을 자신의 경제권으로 편입시키기 위해 노력하고 있다. 한편, 아시아 전체가 중국의 영향권에 완전히 편입되는 것을 막기 위해 중국을 군사적으로 포위·견제하는 데에 사력을 다하는 중이기도 하다. 이런 움직임은 미국이 인도 및 아시아 국가들과 군사적 협력을 강화하고 한미일 군사동맹을 중국 견제를 위한 새로운 동맹 차원으로 격상시키고 있는 데에서도 드러난다.

종합해보면, 오늘날 제2차 대전 이후 미국 헤게모니하에 조직된 세계자본주의 체제가 확실히 숨을 거두고 있지만, 우리는 이 체제를 대신하여 어떤 새로운 세계체제가 등장할지는 누구도 예측하기 어려운 시대에 살고 있다. 오히려 미래의 불확실성이 갈수록 더 커지고 있고, 세계경제와 각국 국민경제 사정이 갈수록 나빠지면서 세계 대공황이 언제 터질지 모르는 상황이 만들어지고 있다. 이런 정세 속에서 아마도 상당히 긴 기간 동안 각국 지배층 간의 갈등이 깊어지고, 새로운 세계를 열기 위한 세계 민중의 저항과 이런 저항을 저지하려는 자본과 각국 지배층의 반동적 시도가 갈수록 격렬하게 부딪칠 것은 틀림없다.

민중·노동자의 저항이 들불처럼 번지다

우리는 미국의 세계적 헤게모니가 더 이상 회복할 수 없을 정도로 쇠퇴하고 있고, 미국 헤게모니하에 조직되었던 전후 세계자본주의 체제가 최종적 위기를 맞이하고 있는 시대를 살고 있다. 동시에 이 시대는 신자유주의 세계화 그리고 그것이 야기한 금융공황, 국가재정 위기 등으로 수많은 사람의 삶이 파탄나는 지경에 이르렀다. 이 때문에 자본의 신자유주의 공세와 초국적 금융자본의 탐욕 그리고 국가의 긴축재정 정책 등에 대한 대중의 항의가 세계 전역으로 번지는 대중 반란의 시대에 접어들었다.

우리는 먼저 튀니지 혁명으로 시작해 이집트 혁명에서 절정을 이룬 2011년 중동 민중의 민주화 투쟁이 단순히 독재 타도를 위한 정치적 민주주의를 위한 성격이 아니라, 중심부 자본주의 국가들이 제3세계 민중에게로 위기 부담을 폭넓게 떠넘긴 것에 촉발된, 신자유주의 반대 투쟁의 성격을 담은 민주화운동이 었음을 지적할 필요가 있다. 제3세계 민중의 투쟁은 갈수록 신자유주의 및 신자유주의적 제국주의에 반대하고 실질적 민주주의로 나아가기 위한 투쟁으로 전개될 것이다.

중동 지역의 민주화 투쟁에 이어 2012년에는 이른바 '점거운동occupy movement'이 미국을 비롯한 선진국들을 휩쓸었다. '1퍼센트에 맞선 99퍼센트의 투쟁'임을 내세우는 이 운동은 21세기의 새로운 프롤레타리아층이라 할 만한—오늘날 세계인구의 압도적 다수를 차지하고 있는—'프레카리아트precariat',* 특히 이 범주에 속한 젊은이들이 주도해나갔다. 이 운동은 신자유주의 체제의 피해를 입고 있는 사회 각계각층의 '워킹 푸어workin poor'**가 대거 모여 벌린 금융

● 불안정한precarious과 프롤레타리아트proletariat를 합성한 조어로, 불안정한 고용·노동 상황에 놓인 비정규직·파견직·실업자·노숙인들을 통틀어 가리킨다.

●● 일하는 빈곤층을 뜻하는 말로 열심히 일해도 가난에서 벗어나지 못하는 계층을 의미한다.

자본 지배 반대 투쟁이었다. 이 프레카리아트와 워킹 푸어는 노동유연화와 사회양극화를 강제하는 신자유주의적 자본축적 과정 자체의 직접적인 산물이다. 점거운동은 절망의 늪에 빠진 나약한 개인을 구조적 악에 대항하는 수많은 '가이 포크스Guy Fawkes'●로 전환시키는 프레카리아트와 워킹 푸어의 자기주체화 투쟁이다. 정치로부터 소외되었던 일반대중 자신이 정치의 주체로 나서는 대중의 직접민주주의적 실천인 이 운동은 대의제 민주주의와 제도정치의 한계를 넘어 광장민주주의, 점거민주주의를 실현시킨 운동이라는 의의가 있다.

점거운동과 동시적으로 혹은 뒤이어 2012년부터는 국가재정 위기를 타개하기 위한 강도 높은 긴축재정 정책으로 더 한층 나락으로 떨어지기 시작한 노동자·민중이 벌인 투쟁이 유럽 각지에서 폭발적으로 일어나기 시작했다. 이 투쟁은 긴축재정 정책의 강행에 따른 대량 해고와 임금삭감 등에 반대하는 정규직 노동자들이 투쟁을 주도하고 있다는 점에서 프레카리아트 주도의 점거운동과는 중요한 차이가 있다. 그리고 공공부문 노동자 및 산업프롤레타리아트가 주도하는 투쟁이라는 점에서, 이 투쟁이 신자유주의 지배 체제에 가하는 타격의 강도는 점거운동과는 비교할 수 없이 크다. 이 투쟁은 오늘날 국가파산 위기에 몰린 그리스에서 정점에 다다른 가운데 급진좌파연합 정당인 '시리자Coalition of the Radical Left'가 일약 그리스의 제2당으로까지 도약할 수 있는 발판을 마련해주었다. 그리스를 비롯한 남유럽에서 본격적으로 일어나고 있는 이런 신자유주의 반대 노동자·민중 투쟁은 앞으로 유럽대륙 전체로 확산되어갈 것이다.

다른 한편, 우리는 베네수엘라의 차베스 정권 등 2000년대에 생겨난 남미의 여러 좌파정권이 내부적으로 사회개혁을 단행하는 동시에 외부적으로 미국에 대해 자립성을 지닌 새로운 남미 경제권을 형성하기 위해 힘쓰고 있는 사실

● 1605년 11월 5일 의회 의사당을 폭파시켜 잉글랜드의 왕과 대신들을 한꺼번에 몰살시키려고 했던 '화약음모사건'의 가담자. 결국 폭파 전에 들켜 처형당했다. 당시 왕실에서는 왕의 무사함을 기뻐하고자 불꽃놀이를 벌이도록 했으나, 훗날 많은 사람은 가이 포크스의 실패를 아쉬워하면서 대신 불꽃을 터뜨리는 의미로도 불꽃놀이를 벌였다. 포크스는 후대에 저항의 아이콘으로 자리매김했다.

에도 주목할 필요가 있다. 특히 베네수엘라의 실험은 새로운 사회주의 체제로의 이행 문제와 관련하여 중요하다. 그런데 신자유주의 지배 체제에 대한 대중적 저항의 증대는 개혁을 내세우는 세력이 집권할 수 있는 조건을 만들어주고 있다. 그러나 폭넓은 체제 내적 개혁의 추진을 가능케 하는 물적 토대와 객관적 조건은 없기 때문에 개혁의 시도는 늦든 빠르든 '좌절이냐', 아니면 '보다 진전된 급진화냐'의 기로에 직면하지 않을 수 없을 것이다. 대중적 저항의 증대는 동시에 지배층의 보수적 반동이나 새로운 형태의 파쇼적 반동을 불러일으킬 가능성 또한 높이고 있다.

한국의 정치 지형과 진보정치

오늘날 전개되고 있는 세계적인 민중투쟁은 기본적으로 '반신자유주의 민주 혁명'을 성취하려는 투쟁의 성격을 띤다. 이와 관련해 인류가 처한 지구적 수준의 거대한 사회적 재앙을 극복하려면 (자본주의 체제가 만들어내고 있는 환경 재앙의 극복과 더불어) 반신자유주의 민주 혁명의 성취가 반드시 필요하다. 이 점에서 반신자유주의 민주 혁명이야말로 우리 시대의 가장 절박한 당면 과제로 규정할 수 있다. 허나 이와 동시에 세계자본주의가 오늘날 크나큰 과잉축적 위기에 내몰려 있는 점을 볼 때 반신자유주의 민주 혁명이 '체제 내적 개혁'의 형태로는 결코 이뤄질 수 없음을 알아야 한다. 반신자유주의 민주 혁명은 오직 체제 변혁적인 성격을 분명히 하는 가운데 추진될 때에만 가능한 혁명이다. 이는 '반신자유주의 민주 혁명을 자본주의 극복을 위한 투쟁과 결부시키는 것이 변혁 세력이 추구해야 할 올바른 전략임을 가리키는 것이기도 하다.

이와 관련하여 '스웨덴식 구舊사민주의 체제'를 신자유주의 체제의 대안이라는 보는 견해의 문제점을 짚어볼 필요가 있다. 원론적으로 본다면, 사민주의적 자유주의라 할 수 있는, 미국의 루스벨트 대통령이 추구한 뉴딜정책에서 전형적으로 나타난 '혁신자유주의reform liberalism' 혹은 '사회적 자유주의the social liberalism'와 마찬가지로 고전적 케인스주의 내지 좌파 케인스주의가 내세우는 '완전고용, 대중의 유효수요 창출, 보편적 복지 체제의 구축' 등을 성공적으로 성취한 구사민주의 체제는 신자유주의 체제에 대한 체재 내적 대안 가운데 하나다.

그러나 구사민주의 체제를 실현 가능한 대안이라고 주장하는 사람들은 이 체제가 전후 세계자본주의의 장기호황 국면에서 꽃필 수 있었다는 점, 현실사회주의 체제의 성립이 그 수립을 촉진시키는 가운데 강력한 노동운동과 노동자 정당의 존재에 힘입어 출현할 수 있었던 점을 간과하고 있다. 게다가 이들은 (이전에 신자유주의 공세에 맞서 스웨덴사민당 좌파 세력이 '더 많은 사회화'를 요구했던 데에서도 알 수 있다시피) 오늘날과 같은 조건에서는 구사민주의의 본래 목표를 달성하기 위해서라도 금융은 물론 주요 산업과 대기업의 사회화·국유화, 불로소득의 사회적 환수 등을 추진할 수밖에 없다는 점도 무시하고 있다. 자본주의가 상승 국면이 아니라 하강 국면, 그것도 하강 국면의 최저점으로 치닫고 있는 오늘날 반신자유주의 민주 혁명은 자본주의를 넘어서려는 방향과 분명히 결합할 때에만 성취될 수 있다. 이 점에서 사민주의는 그 이상을 달성하기 위해서도 사회주의적 지향성과 분명하게 결합해야만 한다.

이와 더불어 오늘날 한국의 야당 세력이 사회발전의 대안으로 제시하고 있는 이른바 '진보적 자유주의'가 신자유주의의 대안이 아니라 김대중의 '민주적 시장경제론'을 일정하게 업그레이드한 '신자유주의의 좌파적 버전'에 불과하다는 점을 알 필요가 있다. 물론 진보적 자유주의는 이명박 정권의 노골적인 신자유주의적 친재벌·친부자 노선에 대해서는 상대적으로 진보적이지만, 이 노선이 제시하는 개혁의 내용들은 '누이 좋고 매부 좋은' 식의 내용을 담고 있는 것으로, 신자유주의의 극복이 아니라 오히려 그 원활한 작동을 지향하는 프로젝트 이상이 되지 못하고 있다. 게다가 이 자유주의자들에게는 신자유주의적 세계화의 모순과 그 모순이 몰고 오는 경제위기 등에 단호하게 맞서 대중의 생존권을 지키고 또 이를 위해 신자유주의 체제를 넘어서겠다는 분명한 의지가 결여되어 있다. 이들은 경제위기가 닥치면 현재 자신들이 내세우고 있는 개혁정책조차 상황 논리 등을 내세워 없던 것으로 내팽개칠 것이 분명하다.

반면 우리 사회에서는 반신자유주의 민주 혁명을 성취해낼 객관적 조건이 성숙하고 있고 대중의 잠재적 역량도 증대하고 있지만 그 혁명을 성취해낼 정치적 역량이 최하점으로 떨어지는 역설적 상황이 일어나고 있다. 비정규직 양산과 비정규직 노동자의 고통 가중, 청년실업 50퍼센트와 자살률(특히 청년자살률) 세계 1위, 날로 심화되는 소득양극화와 가계부채 급증 등은 대중의 삶이 파탄 상태에 있음을 알리는 증거들이다. 이에 따라 체제에 대한 대중의 불만 역시 쌓이고 있고, 이 누적된 불만이 언제 어떻게 폭발할지 모르는 지극히 유동적이고 불안정한 정세가 만들어지고 있다. 그렇지만 대중의 불만과 저항을 반신자유주의 혁명의 동력으로 전화轉化시킬 정치적 역량이 현 시기에 이르러 바닥으로 떨어진 것이 우리네 현실이다.

이명박 정권의 노골적인 친재벌·친부자 정책으로 대중의 불만이 쌓여가고 '경제민주화'와 '복지' 등의 담론이 전면화되는 등 이데올로기적 지형은 최근에 급속하게 왼쪽으로 가고 있다. 그러나 우리 사회의 정치 지형은 여전히 '보수 세력 대 자유주의 세력 간의 대립 구도'로 규정되고 있다. 아울러 이번 18대 대선에선 박근혜를 앞세운 보수 세력이 승리한 가운데 보수 세력과 자유주의 세력에 대해 독자성을 지닌 진보 세력의 정치적 영향력을 높이고자 '진보대통합'을 위한 노력이 있었다. 허나 민주노동당 당권파가 자유주의 세력의 한 분파인 유시민 중심의 국민참여당과의 통합을 우선시하고, 진보신당(현 노동당) 독자파가 민주노동당과의 통합에 반대함으로 말미암아 실패로 끝났다. 그 결과 구민주노동당과 국민참여당 및 노회찬, 심상정 중심의 이른바 '진보신당 통합파'의 일부 세력이 탈당해 만든 통합연대가 주축이 되어 통합진보당이 결성되었다.

그런데 통합진보당은 지난 18대 총선에서 민주통합당과의 후보단일화 등에 힘입어 총 13석의 의석(지역구 7석 비례대표 6석)을 얻어 구민주노동당에 비해 세력을 크게 신장시킬 수 있었지만, 자유주의 세력인 국민참여당과 통합하고 '야권연대를 통한 정권교체'를 추구함에 따라 자신의 노선을 급격하게 우경화해 민주통합당이 내세운 진보적 자유주의의 좌파적 버전 이상의 노선을 내진 못했다. 게다가 경선 비례대표를 뽑기 위한 선거의 '총체적인 부실과 부정' 선거 여부를 둘러싼 구민주노동당 당권파와 비당권파 간의 싸움이 격렬해지고 진흙탕 싸움으로 변질됨에 따라, 통합진보당 및 통합진보당에서 탈당한 세력이 만든 진보정의당(현 정의당)의 대중적 지지도는 급속히 떨어져버렸다. 이와 관련, 통합진보당이든 정의당이든 이들이 한국 진보정치의 위기를 만들어내는 진원지라는 점에서 이 정당들은 한국 진보정치가 처한 위기를 극복할 조직적 구심이 되기가 어려운 것으로 보인다.

다른 한편, 진보운동 진영의 최대 대중 조직인 민주노총 역시 한편으로는 권력과 자본의 신자유주의 공세에 밀리고, 다른 한편으로는 내부의 정파 대립과 간부의 관료화 등이 진척됨으로 인해 힘 있는 대중 투쟁을 주도적으로 조직할 능력을 잃어버렸다.

그런데 '국민승리 21 운동→ (애초 '평등파' 우세 내지 평등파와 자주파 간 힘의 균형에서 출발한) 민주노동당의 결성→ ('자주파'의 당권 장악과 자주파의 패권주의가 가져온) 민주노동당과 진보신당으로의 분열→ 자유주의 세력이 참여하는 통합진보당의 건설→ 통합진보당과 진보정의당으로의 분열'로 이어진 일련의 과정은 한편으로는 반제민족주의를 내세운 자주파가 그간 한국의 진보운동을 이끌어왔지만 이젠 더 이상 주도할 수 없게 되었음을 알렸다. 다른 한편으로는 한국 진보운동의 주도적 흐름이 자유주의화의 물결 속에 깊숙이 휩쓸리고 있음을 상징하는 사태로서 커다란 역사적 의미를 지닌다.

나아가 앞에서 말한 일련의 과정은 '노조 주도하의 노동자정치 세력화'가 통합진보당의 출현을 통해 최종적으로 파산했음을 가리키는 것이기도 하다. 이제 반신자유주의 민주 혁명을 끝까지 밀고 나갈 잠재력을 지닌 진보좌파 세력은 여러 정파로의 내부적 분열 등으로 대외적으로 힘 있는 하나의 정치세력으로 자신을 내보이지 못하고 있다.

한국 진보정치의 미래, 어떻게 개척할 것인가

오늘날 한국에서 진보적 사회운동과 노동자들의 현장 투쟁 역량은 완전히 소진되지 않고 있지만, 자유주의 운동에 대해 독자성을 지닌 진보정치 운동은 존립이 위태로울 정도로 유례없는 위기를 겪고 있다. 이 위기는 단시일 내에 극복하기 어려운 위기이기도 하다. 아마도 진보정치 세력이 다음 총선이 있는 2016년까지 자신을 유의미한 정치세력으로 성장시키는 데 실패하면 진보 세력의 독자적 정치세력화의 장래는 매우 어둡다.

그런데 체제에 대한 대중의 불만은 갈수록 늘어나고 있지만, 이 불만을 사회변혁의 동력으로 상승시킬 정치적 힘이 약해질 대로 약해진 상황 속에서 특히 젊은 층을 중심으로 '나꼼수'나 안철수 같은 자신의 구원자가 될 수 없는 '구원자들'에게 열광하는 것과 같은 현상도 대거 일어나고 있다. 이런 현상은 다시 미리 예측할 수 없는 대중의 자생적 투쟁이 폭발할지라도 그 투쟁이 유의미한 정치적 성과를 내지 못하고 그 성과를 온건보수 세력이나 자유주의 세력이 독차지하는 사태를 반복시킬 가능성을 높인다. 이런 점들에 비춰볼 때 한국이 반신자유주의 민주 혁명을 '선도'하는 나라가 될 가능성은 희박해 보인다.

그렇지만 진보정치 운동 역시 지금의 곤경을 딛고 다시 비약적으로 성장할 가능성이 전혀 없는 것은 아니다. 한국의 진보 세력이 현재 자신이 처한 객관적 조건을 냉철하게 인식하고 한국 진보정치 운동의 미래를 위해 기존의 사고방식과 행동 양식들을 혁신한다면 조직노동자들은 물론 비정규직 노동자 및 예비 비정규직 노동자 및 청년층의 투쟁이 앞으로 폭발적으로 등장할 수밖에 없다.

그러므로 지금이야말로 한국의 진보 세력이 중장기적 전망을 가지고 우선적으로 진보정치 운동의 혁신과 재구성에 착수해야 할 시기다. 나아가 이 시기에 진보 세력이 현 시기에 얼마나 자기혁신을 단행하고 진보정치의 재구성에 성공하느냐에 따라 한국 진보정치의 미래가 결정될 것이 분명하다. 진보정치의 재구성 방향과 관련해서는 다음의 내용을 고려해볼 필요가 있다.

첫째, 진보정치의 재구성은 통합진보당과 정의당을 대체하는 새로운 진보정당의 건설을 통해서 이뤄질 수 있을 것이다. 때문에 통합진보당과 정의당 외부에 변혁지향적인 새로운 진보정당을 건설하고 이 당을 강화해 진보정당의 우경화에 반대하면서도 다른 별다른 대안이 없어 통합진보당과 정의당에 머물고 있는 세력들도 이 당에 참여할 수 있도록 만들어야 한다.

둘째, 현재의 노동당은 앞으로 세워져야 할 새로운 진보정당의 가장 중요한 한 축이 되어야 하지만, 새로운 진보정당은 노동당을 단순히 확대·강화하는 형태로 이뤄질 수 없다. 그 이유는 무엇보다 노동당이 그간 대중운동에 확고하게 뿌리내리지 못했고, 그간 합법주의적·의회주의적 실천과 자주파와의 구별된 정립을 앞세운 나머지 대중 투쟁과의 결합, 다른 좌파 세력과의 협력 관계 형성 등을 소홀히해온 데에 있다. 이 점에서 노동당이 중심이 되어 제2의 노동자정치 세력화 등을 적극 추동하기란 사실상 불가능하다.

셋째, 이와 관련해 설령 힘들더라도 새로운 진보정당은 투쟁하는 노동자들이 주축이 되고 누구보다도 비정규적 노동자들에게 깊이 뿌리내리는 '제2의 노동자정치 세력화'에 바탕을 두어야 한다. 이를 통해 자유주의 세력과 분명하게 선을 긋는 여러 진보 세력이 결집하고 '녹·적·보 연대' 등을 실천하는 새로운 유형의 대중적 진보정당으로 건설되어야 할 것이다.

그러므로 새로운 진보정당 건설 과정에서 일차적으로 중요한 문제는 투쟁하는 노동자들이 주축이 되고 비정규적 노동자들에게 깊숙이 뿌리내리는 '제2의 노동자정치 세력화'를 적극 추동해낼 초동初動 주체들을 어떻게 만들어낼 것인가, 그런 노동자정치 세력화와 녹·적·보 연대 형성 등을 위해 현재 분열되어 있는 여러 진보좌파 세력이 어떻게 힘을 노을 수 있을 것인가. 이와 관련, 현재 노동운동 진영 내부에서 노동정치의 복원을 위한 여러 흐름이 만들어지고 있는 것은 고무적이다. 다만 이런 흐름들이 하나의 큰 흐름으로 속히 합류할 수 있을지는 더 두고 봐야 할 일이다.

아울러 여러 정파가 강령지상주의와 다른 세력들에 대한 배타적 태도 등을 버리고 서로 합의할 수 있는 새로운 진보정당의 상 등에 대해 허심탄회하게 논의하는 장이 언제 생길지도 현재로서는 정확하게 예측하기 어렵다. 그리고 새로운 진보정당이 일반 대중의 일상적인 삶과 직접 연결되는 지역정치에 얼마나 뿌리내릴 수 있는가도 진보정당의 미래와 관련하여 커다란 중요성을 지닌다.

넷째, 새로운 진보정당의 노선은 어떤 것이 되어야 할까? 이에 대해 나의 의견을 밝히면 아래와 같다.

(1) 새로운 진보정당은 비제도정치 우위하에서 비제도정치와 제도정치의 결합을 추구하는, '제도정치와 비제도정치의 변증법'을 실천하는 정당이어야 한다. 이는 새로운 진보정당이 사회운동적 정당, 비제도적 투쟁정당의 성격을 기본적으로 지니되 대중정치와 지역정치 등에서 축적한 역량에 기반을 두고 제도정치, 의회정치로의 진출도 적극 추구하는 정당이 되어야 함을 뜻한다. 또 이를 통해 '제도정당이냐, 비제도정당이냐' '의회주의정당이냐 운동정당이냐'라는 양자택일에서 벗어나 '제도정치와 비제도정치 및 의회정치와 운동정치의 변증법적 결합'을 추구할 수 있어야 한다.

(2) 새로운 진보정당은 '자본주의 극복과 사회주의 실현'을 당의 최종 목표로 삼되 '신자유주의 반대를 자본주의의 극복과 결합시킬 구체적인 사회주의를 지향하는 정강정책'을 마련해야 한다. 이런 구체적 정강정책을 마련하고 그 실현을 위해 투쟁함으로써 '사민주의냐, 사회주의냐'와 '신자유주의반대냐, 자본주의

철폐냐'와 같은 좌우 편향적인 양자택일의 문제제기에서 벗어날 수 있어야 할 것이다. 이는 새로운 진보정당이 '개혁이냐, 변혁이냐' 또는 '개량이냐 혁명이냐'의 이분법에서 벗어나 '개량과 혁명의 변증법'을 실천하는 정당, 성립된 정세 등에 가장 적합한 '변혁지향적 개혁'의 내용을 담는 '최적 강령들'을 구체적인 실천 목표로 제출하고, 그 강령들을 관철하기 위한 정당이어야 함을 가리킨다.

(3)계급문제 해결을 주된 목표로 삼되 '계급문제와 민족문제의 중층결정'을 인정, 반제 민족해방과 자주적 평화통일을 추구하는 NL의 정당한 문제의식도 적극 받아들여야 한다.

(4)아울러 '계급문제와 생태문제의 중층결정' '계급문제와 여성문제의 중층결정'을 인정, 생태주의적 가치와 여성주의적 가치를 적극 받아들여야 한다. 새로운 진보정당을 '녹색사회당'으로 만들자는 주장과 관련, 새로운 진보정당이 '생태사회주의'의 관점을 수용하는 정당이 되어야 하지만, 녹색가치를 우선시하는 정당이 되어서는 안 된다.

다섯째, 한국 진보 세력이 성취해내야 할 과제는 새로운 진보정당의 건설만이 아니다. 또한 진보운동은 모두 정당운동으로 환원될 수 없고, 또 환원시켜서도 안 된다. 진보운동이 대중의 일상에 뿌리내리기 위해서는 진보정당이 허브 역할을 맡는 가운데 정당운동에 대해 상대적 자립성을 지닌 노동자들의 현장투쟁은 물론이거니와 진보적 사회운동과 학술·문화 운동 및 진보적 지역운동과 생활운동들이 활성화되어야 한다.

아울러 이 운동 간의 전국적인 연계망이 구축되어야 한다. 진보운동의 성과를 정치적으로는 진보정당으로 모으는 가운데에서도 진보운동을 대중에 착근시키고, 진보운동의 외연을 무한히 확장시켜나가는 다양한 사회운동이 활성화되어야 하기 때문이다. 이와 관련 진보정당 운동과 진보적 사회운동 등을 연결시키는 진보좌파 블록의 형성을 위한 노력은 새로운 진보정당 건설을 위한 노력과 병행되어야 한다.

여섯째, 새로운 진보정당은 사회주의 지향성을 분명히 하면서도 범국민적 신자유주의 반대전선의 구축을 위해 혁신자유주의 세력 및 사민주의 세력과 연대해야 하지만 '복지 있는' 신자유주의 등을 꿈꾸는, 기회주의적인 자유주의 조류인 진보적 자유주의 등에 대해서는 가차 없이 비판해야 할 것이다.

낡은 것과의 결별을 촉구한다

진보 세력은 오늘날 당장 무엇을 가시적으로 성취할 처지에 놓여 있지 않다. 그러나 세계자본주의의 구조적 과잉축적 위기가 점점 깊어지는 가운데 세계적 수준의 경제공황이 임박한 정세 속에서 진보 세력의 능동적 역할을 요구하는 시기가 한국에서도 나타날 것은 분명하다. 지금은 그런 역할을 떠맡을 수 있는 준비를 해야 할 시기다. 지금은 무엇보다 진보운동의 토대를 튼튼히 구축하는 데 진보 세력 전체의 힘을 집중해야 하며, 당장 자기 정파 중심의 어떤 성과를 내려는 조급함에서 벗어나야 할 것이다. 그런 조급함은 낡은 것들과의 결별이 아니라 낡은 것의 재생을 가져올 뿐이며, 낡은 것의 재생은 진보정치의 최종적인 사망을 이끌 것이다.

오늘날 진보정치는 우리 사회에서 그야말로 소수자정치로 떨어질 것인가, 아니면 세상을 변화시킬 능력이 있는 정치로 다시 솟아오를 것인가의 기로에 서 있다. 그러므로 나는 진보 세력 모두에게 묻고 싶다. 낡은 것과의 결별을 선택할 것인가? 아니면 낡은 것의 재생에 매달릴 것인가? 서로 치킨게임을 할 것인가? 아니면 전진을 위한 윈·윈 게임을 할 것인가? 그 선택에 따라 진보정치가 지금보다 더 위축될 수도 있고 다시 힘차게 소생할 수도 있다. 나는 한국의 진보 세력이 단연코 윈-윈 게임을, 진보정치 소생의 길을 선택할 것이라고 믿는다.

더 읽어볼 책들

1. 조반니 아리기 지음, 『장기 20세기: 화폐 권력 그리고 우리 시대의 기원』, 백승욱 옮김, 그린비, 2008

자본주의 세계체계의 역사적 변화 과정을 자본축적의 '체계적 순환'과 세계헤게모니 국가의 출현과 쇠퇴라는 관점에서 분석하면서, 자본주의 세계체계의 특수한 발전 단계를 구성한 그간의 네 번의 장기 세기 중 미국-세계헤게모니하에 조직된, 20세기 초반부터 현재까지 진행중인 '장기 20세기'의 성격과 발전 추세를 규명한 책이다. 저자는 미국-세계헤게모니의 최종적 위기가 1970년대에 이미 시작되었다고 진단하며, 미국 세계헤게모니의 쇠퇴가 가져올 세계적 수준의 카오스가 어떻게 전개될 것인지, 그리고 산업적 축적의 새로운 중심지가 되고 있는 동아시아가 헤게모니 경합과 관련해 어떤 역할을 할 것인지 논한다.

2. 데이비드 하비 지음, 『신자유주의: 간략한 역사』, 최병두 옮김, 한울, 2009

지난 30여 년간 세계자본주의의 발전 추세 및 정치 과정을 대변해온 '신자유주의'의 기원과 등장 배경 및 문제점 등을 규명하고 있다. 아울러 신자유주의가 만들어내고 있는 모순을 해결하고 극복하는 대안도 모색한다. 저자 특유의 통찰력이 빛나는 세계 최고 수준의 신자유주의 연구서 중 하나다.

3. 맑스코뮤날레 집행위원회 엮음, 『세계자본주의의 위기와 좌파의 대안』, 한울, 2013

2013년 5월 10~12일 열린 제6회 맑스코뮤날레 대회 전체 회의에서 발표된 글들을 모은 책이다. 책은 '세계자본주의의 위기—마르크스주의적 분석' '자본주의와 가부장제, 적-녹-보, 새로운 주체의 형성' '한국 사회와 반자본주의(사회주의) 대중화 전략'이라는 3부로 구성되어 있다. 한국의 진보좌파가 세계자본주의의 위기를 어떻게 진단하고 있고, 어떤 사회변혁 전략을 추구하고 있는지를 이해하는 데 많은 도움을 준다.

7강

과학자본주의 시대, 통합적 합리성이 필요하다

우희종

" 과학문명과 신자유주의 체제 내에서 폭력의 대상이 된 생명이 단지
또 다른 과학 발전에 의해 구원되리라는 과학주의적인 사고방식은 폐기되어야 한다.
우리가 지닌 이성, 감성, 영성의 통합적 합리성을 회복해야지만
생명력에 가득 찬 삶을 살 수 있는 것이며, 이는 주변과의 단절되고
왜곡된 관계 회복을 위해 자신을 과감하게 던질 수 있는 삶이자
이 시대의 생명에 대한 예의이기도 하다 "

오늘날 한국 사회는 과학문명과 신자유주의로 대표되는 금융자본주의 시대에 속해 있다. 다양한 유형의 자본주의가 있지만 기본적으로 18세기 중엽 영국에서 시작된 기술혁신과 이에 수반하여 일어난 사회·경제구조의 변혁이 그 밑바탕이다. 이는 17세기에 시작된 합리적 이성을 근본으로 한 근대 과학기술의 발전과 무관하지 않다. 과학문명과 자본주의라는 두 개의 큰 축으로 21세기가 진행되고 있다면, 이러한 시대를 살아가야만 하는 생명의 모습은 과연 어떠해야 할까. 길어야 300~400년 역사 속에 기계론적 시각을 지닌 과학문명, 그리고 지난 1970년대에 그 모습을 드러낸 신자유주의 속에 규정되고 있는 삶의 현장에서 답을 구해볼 필요가 있다. 최근 들어 몇 차례 국제금융 위기와 더불어 미국 금융가를 점령하라는 시민운동도 있었고, 중동의 민주화 운동도 있었지만 여전히 세계 곳곳에서 불합리한 폭력과 착취는 진행중이다.

21세기 들어서도 여전히 합리적인 세계가 오지 않고 비록 형태는 달라졌지만, 여전히 전근대적 상황이 지속되고 있다는 것은 과연 우리가 믿고 있는 합리성이란 무엇인지 질문을 던지게 만든다. 이제 그런 합리성에 근거해 이 시대의 생명존중이란 무엇인가. 세상을 규정하는 과학기술과 자본주의가 생명과 삶에 대하여 말하고 있는 것, 그리고 반대로 생명으로서의 우리는 과학기술과 신자유주의에 대하여 무엇을 말할 수 있는 것인가를 살펴보는 것이 중요한 시점이다. 이를 위해 먼저 우선 생명이란 무엇이며, 과학과 신자유주의의 모습, 그리고 신자유주의가 생명에 가하는 폭력을 검토하고, 필요한 대안으로서의 합리적 사유와 주체적인 삶의 중요성을 살펴보기로 한다.

생명이란 무엇인가

　생명체는 물질로 이루어진 육체와 욕망으로 나타나는 정신작용으로 이루어져 있다. 생의 의지나 생명력이라는 것은 생에 대한 욕망 외에 다름 아니다. 하지만 생명이란 무엇인가라는 질문은 인문학, 사회과학, 종교, 자연과학 등 다양한 맥락에서 정의할 수 있다. 그동안 있었던 생명에 대한 많은 정의는 대부분 생명현상의 보편적 속성을 지적해왔다. 하지만 생명체 하나하나의 고유성과 더불어 각각의 생명체가 태어나 겪는 생로병사는 해당 생명체만의 문제이기도 하다. 생명은 죽음을 전제한다. 지구 역사상 수많은 생명체가 태어나 죽음을 맞이했지만 우리는 아직도 죽음에 대하여 아는 바가 전혀 없다. 단지 생명의 목숨이 끊어진 상태라는 말밖에 하지 못한다. 생명이 전제하고 있는 죽음도 말하지 못하면서 생명을 이야기할 수 있을까.

　그렇기에 생명체가 지닌 각각의 개체성과 죽음을 고려한 생명의 의미를 담은 답을 하기란 그리 쉽지 않다. 다만 분명한 것은 생명이란 그것이 직접 영위하는 삶 자체로 나타나며 규정될 수 있다는 점이다. 생명은 삶을 전제하며, 삶이란 곧 생명체의 구체적 체험이 일어나는 장이다. 삶이 펼쳐지는 우리 사회의 시각과 삶의 주인공인 우리 삶의 자세를 말하지 않고 생명을 논의하는 것은 불가능하다. 생명을 본질적이고 통합적으로 이해하려면, 다시 말해 생물학적 관점을 넘어 진정한 생명을 이야기하려면 삶을 꼭 마주해야 한다.

생명의 개체성

보편성을 추구하는 서양의 합리적 이성에 근거하여 물리학자인 슈뢰딩거● 로부터 베르그송, 들뢰즈 같은 철학자에 이르기까지 많은 이의 논의가 있어왔다. 하지만 아무리 이렇게 논의가 활발해도 여전히 우리에게 그다지 와 닿는 답이 없는 것은 그러한 질문이 대상을 바라보는 시각의 보편성을 전제한 전형적인 거대담론의 방식을 벗어나지 못했기 때문이다. 관계성에 기대어 구체적 실체 없이 다양한 형태의 존재와 각 개인의 삶의 형태로 나타나는 뭇 생명체란 보편성을 찾는 근대적 거대담론의 틀로는 접근하기 어렵다.

수정란에 담겨진 유전정보로부터 시작되는 개체 형성에 있어서 성숙한 개체의 해부 구조나 생리학적 구성은 기본적으로 필요한 영양분만 있으면, 시간 흐름에 따라 배아에서 자체적으로 자기 형태를 발현하는 발생 양식을 보인다. 유독 생명체의 개체고유성individuality에 기여하는 신경계와 면역계의 형성에 필요한 정보는 배아 자체의 정보와 영양분만으로는 부족하다. 제대로 된 기능과 형태 발현을 위해서는 끊임없는 외부와의 교류가 필요한 것이다. 그것도 단순한 직선적 선형 관계가 아닌 네트워크 구조의 비선형성을 띤 창발적 과정이다. 즉 신경계와 면역계로 나타나는 생명현상의 주요한 특징인 개체고유성은 주위와의 관계 속에서 창발적으로 형성되는 것이지 결코 폐쇄적으로 진행되는 자기충

● Erwin Schrödinger. 오스트리아의 물리학자. 양자 역학에서 진행하는 전자나 일반 물질 입자에 따라다니는 파동 현상을 가리키는 물질파동 개념을 기초로, 슈뢰딩거 방정식을 발견하여 파동 역학을 수립하였다. 1933년 노벨 물리학상을 받았다.

족적인 개념이 아니라는 것이다. 이러한 '창발현상emergence'을 가능케 하는 생명체가 주위와 맺는 관계성이야말로 주위에 대한 열려 있음, 생명체의 개방성으로 규정할 수 있다.

인간을 포함한 생명체의 모습이 단순한 물질 덩어리가 아니라면, 물질적 측면만이 아니라 생명체가 나타내는 고유의 생명현상에서도 바라볼 수 있다. 우선 물질과는 구분되는 특성으로 우선 지구상 수많은 생명체가 보여주는 놀라운 다양성과 더불어 생명체가 지닌 자유로움을 들 수 있다. 고로 생명체의 특징 중 가장 대표적인 것은 다양성의 근간이 되는 개체고유성과 '개방성openness'이다. 생명체의 이러한 두 특성은 내부에서 생겨나는 것이기에 서로 떼어놓고 생각할 수 없다.

각각의 생명체에서 자아를 결정하는 개체고유성이란, 출생 뒤 겪는 주위 환경과의 관계 속에서 스스로 자신의 기억으로 담아가며 자체 변형시키는 되먹임feedback 구조를 통해 이루어진다. 이는 시간의 흐름에 따른 각 개체의 기억과 망각의 누적으로 가능한 것이며, 이와 같이 개체고유성이 시간의 누적으로 이루어지기 때문에 각 개체 내의 시간 쌓기는 동일한 종 안에서의 개체 차이allotype로 나타난다.

이렇게 개체성을 얻음으로써 자기만의 고유성을 지니는 생명체이기에 생명의 이해는 보편적 거대담론에서 벗어나 미시적 접근을 통해 권력과 일상의 관계를 보여준 미셸 푸코의 방식으로 접근할 필요가 있다. 근래 생명현상을 논할 때 관계 지향적인 복잡계 과학이 등장하면서, 뭇 생명체나 각 개인 한 사람 한 사람이 그 누구도 대신할 수 없는 자기만의 개체고유성에 대해 참신한 접근이 주목받고 있다. 복잡계 과학만이 아니라 진화와 개체발생이라는 미시적 연구에 바탕을 둔 진화발생생물학,• 그리고 후성유전학••의 발전에 따라 각 개체의 고유성은 단순한 물질인 유전자 형태로 환원되기 어렵다는 관점이 받아들여지고 있다. 무엇보다 개체고유성이야말로 집단 내의 다양성을 동시에 의미하는 것이며, 그 다양성의 방식은 그 자체로 종 고유성의 기반이 된다. 이처럼 생명체의 고유성과 다양성은 동전의 양면이다.

결국 생명체는 고정된 것이 아니라 주위와의 에너지 교환 등 상호작용이 필요하며, 환경에 대해 반응해 자기 조직화를 거쳐 진화하는 특성이 있지만, 더욱 중요한 것은 생명체의 창발현상에 따른 개체고유성이야말로 철저히 주위와의 열려 있음 덕분에 가능하다'는 점이다. 따라서 생명체는 물질 형태이자, 자율적인 고유성도 있으며, 동시에 열려 있어 주위 요인에 의존하고 있다. 이를 다르게 표현한다면 생명은 프랙털••• 구조이고 전체면서 부분이고, 부분이면서 동시에 전체성을 띠고 있는 것이다. 이 점은 생명현상의 특징이라고 할 수 있기 때문에 시공간상 생명체는 비록 개체로서 부분이지만 그 자체로 곧 시공간 전체이다.

생명의 역사성

지금 이 자리에서 각자 고유한 개체로 존재하는 모든 생명체는 우주의 시작 이후 끊임없이 내려온 지속성/연속성을 나타내는 과정 속에 있다.『시간의 역사 A Brief History of Time』에서 스티븐 호킹 박사가 말하듯이 약 137억 년 전 우주 대폭발로 우리가 살고 있는 시공간이 생겨났다면 지금 여기에 존재하는 우리 모두는 선조들의 수많은 생명 과정을 거쳐 지금 여기에 있는 것이기에, 최소한 우리 모두 약 137억 살의 나이를 먹은 셈이다. 물론 이것은 인간뿐만 아니라 지구상의 모든 생물체에 해당된다. 모든 생명체는 태어나서 일정 기간 지구상에 있

• 다양한 동물과 식물의 발생 과정을 비교해 발생 과정이 어떻게 진화했고, 유전 과정에서 어떻게 변경되었으며, 그 결과 어떻게 생물 다양성이 형성되는지를 연구하는 생물학의 한 분야.

•• 하나의 수정란에서 출발한 개체가 발생 과정을 거쳐 다양한 기능을 갖는 세포로 구성되는 세포 분화 등을 다루는 유전학의 하위 학문.

••• 미국의 수학자 만델브로가 제시한 것으로, 임의의 한 부분이 전체의 형태와 닮은 도형을 뜻한다.

다가 사라지듯이 이렇게 죽음이 전제된 유한한 '나'란 존재가 지금 이 자리에 있으려면, 이토록 긴 시간의 누적이 필요하며, 이는 곧 생명의 역사성이다.

각 개체가 지닌 시간의 누적이란 진화의 또 다른 표현이다. 또 내가 지금 이 자리에 있기 위해서 과거로부터, 스스로 '나'라고 생각하던 수많은 개체의 죽음과 탄생이 반복되어온 결과물임을 고려한다면, 진화와 반복은 동시에 진행됨을 알 수 있다. 반복의 과정 없이 진화는 성립하지 않는다. 반복을 통해서만 진화가 이루어질 수 있다.

유물론적 환원론에 근거한 사회생물학●자들의 입장에서 볼 때 한 개체의 존재는 단순한 유전자의 자기확산 과정에 불과할지 모르나, 이들이 놓치고 있는 것은 각 생명체가 보여주는 삶이라고 불리는 열린 관계성이다. 유전자라는 정보는 복제를 통해 생명체의 자손으로 전달되나 생명체가 주위 환경과의 관계 속에서 만들어간 고유한 삶은 전달되지 못한다. 새로 태어난 개체도 그의 선조가 삶 속에서 겪은 모든 과정을 반복해야 한다. 사회생물학자들의 입장처럼 유전자에 모든 것이 담겨져 대대손손 진화하면서 쌓여 나타나는 것이 우리 육체일지는 몰라도 우리 각자의 삶은 결코 단순한 누적이 아니기 때문이다.

또한 유전자의 복제 역시 일종의 반복이다. 후성유전학적으로 볼 때, 유전자는 삶이라는 외부와의 생태적 관계 속에서 영향을 받기 때문에, 유전자는 모든 생명현상의 원인이기도 하지만 주위 환경과의 관계 가운데 만들어지는 결과물이기도 하다.

생명의 관계성

생물학적 반복recapitulation은 창발적 차이를 수반한다. 반복에 의한 차이는

● 미국의 생물학자 윌슨이 주장한 학문으로 사회현상을 생물학적인 지식과 방법으로 연구하는 관점을 중심으로 선악의 문제를 유전자나 개인의 체험과 관련시켜 밝히려는 연구 등이 주를 이룬다.

진화의 기원이다. 따라서 생명체란 유전자의 영속적 모습의 단면에 불과하다는 사회생물학자 등의 근본적인 입장에 반하는 관점을 살펴볼 필요가 있다. 들뢰즈는 반복은 차이를 수반한다는 주장을 하기도 했다. 이와 관련하여, 종으로서의 동질성 안에 종속된 개체적 삶의 차이와 끝없이 되풀이되는 삶의 반복성이라는 시간의 누적 속에 나타나는 계통발생적 다양성을 보이는 것이야말로 생명현상의 창발적 측면을 잘 보여준다.

특정 집단과 각 구성원이 보여주는 고유성은 시간을 생각하지 않고는 설명되지 않기 때문에 우선 개체발생ontology과 계통발생phylogeny*의 통합적 접근이 필요하다. 인간의 수정란에서 시작된 배아의 발생 과정에는 과거 우리 선조가 겪어왔던 시간의 누적이 그대로 나타나게 된다. 형태학적 연구에만 머물렀던 발생학, 화석에 의존하던 고고학적 진화론 및 생체물질을 이용한 생체고고학 등에 분자생물학적 접근을 적용한 유전체학Genomics을 접목함으로서 통합 학문으로서의 가능성을 보여주고 있는 이보디보evo-devo**의 발전은 이러한 시간의 누적에 대하여 많은 통찰을 주고 있다.

인간은 자아 발달의 근거를 이루는 신경계와 면역계의 발달에 있어서 자연스럽게 시간의 누적을 담고 있다. 우선 뇌 구조를 보면 가장 바깥쪽에 있어서 외피에 해당되는 부위는 사람 특유의 이성적 인지 작용을 담당하고 있고 neomammalian neocortex, 그 안쪽에는 감정을 담당하며 이성과 본능의 조절을 담당하는 부위가 뇌간을 둘러쌓고 있으며paleomammalian limbic system, 가장 깊은 곳에는 계통발생적으로 가장 오래된 파충류에 해당하는 부위가 자리잡고 있다. 이 때문에 생명체의 개체 보존과 종족 보전이라는 가장 기본적인 본능을 수행한다. 이처럼 생명체의 뇌에는 전형적인 시간의 누적 과정이 들어 있다.

---

* 개체발생은 수정된 난자에서부터 죽을 때까지 생물 개체들이 겪는 형태학적 또는 생리적 발달 과정을 뜻하며, 계통발생은 어떤 생물의 무리가 태초부터 현재까지 진화해온 과정으로, 생물 상호 간의 유연 관계를 밝히는 데 중요하다.

** 진화생물학Evolutionary Biology과 발생생물학Developmental Biology의 통섭을 뜻한다.

한편 뇌뿐만 아니라 신체적 자기physical self를 규정하는 면역계 역시 진화 속에서 시간의 누적을 담고 있다. 따라서 자기를 규정하는 물질적 터전인 면역계 역시 신경계처럼 역사성이 있다는 것은 당연하면서도 많은 것을 시사한다. 사람이건 동물이건 생명체는 결국 시간이 누적된 결과의 산물이다.

진화와 발생을 되풀이하면서 차이를 수반한 반복은 (인간을 포함한) 생명체에 무생물로부터 구분되는 놀라운 다양성과 함께, 그것이 본능에 의하건 욕동drive에 의하건 생명체에 자유로움을 선사했다. 그러한 자유로움은 개방성에 근거한 창발현상에 근거하는 것이기 때문에 다양성의 근간이 되는 개체고유성과 개방성이라는 생명체의 대표적인 두 특성은 따로 떼어놓고 생각할 수 없다.

결국 생명현상이란 '끊임없는 변화 속에서 전체이면서 부분이고 부분이면서 전체인 상태를 유지하는 창발현상'이라고 말할 수 있다. 이에 따라 하나의 작은 생명이 곧 전체이자, 작은 생명체 하나의 죽음도 빅뱅 이후 137억 년의 시간을 담고 있는 한 우주의 소멸을 의미한다. 여기서 탄생이란 137억 년의 긴 시간을 담은 소우주의 등장임을 말하며, 모든 생명체는 더 이상 고립되어 소외되거나 단절된 존재가 아니라는 것을 뜻한다. 나와 동시대를 살아가는 모든 생명을 이렇게 바라보는 것이 진정한 생명존중이다. 그러나 이는 무조건 오래 살아야 하고 인간의 존엄성마저 파괴된 채 수단과 방법을 다해 살려야만 하는 일종의 생명집착과는 다르다. 이 시대가 보여주는 생명집착과 진정한 생명존중과는 구분될 필요가 있다.

신자유주의 사회에서 과학의 의미

신자유주의적 가치와 과학의 속성

지난 1970년대 이후, 경기침체와 더불어 중앙정부의 만성적 재정적자를 극복하기 위해 미국 시카고학파에 의해 등장한 신자유주의는 소위 자유시장, 정부의 규제 완화, 재산권 중시라는 이름으로 강대국이 주도한 세계화로 나타났다. 이 과정에서 국제금융의 자유화, 공공복지의 축소, 노동시장의 유연화 및 공기업의 민영화 등이 추진되었다. 태생적으로 실업과 양극화 사회를 잉태하고 출발한 셈이며, 특히 신자유주의에서 미덕으로 삼는 무한 경쟁은 개인적 삶뿐만 아니라 환경 파괴 및 지구 자원의 고갈을 불러일으키고 있다.

신자유주의적 시각에서 보자면 생산성을 위한 개발과 무한 경쟁은 자연스럽게 추구된다. 과학 역시 산학협동이라는 형태로 잉여가치 창출에 철저히 기여한다. 자본주의가 추구하는 가치 체계 속에서 잉여가치를 만들어낼 수 있는 과학이란 가장 소중한 자원이 되었고, 결과적으로 맹목적 신뢰를 얻게 된다. 이는 '과학주의'●를 사람들에게 내재화시켰다. 이를 통해 과학의 오만함은 생명과 생태에 대한 폭력적 모습으로 다가온다. 폭력이란 바람직한 관계의 단절이나 왜곡이기 때문이다. 인간의 욕구만이 무엇보다 존중되는 서구 근대문명에서 근대성이란 그 자체가 자연과의 관계를 무시한 인간 중심의 사고 체계이자, 차별과 배제를 담고 있는 폭력적 가치 체계다. 현실에서 이를 뒷받침하는 것이 바로 과학기술이었다.

그렇다면 이미 맹목적 신뢰를 주고 있는 과학이지만, 과학이 무엇인지 살펴볼 필요가 있다. 근대과학은 이성에 바탕을 두고 인간을 포함한 사물의 이치를

● 자연과학적 지식이 유일한 참된 지식이며, 과학적 방법만이 올바른 방법이기 때문에 모든 지식이 이를 모범으로 삼아야 한다는 주장.

탐구하여 지식을 추구한다. 따라서 과학은 사물의 이치인 사리事理에 의거하여 사실을 밝힌다. 이때 생명체는 기계론적으로 이해된다. 과학 지식에 의한 기술 발전은 생산성과 효율을 높임으로써 인간에게 편리함을 주고 욕망의 만족을 가능케 한다. 이미 언급한바 과학기술은 자본주의의 도구화로 전락하고 잉여가치의 창출이라는 방향성과 목적을 가지게 되었다. 그런 점에서 이 시대의 과학에 요구되는 것은 과학의 겸손함이며, 과학은 끊임없는 반증을 통한 고유 영역의 확대라는 열린 합리적 모습이 되어야 함을 잊어서는 안 된다.

한편 과학의 속성을 좀 더 쉽게 이해하기 위해 종교적 관점을 언급해보자. 종교는 영성spirituality 내지 초월성transcendence에 근거하여 진리를 말하며 이를 위한 지혜를 추구한다. 따라서 진리에 따른 진실이 중요하고 대상에 대해서는 직관과 체험을 통한 총체적인 관계론의 입장을 취한다. 이러한 진리에 대한 영적 체험을 통해 욕망의 비움 내지 열린 욕망을 통해서 행복이라는 삶의 의미를 되찾게 한다. 종교 역시 지금 이 자리라는 삶의 현장에서 감사와 나눔이라는 본래의 뜻을 잃어버리고 오염되었을 때, 맹목적이면서도 매우 비현실적인 모습이 된다. 바람직한 종교의 시각을 지니기 위해서는 성직자나 신자 모두 종교의 외형적 틀에 물들지 않아야 한다. 항상 합리성을 유지한 채 종교가 지니고 있는 도그마적인 부분에 관한 다양한 해석이 뒷받침된 사고의 유연성도 필요하다. 따라서 종교 역시 삶의 현장에서 살아 있는 형태가 되려면 과학처럼 열려 있는 '영적 합리성'이 요구된다.

사실과 진실

이성의 과학에서 추구하는 것이 사리에 의한 '사실'이고, 영성의 종교에서는 진리에 의한 '진실'을 다룬다면, 양자가 지닌 속성의 차이를 이해하는 차원에서 사실과 진실의 차이에 대한 검토가 필요하다. 사실과 진실이란 많은 부분 겹치겠지만 속성상 커다란 차이가 있다(사실과 진실이 반드시 일치하는 것은 아니다). 비록 진리란 무엇인지 우리의 사유와 언어적 범위를 넘어서지만, 최소한 진리와 진실이 시대나 문화를 넘어 항상 우리가 수용할 수 있는 내용이란 점에 관해서는 이견이 없다. 그래서 종교 경전은 몇천 년이라는 시간의 간극을 넘어서도 여전히 우리에게 와 닿는다.

주관적 믿음에 바탕을 둔 종교적 모습과는 다르게 일반적으로 객관적·보편적이라고 받아들이는 과학적 사실도 잘 들여다보면 인간이 종교를 믿는 행위와 전혀 다를 바 없다. 특정 시대의 과학적 사실이라는 것도 과학자가 제시한 결과를 믿는 행위에 불과하다. 따라서 사실이란 우리의 믿음을 반영할 뿐이며, 시대와 문화를 떠나 누구나 항상 인정하고 수용할 수 있는 진실과 달리 결코 객관적이거나 불변하는 것이 아니다.

단지 이러한 과학적 사실이라는 것은 '과학자 집단 내에서 약속된 규정에 따라' 수행되고 입증되기 때문에 나름대로 객관성을 띨 뿐이다. 그런 점에서 과학 행위를 수행하는 사람으로서 과학자 역시 관찰자로서 부딪히는 한계가 있다. 서양 과학이 대상을 이해하는 기본적 방식인 환원주의적 접근에서 비롯된 방법론적 한계, 더 나아가 과학은 과학자 집단 내의 약속에 따라 이루어지지만, 동시에 사회적 가치를 반영하여 구성되는 문화적 행위에 불과함도 이미 알려져 있다. 따라서 과학적 사실이란 행위자나 그 결과를 받아들이는 일반인 모두 그 시대의 문화적 모습이며, 시간이 흐르면서 과거의 과학적 사실은 대부분 역사화된다. 사회구성적인 면을 지니고 있는 과학은 결코 객관적이고 보편적인 실재를 말할 수 있는 것이 아니다. 사실이란 언어이며, 개념으로 구체화될 뿐이다.

한편 사실이란 특정 집단이나 문화권에서 구성원 간 합의된 내용이다. 과학기술사회학●의 관점에서 본다면 과학은 권력과 자본의 영향 안에서 구성된다. 구성된 사실은 힘이자 권력이다. 즉 그것이 과학적 사실이건 사법적 사실이건 특정 상황의 진실은 하나지만, 그것을 받아들이고 해석하는 데에는 각자의 입장에서 전혀 다르게 재현·전달되어 권력을 행사하게 된다. 이처럼 인간은 사실 내지 언어의 감옥 속에 존재하며, 중요한 것은 우리가 살고 있는 세상은 사실로 구성된다는 점이다. 개념과 언어로 표상되는 사실을 통해 제한되는 각각의 생명체는 사실과 진실 간의 차이가 빚어내는 틈새로 인해 혼란을 경험하게 된다. 이때 필요한 것이 합리성이다. 합리적 삶을 위해서 합리성에 대한 통합적 검토가 요구된다.

합리성의 회복과 확장을 위하여

삶 속에서 합리성을 추구한다는 것은

근대 과학문명에서 합리성은 곧 이성을 의미했다. 하지만 근대 과학문명에서 종종 이야기되는 인간소외와 더불어 제2차 대전 이후 지구상에 종종 보게 되는 인종 청소처럼 다양한 비이성적 집단 광기는 어떻게 설명할 수 있을지는 불분명하다. 인간이 이성뿐 아니라 감성과 영성도 가진 존재라면 과연 합리적 이성만이 인간의 다양한 속성을 대표할 수 있을 것인지 의문을 품어봐야 한다.

합리적 이성을 포함해 감성이나 영성이라 불리는 다양한 면을 지닌 존재가

● 과학 지식과 기술의 사회적 구성에 대한 사례 연구 및 이론화를 탐구하는 학문.

인간이며, 삶의 각 영역을 대표하는 과학이나 예술, 종교 등은 모두 인간이 좀 더 풍요롭고 행복한 삶을 살아가는 데 필요하다. 삶의 현장에서 이 세 영역은 서로 통합적·합리적 관계를 이루고 있다.

합리성이란 삶의 현장에서 각 개인의 선택과 행동의 근거가 된다. 다시 말하면 사람은 합리성에 근거하여 자신에게 알맞은 선택을 하고, 이런 선택으로 자신의 삶을 만들어간다. 다만 그러한 선택은 가치판단이 따르기 때문에 시대와 문화에 따라 달라질 수밖에 없다. 합리성의 발현은 고정된 형태라기보다 늘 개인적·사회적·문화적 모습을 다채롭게 나타낸다. 이를 달리 표현한다면 곧 인간의 삶이 합리성을 규정한다. 그러나 분명한 것은 사람은 누구나 객관적으로 어떻게 보이건, 자기 나름대로 자신이 원하는 선택을 하며 살아간다는 점이다.

그런 면에서 각자의 삶이 개인 나름의 합리적인 형태로 진행된다면, 개인 차원에서의 합리성과 사회나 집단에서 공유할 수 있는 합리성을 구분할 필요가 있다. 전자를 '주관적 합리성'이라 한다면, 후자는 '객관적 합리성'이라고 부를 수 있다. 객관적 합리성을 사회·집단 규범으로 작동하는 합리성이라 한다면, 내가 말하는 주관적 합리성은 개인 경험과 지식 및 정보의 한계 내에서 이루어지는, 자신만의 사유를 합리적으로 뒷받침하는 근거가 될 제한적 합리성 bounded rationality에 가깝다. 따라서 통합적 인간을 구성하는 합리성에는 이성, 감성, 영성의 합리성이 있으며, 각각의 합리성은 객관적·주관적 합리성으로 나뉠 수 있다고 본다.

합리성이란 말을 동양식으로 달리 풀어본다면 이는 이치理致에 적합하다는 뜻이며, 이理와 사事 내지 이理와 기氣에서 이에 해당된다. 사事에서의 원리를 사리事理라 하고, 이에 들어맞는 본질적인 이치를 진리라 말한다. 따라서 본디 합리적이란 말의 의미는 진리에 적합하다는 것이지, 단지 우리가 사리를 밝히는 데 작동시키고 있는 이성적 합리성만을 가리키는 것은 아니다.

합리성의 확장

21세기에 우리 삶을 규정하고 있는 과학문명 사회에서는 이성적 합리성이 강조되어왔다. 다만 생명체로서 저마다 고유한 삶을 꾸리며 개체고유성을 지닌 자율적 인식 주체이자, 사회생활 내 주인공으로서의 인간이라면, 인간의 가치판단이나 행동 양식의 밑바닥에는 이성적 합리성이 전부라고 말하는 것은 인간에 대한 이해 부족일 것이다. 인간 선택이란 어느 쪽이 합리적인가 판단하고 수용한 과정에서 생겨난 현상이다. 합리성은 인간에게 의미를 만들어내고 가치를 부여케 한다. 세상을 인식하는 자율적 주체로서 외부로부터 받아들인 '선택적 정보'는 그것에 반응함으로써 의미가 되고 반응 정도에 의해 가치가 만들어진다.

최근 인지과학*에서 주로 다뤄진 것처럼 인간은 스스로를 포함하여 자신을 둘러싸고 있는 세상을 선별적으로 인식하고, 그 주관적 인식에 바탕을 두어 현실을 바라본다. 이런 주관적 합리성의 근저에는 각각의 개체가 지닌 믿음이 작동한다. 그러한 믿음은 삶의 경험적 누적으로 형성·작동되고 진화하기에 생명체의 삶이란 본질적으로 주관적이다. 주관성이 늘 작동하기에 각 개인 속 이성의 합리성은 결코 합리적이지 않을 수 있다. 이는 이성이 동물적 감정이나 무의식의 영향을 받기 때문에 합리적이지 못하다는 식의 관점이 아니라, 사람의 이성이 구성되는 과정중에 이미 주관적 인식이 개입하기 때문이다. 그렇기에 객관적 합리성에는 비합리성이 자리잡고 있음을 뜻한다. 사람의 이성적 합리성에는

• 인간이나 생물의 인식 과정을 대상으로 하여 지식의 표현, 추론 기구, 학습, 시각·청각의 메커니즘 따위를 연구하는 학문.

과학적·객관적인 합리성과 동시에 결코 합리적이지 않은, 그러나 개인에게 있어서는 합리적인 주관적 합리성이 있다.

또한 인간에게 의미와 가치를 만들어내는 합리성이란 이성에 근거한 합리성과 감성적 합리성, 그리고 영성에 근거한 합리성으로 나뉠 수 있다. 비록 서로 다른 영역에서의 합리성이지만 어떤 유형의 합리성도 구성원의 주관적 측면과 집단 내의 객관성을 동시에 지니고 있다. 사람에게 이러한 합리성은 서로 분리되어 있지 않고, 통합적 합리성이라는 형태로 존재한다. 이 통합적 합리성은 인간의 삶을 충만케 하고, 인간이 곧잘 행복을 느끼도록 한다. 다양한 형태가 있고 경우에 따라 주관적인 모습을 가질지언정 합리성은 현장에 바탕하고 있는 구체적 삶으로 규정되기에 결코 추상적 개념이 아니다.

이 같은 맥락에서 합리성을 인간만의 문제가 아니라 생존하는 모든 생명체까지 넓혀 생각할 필요가 있다. 자연계에 존재하는 생명체들은 비록 이성을 지니지 못했지만, 각자의 합리적 선택을 통해 생존하고 삶을 유지하고 있기에, 이러한 합리성은 본능이라는 감성과 욕망에 근거한 합리성이다. 이처럼 자연법적 입장에서의 합리성과 이성의 합리성이 지닌 제한성을 인정한다면, 우리가 일상적으로 사용하는 합리적이라는 것이 단지 이성만의 전유물이라는 낡은 생각은 더 이상 자리잡지 못한다.

우리가 과학적이라고 믿고 받아들이는 유물론적·기계론적인 합리성 개념은 인간이 자신의 외부 환경과 맺는 관계 양식 중 하나인 이성적 사유 체제 중에서도 특정 조건을 갖춘 방식일 뿐이다. 과학은 인간의 합리적 시각을 반영하지만 인간의 모든 합리적 사고가 과학은 아니기에 비과학적이지만 많은 합리적 사고가 존재할 수 있다. 또 당대의 과학이 다루지는 못하지만 훗날 인정될 수 있는 합리적 사유와 더불어 감성 영역 및 인간의 언어화된 생각이나 감각을 뛰어넘은 언어도단의 영성 내지 초월성은 진리라는 이름으로 존재한다. 주체적이고 행복한 삶을 사는 합리적 인간에게는 최소한 이성, 감성, 영성의 세 영역에서의 합리성이 요구되고 있는 셈이다.

합리성의 회복

이 시대의 과학이 지닌 권위와 권력은 욕망의 만족을 만들어내는 이성적 합리성에 대한 맹신에서 창출된다. 이성의 합리성 외에도 인간을 이루는 다양한 모습 안에 깃든 합리성에 대한 인정과 존중을 통해, 과학에 독점적으로 부여한 권력을 되찾아올 필요가 있다. 이는 이성만이 강조되어 파편화된 삶을 되찾는 것이다. 신자유주의 시대에 있어서 우리 삶이 회복되려면 이미 도그마를 지니고 신격화된 이 시대의 과학에 대한 탈신화화가 요구된다. 이것은 이성의 독재 시대를 향한 거절이기도 하다.

이성의 합리성이 이루어낸 독재 상황에서 감성과 영성의 합리성을 되찾는 노력이 필요하다. 하지만 자기만의 주관적 세계로 퇴행되기 쉬운 영성이기에 영적 합리성의 회복과 동시에 객관적 합리성을 확보하지 않으면 영성이 지닌 주관적 합리성이 좀 더 강조되어 권력은 폐쇄적인 성격의 집단화가 일어난다. 영적 합리성과 더불어 영성의 객관적 합리성을 되찾을 때 과학문명 시대에 보다 풍요로운 제안과 방향을 제시할 수 있을 것이다.

어쩌면 삶이 파편화된 과학 시대에 합리적 신앙은 과학 지식보다 훨씬 강력할 수 있다. 인간에게 충만한 삶을 가능케 하기 때문이다. 시대와 문화를 떠나 삶의 본질이 변하지 않음을 생각해볼 때 자신의 삶을 시대나 문화에 따라 변하지 않는 진실한 시각에서 바라볼 것인지, 아니면 시대에 따라 변하는 사실의 시각으로 풀어가야 할지는 자명하다. 영적 합리성은 무시된 채 이성적 합리성에 의한 '앎'만이 강조될 때, 통합적 '삶'을 잃게 된다. 또 주관적 합리성과 믿음만이 강조될 때 맹목적 신념과 열정으로 인해 삶은 피폐해진다. 그런 면에서 건전하게 통합된 다양한 합리성은 '앎과 삶의 거리'를 좁히는 역할을 통해 삶의 건강함으로 발현된다.

한편 과학은 합리적 사고 중에서 특정 체제를 지닌 분야이자 문화다. 그렇기에 인간은 과학이 방법에 의존해 끊임없이 경계를 넓혀가는 지식 체계임을 인정하고 다른 층위의 여러 합리성에 대해 자만하지 않아야 한다. 과학과 자본이 부정적인 것이 아니라 인간 삶의 일부분임에도 불구하고, 이들을 모든 가치의 최상위에 둠으로써 과학과 자본은 과학주의와 자본주의가 되었다. 그리하여 인간이 지닌 다양한 합리성이 무시되고 근대 이성과 욕망에 종속된 우리 삶을 되찾는 것은 결국 과학의 탈신화화와 더불어 삶의 협동성을 강조하는 감성과 영성의 추구가, 곧 합리성을 얻는 주요한 가치라 생각된다. 과학적 이성이 강조된 이 시대에 통합적인 행복한 삶을 위해 필요한 것은 디오니소스적인 감성의 합리성과 더불어 우리가 잃어가고 있는 영적 합리성임은 분명하다.

'과학주의'를 넘어 그물눈 주체 되기

건강한 합리성과 깨어 있음

생의 욕망에 기초한 생명과 삶이 존재 간의 열린 관계성에 따라 나타난다는 것은 서로 상의상존相依相存하는 관계성과 더불어 상호 간 바람직한 관계 설정이 필요하다는 것을 말해준다. 문제는 과학 문명의 신자유주의 시대에 과연 합리적 삶과 생명존중이 이루어지고 있는가이다. 생태계 파괴와 더불어 양극화 같은 폭력적 상황이 일상적으로 만연한 시점에서 우선 폭력에 대하여 깊이 생각해볼 필요가 있다.

비록 폭력에는 다양한 정의가 있지만, 나는 폭력을 '관계의 단절이나 왜곡을 가져오는 행위'라고 정의하려 한다. 폭력은 곧 해를 끼치는 것이라고 간단히 정의할 수 있고, 혹은 한나 아렌트처럼 도구적인 힘으로 타인을 제압하며 자신의 의지를 관철시키는 것으로 볼 수도 있다. 다만 여기서 분명한 것은 서로 상의상존하며 변화해가는 관계를 무시하고 타자를 대상화하는 것이 폭력이라는 점이다. 폭력은 무엇보다 억압으로 나타난다. 관계성을 간과한 채 무지한 욕망 때문에 생명체를 향한 폭력과 억압이 표출된다.

폭력은 강자만이 행사하는 것이 아니다. 약자도 무관심과 체념이라는 형태로 상대방에게 폭력을 행사한다. 그렇기 때문에 인간은 진화의 주인으로서 바람직한 관계를 위해 적극적으로 살아가야 한다. 이것이 참여이자 비폭력이다. 이렇게 바람직한 진화를 위한 능동적 참여는 비폭력을 위한, 비폭력을 향한, 비폭력 그 자체로 나타난다. 이것이 생태적 진화의 힘이며 관계론적 진화가 생물학적 진화론을 뛰어넘게 되는 결정적인 다른 속성 가운데 하나다.

생명을 위한 생태적 삶이란 약 137억 년의 시간이라는 것도 하루하루의 시간이 쌓여 이루어진다는 측면에서, 생태적 진화는 생물학적 진화론과 시각을 달리한다. 생물학적 진화론상 시간은 몇만 년, 몇억 년의 시간대지만 생태적 진화는 지금 이 자리에서의 진화를 말한다. 또 과학으로서의 진화론은 생명체와 환경을 같게 놓고 바라보지만 생태적 진화에서는 인간이 진화 과정에서 능동적으로 참여해야 함을 강조한다. 삶 속 현장에서 진화는 합리적 삶의 자세를 뜻한다. 생태적 진화는 삶의 자세며 그것은 간절한 기다림의 자세다. 기다림이란 그 어떤 대상이나 깨달음을 기다린다는 것이 아니라 어느 존재의 살아가는 과정 자체로서의 간절한 깨어 있음을 말한다.

깨어 있는 태도로 진화에 대한 적극적 참여를 시도하면, 생태적 진화는 생물학적 진화를 뛰어넘게 되며, 이를 바탕으로 각자 생활 속에서 능동적 나눔의 형태로 나타나게 된다. 나눔이란 상호 관계성의 회복이자 서로 변해가는 단초이기 때문이다. 고로 과학으로서의 진화론과는 달리 생태적 진화는 주변부의 능동적인 참여로 이루어진다. 이는 간절한 기다림의 자세에서 나오는 깨어 있음이라는 수행과 더불어, 일상의 삶 속에서 자신에게 주어진 것에 감사하며 이웃과 더불어 나누는 모습이다. 기나긴 선형적 시간 속의 관계를 언급하는 현대 진화론에서나 비선형적·미시적인 진화의 현장을 강조하는 생태적 진화에서나, 다양하고 아름다운 생명의 발현을 가능하게 하는 근원적 힘이 생명 진화의 근본원리로 보인다. 그것은 건강한 합리성의 회복이기도 하다.

이러한 깨어 있음의 합리적 세계에서 모든 존재는 각자만의 고유성을 지니면서도 차이가 있고, 결코 차별로 이어지지 않는다. 지금 이 자리에서 반복되는 일상의 삶이 곧 자신만의 경험을 만들어주고 동시에 창발적으로 예측불가능성을 지향하는 가운데, 항상 새롭고 경이로운 가슴 두근거리는 삶의 현장이 된다. 이러한 예측불가능성이 담긴 매 순간의 창발적 경이로움이 생명체를 있게 하는 주 원리다. 이는 삶을 만들어가며 깨달음을 위한 과정에서 작용하는 생태적·복잡계적 관계성에서 비롯된 철저한 창발적 인식 전환에서부터 나타난다.

깨어 있음에 따른 삶은 곧 극심한 변화의 가장자리에서의 삶이기도 하다. 경계의 가장자리에서 양변兩邊을 아우르는 경계인으로서의 삶이란, 기득권으로부터 얻게 되는 안정성보다는 변화 속의 창발적 사유를 바탕으로 자신을 억압하던 한쪽 틀을 버리고 지금 이 자리에서의 다양성을 바탕으로 이루어지는 자유로운 해방을 맛본다는 것이다. 이러한 자유로움 안에서 창조적 가능성이 열린다.

통합적 관계성에 대한 철저한 인식 전환에서 얻는 일상의 경이로운 재발견이야말로 합리성의 완성이라고 말할 수 있다. 다행히 이 시대의 패러다임으로 자리잡은 서양 근대과학의 한계를 보완할—특히 요소환원론의 특징이 강한—, 많은 구성 요소의 관계성으로부터 자기조직적 창발현상을 다루는 복잡계적 관점이 대두되었다. 그러면서 많은 일반인에게 어렵고 관념적으로만 느껴지던 여러 사회현상도 당대의 언어로 설명할 수 있게 되었다.

복잡계적 관점이 생명체의 특성을 개체고유성과 개방성이라고 보는 것을 감안한다면, 자신을 이루고 있는 내가 주위와의 관계에서 닫혀 있느냐 열려 있느냐의 차이가 큰 차이를 만들어낸다. 다양한 모든 생명체의 존재 근거로서의 욕망은 머무르거나 집착하지 않는 한 참으로 소중하지만 관계성에 무지한 욕망은 생명체에 대한 폭력이며 억압이다.

그물눈 존재가 되어야 한다

이렇듯 생명체가 생명체이기 위해서는 고정되어 존재하는 것이 아니라 끊임없는 외부와의 교류가 필요하다. 고로 생명체를 구성하고 있는 물질은 비록 개체의 경계를 이루어 형태를 만들지만 구멍으로 존재한다고 볼 수 있다. 우주상에서 중간계에 속한 생물체 역시 소립자처럼 본질적으로 텅 비어 있는 관계만의 집합이다. 다시 말해 생명체는 고정된 실체나 확정적으로 특정 상태나 위치를 지정할 수 없이 무수히 많은 구멍으로 이루어진 망사 같은 형태인 것이다. 이러한 인드라Indra 망 같은 네트워크 구조는 전형적인 자연계의 모습이기도 하다.

여기서 주목해야 할 것은 각 생명체는 그물망에 해당되는 것이 아니라 그물눈에 자리잡는다는 점이다. 한 개체를 의미하는 그물눈의 크기는 스스로 정해진다기보다 주변의 그물눈에 따라 정해진다. 어떤 이의 크기는 매우 좁아 자기 자신마저 수용하지 못할 정도로 작은가 하면, 어떤 이는 사회나 민족, 더 나아가 모든 인간을 수용할 정도로 크다. 또 하나의 그물눈이 커질 때 주변 그물눈도 같이 커지며, 주변 그물눈이 커지면 자신의 그물눈도 같이 커진다. 따라서 생명체라는 존재는 그물망이 아니라 그물눈에 있음으로 보아야 하며, 그럴 때 각 존재의 상호관계성이 더욱 명확해진다.

이성, 감성, 영성의 깨어 있는 삶을 위하여

깨어 있는 삶을 합리적으로 유지하기 위해서는 생명체의 개체고유성에 대한 재인식이 필요하다. 그리고 다양한 존재는 서로 차이와 차별을 구분해야 한다. 자신이 중심에 선 채로 열린 관계 속의 삶에서 보면, 너와 나 그 누구나 관계의 한가운데에 있다. 우리 모두의 존재가 저마다의 중앙에 있을 때 그것은 평등과 존중을 지향하는 인드라 망의 구조가 된다. 이러한 '자기중앙적network-centric 관계'에서는 각자의 위치상 차이는 있을지언정 지금 그대로 온전하다. 너와 내가 다르지만 같다. 그러나 '자기중심적ego-centric 관계'에서 나를 중심으로만 세상을 바라보며 살아갈 때, 그곳에는 중심이 있고 변방이 있어 간택揀擇이 생긴다. 그래서 이곳에서는 차이가 차별이 되고 너와 나는 영원히 변방과 중심의 관계에 머무른다.

따라서 생명윤리를 자신의 '삶'의 문제로 바라본다는 것은 결국 복잡계에서 언급되는 것처럼, 극심한 혼돈의 경계 가운데서도 양쪽을 아우르고 그 양변을 받아들인 경계인 되기이며, 이로 말미암아 둘이 아닌 인생을 사는 것을 의미한다.

생명체에게 나라는 개체고유성을 지니는 것이야말로 생명을 소중히 여기는 근간이다. 나라는 존재를 통해 그 모습을 드러낸 '생명'은 주위와의 관계 속에서 전체이면서 부분이고 부분이면서 전체인 창발적 형태'다. 우리 삶을 억압하며 폭력을 사용하는 것은 다름 아닌 언제나 자기 자신을 중심에 놓고자 하는 닫힌 마음이자 욕망이다. 사회, 문화, 과학, 종교 등 우리 삶을 풍요롭게 하는 것들이 과도한 우리네 욕망과 결합할 때 억압으로 작용하고 결과적으로는 관계의 단절과 왜곡이라는 폭력적 상황으로 이어진다.

하지만 너와 내가 관계 속에서 존재하고 있다는 말을 생각해보면, 이 세상 모든 존재는 존재한다는 자체만으로 주위에 빚지고 있으며 동시에 빚을 내고 있다. 일상 자체에 고마워하면서도 주위에서 왜곡된 관계로 인하여 고통받고 힘들어 하는 이들이나 생명을 위해 나 스스로 적극적으로 참여해야 하는 이치가 더욱 중요한 이유다.

적극적 관계 개선을 위한 참여야말로 미시적인 생명 진화의 힘이다. 관계성에 대한 철저한 합리적 인식을 통해 관계가 단절되거나 왜곡되었을 때, 그것을 바로잡기 위한 삶을 치열하게 사는 것이 곧 생태적 진화의 바탕이다. 이것은 생물학적 진화를 포함하되 그것을 뛰어넘는 또 다른 진화의 기작mechanism이다. 따라서 모든 종교나 철학에서 나온 비폭력의 가르침은 이러한 생태적 진화의 실상에서 비롯된다. 과학문명과 신자유주의 체제 내에서 폭력의 대상이 된 생명이 단지 또 다른 과학 발전에 의해 구원되리라는 과학주의적인 사고방식은 폐기되어야 한다.

 인간이 동물과 다른 점을 지적한다면, 다음의 세 가지라고 말할 수 있다. 무한한 욕망과 자기 존재에 대한 성찰 그리고 삶에 대한 감사. 채워지지 않는 무한한 인간의 욕망은 뒤의 두 가지 속성을 잃어버릴 때, 동물보다 못한 추한 인간상의 원인이 됨을 잊지 말아야 한다.

 이러한 인간 고유성을 위해서 우리가 지닌 이성, 감성, 영성의 통합적 합리성을 회복해야지만 생명력에 가득 찬 삶을 살 수 있는 것이며, 이는 주변과의 단절되고 왜곡된 관계 회복을 위해 자신을 과감하게 던질 수 있는 삶이자 이 시대의 생명에 대한 예의이기도 하다.

더 읽어볼 책들

1. 마크 뷰캐넌 지음, 『세상은 생각보다 단순하다: 격변하는 역사를 읽는 새로운 과학』, 김희봉 옮김, 지호, 2004

분석적 환원론에 근거한 근대과학은 관계로 이루어진 세상을 이해하는 데 근본적 한계를 지닌다. 물질로부터의 생명 탄생이나 다양하고 경이로운 자연현상뿐만 아니라 사회 현상 깊숙이 자리잡고 있는 복잡계적 현상을 알기 쉽게 설명해주는 대중서다.

2. 샌드라 하딩 지음, 『누구의 과학이며 누구의 지식인가: 여성들의 삶에서 생각하기』, 조주현 옮김, 나남, 2009

일반인들이 지닌 과학은 객관적·보편적이라는 고정관념을 사회적 약자인 여성의 관점을 통해 다시 생각해보게 한다. 이와 관련해서 좀 더 논의를 확장시키려면 『우리는 결코 근대인이었던 적이 없다』(브뤼노 라투르 지음, 홍철기 옮김, 갈무리, 2009)가 도움이 될 것이다.

3. 표트르 알렉세예비치 크로포트킨 지음, 『만물은 서로 돕는다: 크로포트킨의 상호부조론』, 김영범 옮김, 르네상스, 2005

생명을 바라보는 시각으로 다윈의 생존경쟁과 더불어 리처드 도킨스의 '이기적 유전자'로 대표되는 사회생물학적 관점과는 달리, 생명과 사회는 서로 협동하며 상의상존하는 모습임을 보여준다. 이를 좀 더 다양하게 현대적인 시각으로 읽고 싶다면, 『이타적 유전자』(매트 리들리 지음, 신좌섭 옮김, 사이언스북스, 2001) 그리고 『생명의 음악: 생명이란 무엇인가』(데니스 노블 지음, 이정모·염재범 옮김, 열린과학, 2009)를 참고하면 좋다.

8강

원효와 마르크스의 대화,
신자유주의의 대안이 되다

이도흠

"화쟁의 사회경제학은 인간의 목적에 따라 자연을 개발하여
물질적 생산을 해내고 상품화폐적 가치를 창조하는 현대성의 경제를 반성한다.
또 자연의 본래 가치를 소중하게 여기고 자연의 일부인
인간의 자기실현으로서의 노동을 통하여 지속가능한 개발과 가치 창조를
추구하는 생태경제학이다."

유투브에 올려진 싸이의 〈강남 스타일〉이 전 세계에 걸쳐 돌풍을 일으켰다. 3억 명이 접속하고 빌보드 차트에 2위로 올랐으며, 2012년 10월 4일엔 이에 화답하는 의미로 시청 앞 광장에서 8만 명의 대중이 운집한 대형 공연이 열리기도 했다. 거기엔 쌍용자동차 해고노동자 2646명 가운데 23명이 사망하여 마련된 분향소와 그 당시 1750일 동안 농성중이었던 재능교육 노동자들의 농성장이 있었건만 아무도 관심을 갖지 않았다. 그들 중 아무도 비정규직과 정리해고의 희생자가 될 수 있는 상황임을 인식하지 못하는 듯했다. 전 세계적으로 '월 가를 점령하라!'를 외치며 이른바 '99퍼센트' 세력의 저항이 일고 있는 이면에는 자본이 만든 니치주의•와 욕망의 포로가 되고 시뮬라시옹••과 이미지에 홀린 채 부유하는 대중이 있다.

　　신자유주의는 아직도 무소불위의 위세를 떨치고 있다고 해도 과언이 아니다. 자본은 국가와 시민 위에 군림하며 자본에 대한 모든 규제를 해체해버렸다. 노동은 완벽하게 통제된 상황에서 국가, 언론, 학자, 교회는 자본과 연합 관계를 형성하고서 신자유주의 자체를 제도화했다. 이 가치가 삶 속에서 자연스럽게 사람들의 내면으로 수용되는 가운데, 이에 대한 저항에 대해서는 물리적 폭력, 구조적 폭력, 문화적 폭력, 재현의 폭력the violence of representation이 단호한 형태로 나타나고 있다.

　　그러나 신자유주의 또한 역사적 체제일 뿐이다. 국가–자본의 카르텔 관계 자체가 양자의 정당성에 큰 위기를 자초했으며, 이 체제를 옹호하는 이데올로기였던 자유주의가 대중의 반발을 부르면서 평등과 정의를 기반으로 한 저항 이데올로기가 점점 확산되고 있다. 이런 가운데 신자유주의의 동력인 금융자본의 무한한 착취는 정점에 이르렀으며 머지않아 이 체제는 종언을 고할 것이다.

• 니치niche란 성모 마리아상 등을 두기 위하여 벽에 오목하게 홈을 판 벽감을 뜻하는데, 여기서 니치주의는 현실에서 도피하여 정치와 계급의식, 사회의식 등을 소거시키고 일상의 행복과 안락을 추구하는 문화적 경향을 의미한다.

•• 프랑스 철학자 보드리야르가 고안한 개념. 근대 사회에서 이미지 자체의 압도적인 확산 때문에 실제로 존재하지 않는 대상을 존재하는 것처럼 만드는 과정이 넘쳐나게 된다. 이처럼 원본이나 실체로부터 파생된 것으로서의 사건, 사물, 기호, 이미지 등이 원본이나 실체를 대체하는 현상을 시뮬라시옹이라 본다.

신자유주의를 반대하든 반대하지 않든, 우리는 새 체제를 준비해야 하는 시점에 있다. 간단히 말해, 새 체제는 대중의 각성과 체제 변혁이 함께 이루어져야 한다. 이런 맥락에서 나는 마르크스와 불교의 대화를 통해 새 체제의 밑그림을 그려보고자 한다.

신자유주의가 망쳐버린 것들

신자유주의란 (1)전통적인 경제 영역에서 시장을 즉각적이면서도 무조건적·무제한적으로 확대·강화하고 (2)비경제적인 영역까지 포함하여 인간 생활 전반을 시장 원리로 작동시키고자 하는 정책 이념이자, (3)시장에 전인격全人格을 포획하려는 기획이다.[1] 이 체제는 자유로운 착취와 경쟁을 방해하는 모든 규제의 완화, 노동시장 유연화, 정부 개입의 최소화·자유화·개방화, 공기업과 교육 등의 민영화, 감세, 복지 축소를 특징으로 한다.

신자유주의는 결국 빈곤과 실업의 세계화로 귀결되었다. 세계의 거의 모든 힘과 돈은 초국적 기업과 초국적 자본으로 옮겨갔다. 온갖 장애와 규제가 약화되자, 초국적 기업은 금융비용이 가장 저렴한 나라에서 돈을 빌려 가장 싼 원료가 있는 나라에서 원료를 구입 후 가장 생산성이 높은 지역—즉 기술력이 있으면서도 가장 노동력이 값싼 지역—에서 생산하고 판매와 수출을 최대화할 수 있는 나라에 생산기지를 두었다. 그다음 제품을 팔아 세금이 가장 낮은 나라로 기업소득을 이전시키고, 자본수익과 환차익이 가장 높은 나라로 자금을 이동시켰다. 그 결과, 1970년대 7000곳에 지나지 않던 초국적 기업은 1990년대 초반에만 3만5000곳으로 늘어났으며 이들은 세계 무역량 가운데 75퍼센트를 차지하고 있다. 특히 제너럴모터스(GM)나 엑슨, IBM 등 15대 초대형 기업의 수입은 120개국의 수입 합계보다 많다.[2]

무엇보다 신자유주의는 양극화를 심화했다. 세계 속 부의 집중은 더욱 심각해져 현재 세계 부유가계 0.7퍼센트가 전 세계 부의 3분의 1을 소유하고 있다.[3] 우리나라도 마찬가지다. 국세청에 따르면 종합소득세 신고자 중 상위 20퍼센트 소득자의 1인당 소득금액은 1999년 5800만 원에서 2009년 9000만 원으로 10년 새 55퍼센트나 늘어 대부분 억대 수입을 바라보고 있다. 그러나 하위 20퍼센트 소득자의 1인당 소득금액은 같은 기간 306만 원에서 199만 원으로 54퍼센트 급감했다. 2009년 종합소득세 신고자의 총소득금액은 90조 2257억 원이었다. 이중 상위 20퍼센트가 가져간 소득금액은 64조 4203억 원으로 무려 71.4퍼센트에 달한다. 상위 20퍼센트 개인사업자가 총소득의 3분의 2 이상을 거둬들인 반면 전체 신고자의 60퍼센트를 차지하는 상위 40퍼센트 이하는 고작 10퍼센트를 약간 넘는 소득밖에 가져가지 못했다.[4]

신자유주의는 국가의 순기능을 해체한다. 초국적 기업은 전 세계적인 네트워크를 구축하여 생산과 유통, 소비를 장악하고 통제한다. IMF, 스탠더드 앤 푸어스(S&P)나 무디스 같은 신용평가기관이 세계 금융의 흐름을 사실상 배후 조종하는 역할을 하여, 한 나라의 의사결정 체계가 심각히 왜곡되고 '국민주권'은 무력화된다. 이들은 자유무역과 '지적재산권'의 미명하에 각 나라에서 준수해온 환경보호 규정이나 토착 민중의 권익을 체계적으로 해체시켜버린다. 이들은 막대한 이윤을 벌어들이면서도 조세 회피 지역을 이용하여 세금을 내지 않고 빼돌려 각 나라들이 가졌던 조세권마저 유명무실하게 만든다.[5] 국가는 자본 편에 서서 모든 규제를 해제하고 기업에 특혜를 주며 정리해고와 비정규직을 반대하는 노동자에게 폭력을 가한다.

이런 상황에서 대중은 신자유주의 체제의 이데올로기를 일상화·내면화한다. 이는 경쟁주의와 니치주의를 심화하고 과잉된 욕망을 부추기며, 결국 대중의 연대를 풀어버리고 노동조합을 무력화했으며 공동체를 해체하기에 이르렀다. 바야흐로 자본이 꿈꾸던 세상—노동에 대한 아무런 규제 없이 '자유로운' 착취와 억압, 노동자 조직의 무장 해제, 국가와 시민의 제한 없이 무한히 '자유롭게' 열린 시장—이 도래한 것이다.

상품-화폐 관계의 왜곡과 불교와 마르크스주의의 동몽이상

$$M-C-M'$$
$$① \quad ②$$
$$M-C(LP+MP)-P-C'-M' \rightarrow M'-C'-P'-C''-M'' \rightarrow M''-C''-P''-C'''-M''' \rightarrow \cdots\cdots$$

작년에 100을 생산했으면 올해 최소한 103 정도는 생산하여야 망하지 않듯, 자본주의는 '확대재생산'●을 해야만 살아남는 체제다. 자본가는 맨 처음에 화폐(M)를 자본으로 하여 생산수단(MP)과 노동력(LP)을 산 뒤, 생산 과정(P)을 통해 상품(C')를 만들어 시장에 팔아 돈(M')을 벌어드린다. 이때 M'은 M보다 많다. 생

● 자본의 축적을 바탕으로 이전보다 생산 규모가 확대된 형태로 상품 생산이 이루어지는 것. 자본가가 잉여가치에 해당되는 부분을 생산 과정에 투입하여 생산수단이나 노동력을 추가적으로 구입하는데 사용하면, 자본의 규모와 더불어 생산의 규모도 확대되어 재생산이 이루어진다.

산 과정에서 잉여가치가 발생했고 이를 자본이 착취했기 때문이다. 이윤을 극대화하려면 자본은 M'를 개인이 소비하지 않고 다시 재투자하여 M", M'''로 지속적으로 불리면 된다. 자본은 이윤 확대를 위해서라면 물불을 가리지 않는 속성을 보이기 때문에 조건만 맞으면 이 확대재생산의 속도는 폭발적이다.

①의 노동 과정에서 자본주의 노동 자체는 소외·억압·착취된 노동이지만, 신자유주의 체제에 와서 이는 더욱 극단적으로 변해갔다. 기업은 과도한 이익을 위하여 노동자를 정리해고하고 비정규직을 늘렸으며, 이에 저항하면 자본과 국가는 이들에게 물리적 폭력, 구조적 폭력, 문화적 폭력, 재현의 폭력을 가했다.[6]

②의 소비 과정에서도 왜곡은 현저했다. 대중은 필요에 따른 소비를 하지 않는다. 과잉욕망에 휘둘려 과잉소비를 하고 있다. 지구촌은 쓰레기로 넘쳐나고, 선진국 대중은 거의 절반가량이 비만에 따른 병을 앓고 있다.

이런 상황에서 과연 마르크스와 불교는 대안을 제시할 수 있으며, 양자 간 대화는 가능한가. 소련이 해체되었지만, 자본주의와 신자유주의 체제의 대안을 모색하는 과학으로서 마르크스주의만큼 유용한 이론 및 지표는 없다. 불교 또한 '중세 유물'이나 '성인들의 신비한 은유 놀이'에서 벗어나려면 현실의 토대 위에 서야 한다. 불교와 마르크스주의는 인간 해방이 이루어진 '계급 차별 없는 이상 사회'라는 '같은 꿈', 즉 동몽同夢을 꾸었고 지금도 꾸고 있다. 불교와 마르크스주의 결정적인 차이는 '꿈'이 아니라 그것을 달성하기 위한 수단, 방법, 실현 조건 등이다. 이렇게 볼 때, 불교와 마르크스주의는 마치 동상이몽同床異夢의 뒤바뀐 조합, 즉 동몽이상同夢異床의 관계에 놓여 있다.[7]

붓다와 마르크스는 다른 점도 많지만 같은 점도 많다. 신적 존재를 부정하고 이 세계를 쉼 없이 변화하는 무상無常의 관점에서 파악했으며, 기존 질서와 논리는 물론 기존 텍스트에 대해 비판적·해체적인 입장을 취했다. 또 그들은 각자의 이기심과 탐욕을 버리고 이타적·대자적인 실천을 행할 것을 주장했으며, 이 세계와 인간 사회를 실체론이 아니라 관계의 사유로 바라보았다. 무엇보다도 붓다와 마르크스는 신분과 계급의 차별 없이 만인이 평등한 이상 사회를 꿈꾸었다.[8] 이런 맥락에서 양자의 대화를 시도해보자.

상품-화폐 관계의 현정과 화쟁의 정치경제학의 조건

상품-화폐 관계에서 ①과 ② 가운데 하나만 제대로 작동하지 않으면 자본주의 체제는 무너진다. 하지만 양자 모두 제대로 작동하여 자본주의 체제는 엄청난 호황을 누리고 있다. 대중은 화폐-상품에서는 노동 거부로, 상품-화폐 단계에서는 소비 거부로 맞설 수 있지만, 공포는 노동 거부를 회피하게 하고, 유혹은 소비를 조장시키는 기제다.[9]

우선 강내희가 잘 간파한 대로, ①에서 노동을 거부해야 노동자가 화폐를 받고 잉여노동을 착취당하면서 상품을 생산하는 것을 막을 수 있다. 그런데 이를 잘 이행하지 못하는 것은 노동자대중이 국가와 자본의 공포에 주눅들고, 그것을 극복하여 저항의 연대와 실천을 한다 하더라도 폭력이 기다리고 있다. 노동자는 저임금, 장시간 노동에 착취당하면서도 저항할 채널을 상실해버렸다. 자본과 국가 연합체의 폭력은 부당한 것이고 불법이지만, 항상 그것은 노동자의 연대와 실천을 넘어선다. 이는 현 상황에서 국가와 자본 모두 정당성의 위기를 겪고 있음에도, 국가-자본의 연합체를 전복할 만한 노동자 세력의 폭력 혁명이 쉽지 않음을 의미한다.

그러면 남미식 개량적 진보는 가능한가. 뒤집어 말해, 왜 더 열악한 노동 조건에 있는데 한국에서는 진보정당의 지지율이 10퍼센트대에 머무는가. 이는 여러 요인이 작용하기 때문이다. 우선 분단에서 생겨난 모순이 계급 모순과 마주치면서 대중은 레드콤플렉스를 내면화하고, 국가는 반공 이데올로기를 지배 이데올로기로 정당화할 수 있는 토대를 마련했다. 이 상황에서 '진보=빨갱이'로 쉽게 매도되면서 정당성을 비롯해 국민을 자발적으로 설득하고 동의를 구할 수 있는 헤게모니마저 상실했다. 다음으로 조·중·동을 중심으로 한 언론 메커니즘, 일제 식민지 잔재에 미국식 교육이 혼합된 보수적인 교육 체제, 지역주의에 종속된 선거제도 등이 진보적 담론 생산을 막고 보수적 담론의 확대재생산을 주도했다.

셋째, 1990년대 증권과 부동산 투기 붐을 타고 상당수 노동자가 '자본가형 노동자capitalist worker', 혹은 '중산층적 프롤레타리아bourgeois proletariat'로 전환했다. 이들은 '하얀 탈을 쓴 흑인'처럼 구체적 현실은 노동자지만, 정치경제적 성향은 자본가나 중산층이 되어버렸다.

넷째, 노동자 중 상당수가 부르주아 문화를 향유하고 있는 점도 간과할 수 없다. 텔레비전 드라마와 게임, 대중가요 등 노동자가 향유하는 대중문화가 탈계급적·탈정치적인 것 일색이어서, 민주노총 소속 노동자처럼 계급의식과 주체가 확고한 노동자를 제외하고는 다수의 노동자가 '일차원적 인간'으로 전락했다는 점도 간과할 수 없다.[10]

다섯째, 양극화의 심화도 중요한 요인이다. 양극화로 사회구성은 가운데가 볼록한 열기구형 사회에서 가운데가 거의 사라진 모래시계형 사회로 변화했다. 여기에 복지정책은 거의 사라지고 사회적 안전망은 해체되었다. 상위의 기득권만 제하고는 모두가 생존의 위기에 직면한 것이다. 이에 사회윤리와 도덕, 공동체의 미덕은 차츰 사라지고 약육강식과 적자생존의 논리가 지배하게 된다. 사람들은 주변에서 기업이 도산하고 동료들이 퇴출당하는 것을 겪으면서 노동자 조직보다 기업 경쟁력을 더 중요하게 여겼고, 고용 안정성과 기업 경쟁력을 동일시하게 되었다. 노조는 노동운동에 의해 자기 권리를 주장하는 것이 아니라 경제성장과 기업 발전을 통해 자기 생활을 개선하려는 경향으로 기울어졌다. 이런 상황에서 대중은 능력주의와 경쟁제일주의를 시나브로 받아들이게 되었다. 이러한 모습은 구조조정을 겪은 사업장이나 개인에게 더욱 강하게 나타났다.[11] 이와 더불어 조돈문의 지적대로, 노동계급 안에서 계급의식이 높은 부분이 위축되고 전체 노동계급의 계급의식이 보수화되는 점, 노동자의 물적 조건이 향상되며 계급관계의 적대적 성격에 둔감해지는 점, 노동자가 자본계급의 이데올로기에 포섭되어 계급의식이 발달하지 못하는 점 등이 작용했다.[12]

그럼 ②에서 소비 거부를 이뤄낼 수 없을까. 이를 행하지 못하는 이유는 무엇인가. 삼성의 부패와 부조리, 3대 세습 체제, 야만적인 노동자 탄압을 접한 외국의 시민운동가들은 왜 한국 대중이 삼성 불매운동을 전개하지 않느냐고 반문한다. 과연 우리 대중이 모두 과잉소비에 매몰된 이유는 무엇일까.

자본주의가 들어오고 1960년대 이후 고속성장을 거듭하면서 한국 대중의 물적 욕망은 높아져만 갔다. 자본가들은 대부분 프로테스탄트식 기업 윤리라곤 거의 없는 천민 자본가들이었다. 천민 자본은 국가 및 언론과 유착 관계를 맺고 국가 보호 아래 노동자를 극도로 착취했으며 언론과 더불어 국민 소비를 최대한으로 부추겼다. 1960년대부터 초고속으로 진행된 물질 위주의 산업화는 국민을 물신의 노예로 만들었고, 1980년대의 증권 붐과 투기 붐은 대다수의 국민을 투기꾼으로 만들어버렸다. 여기에 결정적인 역할을 한 것은 IMF와 신자유주의다.

특히 IMF 위기를 계기로 한국 대중은 세 방향에서 물적 욕망을 엄청나게 키워나갔다. 자본주의 사회에서 욕망은 타자의 욕망을 추구하는 것이기에 필연적으로 폭력적이다. 때문에 이를 억제하는 것은 타자에 대한 공감과 윤리다. IMF 이전에는 동네에 골목 문화가 남아 있었고, 회사에서도 직원 사이에 공동체적 관계가 강하게 작동하고 있었다. 하지만 국가가 미국식 해고를 주도하면서 공동체적 관계는 일시에 무너져버렸다. 이후 타자와 공동체의 시선을 의식하여 억제하던 욕망이 표출되었다.

IMF 위기의 극복은 공정하게 이루어지지 않았다. 정부와 기업은 선량하고 성실한 수많은 국민을 실업자와 낙오자로 만들었다. 이로써 많은 국민이 수단과 방법을 가리지 말고 물적 축적을 해야 한다는 극단의 위기의식을 갖게 되었다. 더불어 약 800만 명이 비정규직이 되면서 사색과 성찰 없이 매일 생계를 걱정하며 그날 벌어 그날 쓰는 일차원적 인간으로 전락했다. 디지털 문화도 이를 조장했다. 문자시대에서 영상시대로 이전하면서 대중은 현실이 아니라 대중문화가 만든 이미지에 현혹되어 과잉 소비를 한다.

①에서 모든 노동자가 조직화된 주체가 되어 자본과 맞서 노동 거부를 실천하거나, ②에서 대중이 욕망의 자발적 절제를 통한 소욕지족少欲知足의 삶으로 전환한다면 자본주의 체제는 붕괴한다. ①과 ②는 분리된 것이 아니라 상호 침

투한다. ①에 가장 유용한 사상이 마르크스라면, ②에 가장 유용한 사상은 불교다.

근본적으로 구조적 폭력을 야기하는 구조를 해체하기 위해서는 비정규직 노동자의 계급의식 각성과 조직화가 선행되어야 한다. 이를 기반으로 단결과 연대의 대의를 지향하는 비정규직 노동자와 정규직 노동자의 연대, 노동자와 시민사회의 연대와 투쟁도 필요하다.

②에서 소비를 올바르게 하는 길은 무엇인가. 답은 욕망을 자발적으로 절제하고 소욕지족의 삶으로 전환하는 것이다. 불교는 욕망의 확장과 물질적 소비를 통해서는 행복해질 수 없다고 말한다. 불교는 개인의 깨달음과 공동체적 삶을 통하여 소외를 극복하라고, 무소유의 삶을 통해 화폐 증식의 욕망을 없애라고, 무한한 소비와 향락의 욕망을 절제하는 삶을 살라고 가르친다. 부처는 출가수행자들이 '삼의일발三衣一鉢'이나 '육물六物'만 소유하는 무소유의 삶을 살라 일렀으며, 이 계율을 어기면 모든 소유물을 4인 이상의 도반들 앞에 내놓고 참회해야 했다. 달마대사는 '구함이 있으면 모든 것이 고통이지만 구함이 없으면 이 자리가 곧 극락'이라고 말하며 무소구행無所求行의 실천을 제시했다. 나아가 육조 혜능 역시 욕망을 줄이고 소박한 삶에 만족할 줄 알아야 한다는 소욕지족을 설파했다. 소비에 대한 불교 입장은 물질적 욕구의 충족이라기보다는 욕망의 제어로 표현되는 검소 및 절제와 생활을 통하여 적은 소비로 만족을 얻고 시여施與의 종교적 목표에 도달함으로써 재財의 최대효용을 달성하는 것이다.[13]

불교적 경제 행위에서 필요한 것은 연기緣起와 중도中道●에 대한 깨달음이다. 내 호흡만으로도 내 얼굴 앞에서 대기의 미생물이 살고 죽으며, 그렇게 달라진 대기가 나와 타인의 몸을 향해 동시에 영향을 미치듯, 자본주의 체제에서 모든

● 연기는 모든 현상이 서로 관련을 맺고 의지하면서 조건이 되고, 서로 원인인 동시에 결과가 되는 법칙을 뜻한다. 중도는 대립이나 극단을 떠나 어느 한쪽에 치우치지 않고 바른 마음과 도리로 인식하고 깨닫는 것, 쾌락과 고행의 두 극단을 떠난 바른 수행을 뜻한다.

것은 서로 조건으로 작용한다. 인간은 충분히 이기적이고 탐욕적인 존재인 동시에 연기를 깨달을 수 있는 존재이기도 하다. 서로 싸우던 두 사람이 실은 이복형제임을 알면 싸움을 멈출 것이다. 모든 어머니는 자식을 위해 자신을 희생한다. 이처럼 나와 다른 타자가 이복형제처럼, 부모와 자식 관계처럼 서로 연기되어 있음을 깨달으면, 우리는 욕망을 자발적으로 절제할 수 있다. 이 점을 잊고 자기만 살려 하면서 세계자본주의는 금융위기를 맞았고, 급기야 99퍼센트 세력의 저항이 일고 있는 것이다. 개인 차원에서는 나와 밀접한 연관 관계 속에 있는 타자를 위하여 욕망을 자발적으로 절제하는 것이 필요하다. 기업 차원에서는 "기업은 경제 성과뿐 아니라 환경, 인권, 노동, 지역사회 등을 고려한 사회적 성과를 얻어야 존립근거를 갖는다"에 입각한 '영리기업의 사회책임경영'이 요청된다.

시장주의자들은 규제와 간섭을 없애고 자유롭게 놔두어야 '보이지 않는 손'에 의해 저절로 자기조절을 하여 자원배분을 잘한다고 주장한다. 하지만, 이는 시장을 실체로 보는데서 비롯된 망상이다. 시장은 다른 시장, 국가, 기업, 은행, 생산자–소비자와 연기 관계다. 무수한 연관 관계 속에서 한쪽의 야만과 탐욕은 타자의 희생과 고통을 야기한다. 견제와 감시의 시선이 사라지면 서로 야만과 탐욕을 부추기게 된다. 신자유주의는 자본의 야만과 탐욕을 견제하던 장치, 정의의 원칙을 모두 규제로 몰아 해체했다. 이에 대한 귀결은 99퍼센트의 빈곤과 죽음, 1퍼센트의 독점과 타락, 금융위기와 대공황의 유령이다. 반면에 연기론으로 시장을 바라보면, 서로 간의 역동적인 인과관계를 고려하여 정의의 원칙을 지킨 채 경제 행위를 한다.

불자가 재물에 대해 가져야 할 올바른 태도는 중도다. 재물에 집착하는 것은 나쁘지만, 이를 부정적으로 보고 멀리하는 것은 지혜롭지 못하다.

그럼 불교를 자본주의와 연관하여 해석할 근거는 어디서 찾을 수 있는가. 『앙굿따라니까야A guttara Nikya』●에 "비구들이여, 눈먼 사람이 어떤 종류의 사람인가? 여기에 어떤 사람은 재산을 얻거나 늘리는 눈을 갖고 있지 않다. (…) 비구들이여, 두 눈 가진 이는 어떤 종류의 사람들인가? 그는 재산을 얻거나 늘리는 눈을 갖고 있다. 그는 또한 선한 방법과 악한 방법, 비난받고 칭찬받는 방법, 천하고 고상한 방법, 떳떳하고 어두운 방법을 잘 분별하는 눈도 갖고 있다. 비구들이여, 이러한 사람을 두 눈 가진 이라고 부른다"[14]라고 기술하고 있다.

『앙굿따라니까야』에서는 재산 획득과 증식을 못하는 이를 눈먼 사람으로, 재산 획득과 증식은 행할 수 있지만 그 과정에서 윤리적 정당성을 상실한 이를 한 눈만 있는 이로, 재산 획득과 증식을 할 줄 알면서 이를 윤리적으로 정당하게 행하는 이를 두 눈 있는 자로 분류하고 있다. 일정한 윤리 규범에 따라 재산을 획득, 증식하는 자야말로 세 부류의 인간 가운데 가장 바람직한 자다.

혹자는 업業의 논리에 따라 가난을 당연한 것으로 여기지만, 시간이 업과 얽히면서 업은 시간에 따른 존재의 변이가 정의롭게 일어나도록 통제하는 원리가 된다. 짧고 직선적인 시간관만으로 보면, 착한 자가 고통받고 선한 일을 하면 손해 보는 부조리로 넘쳐나는 곳이 이 세상이다. 그러나 길고 둥그런 시간관으로 보면, 선한 자가 고통당하는 것은 전생의 죄업을 씻는 과정이다. 곧 선한 자가 지금 가난한 것은 전생에서 죄업을 지었기 때문에 그 원인으로 고통을 받는 것이며, 지금의 고통은 고통이라기보다 선업을 쌓는 과정이다. 지금 돈을 잘 벌더라도 좋은 일에 쓰지 않으면 악업을 짓게 되어 후생이 편하지 않다. 그러니, 돈을 벌더라도 보시布施●●를 많이 해야 후생이 편안한 것이다. 보시는 그를 위한

● 석가모니 부처가 직접 설법한 내용을 팔리어로 기록해놓은 초기 불전.
●● 자비심으로 남에게 재물이나 불법을 베풂을 뜻한다.

것이 아니라 나 자신을 위한 일이다.

이처럼 화쟁의 경제학은 연기론과 업설業說•에 따라 자기실현과 깨달음의 과정으로 일하며, 가치를 창조하고 타자와 나의 깊은 연관 관계를 파악하여 소욕지족의 생활을 하며, 적은 소비로 만족을 얻고 그와 나를 평안하게 하는 선업을 쌓고 악업은 풀면서 재의 최대효용을 달성하는 자비의 경제학이다.

화쟁의 경제학은 정치체제의 현정顯正•• 없이는 현실화하기 어렵다. 신자유주의 체제에서 정치는 재현의 위기 상태다. 재현의 위기론the crisis of representation이란, 즉 실제 현실과 이를 매체를 통해 재현한 것 사이의 괴리와 왜곡, 더 나아가 거꾸로 매체가 현실을 구성하는 것을 설명하는 이론이다. 예를 들어, 현실은 백인이나 흑인 사이에 폭력성에 차이가 없는데, 미국 드라마에서 흑인을 폭력범으로 자주 등장시키면, 백인 소년은 흑인을 폭력적인 사람으로 착각하며, 이는 실제 현실에서 인종적 편견과 갈등을 낳는다.

이를 통해 한국 정치를 풀어보자. 시기에 따라 차이가 있지만, 대중의 이념 성향은 대략 '보수 4: 중도 3: 진보 3'의 비율이다. 그렇다면 이런 현실의 정치제도적 재현인 정당 의석도 그 비율이어야 한다. 하지만 국회에서 진보정당이 차지하는 비율은 정의당과 노동당 합쳐서 13명으로 4.3퍼센트에 지나지 않는다. 의회 권력만이 아니다. 진보정당의 지지율은 5퍼센트 내외로 대중적 헤게모니 또한 유약하다. 이 실제 현실과 정치적 재현 사이의 괴리는 많은 모순을 낳는다. 무엇보다도 30퍼센트에 이르는 진보적 국민, 1700여만 명 노동자와 농민의 의사는 증발해버린다. 그러기에 재현의 위기는 곧 민주주의의 위기로 이어진다.

사람들이 『정의란 무엇인가』, 영화 「도가니」, 안철수 등에 열광했던 이유는 무엇인가. 공통점은 우리 사회에 그만큼 공정성과 정의의 원칙이 무너지고 가진

• 미래에 선악의 결과를 가져오는 원인이 된다고 하는, 몸과 입과 마음으로 짓는 선악의 소행을 논하는 불교적 논의
•• 모든 삿된 것을 부숴버리고 올바른 도리를 나타내 보이는 것.

자들의 폭력과 수탈로 사회적 약자들이 무참하게 자신의 삶을 유린당하는데, 그들의 분노와 불만은 전혀 수렴되지 못했기 때문이다. 수만 명의 노동자가 '긴박한 경영상의 필요'가 아니라 '극단의 이익'을 위해 정리해고 되었으며 이에 항의하다가 모진 폭력을 당했다. 쌍용자동차에서만 무려 24명의 해고자가 죽음 이외의 다른 방법을 찾지 못한 채 목숨을 끊었다. 그럼에도 이를 개선하라는 목소리는 매번 허공을 가를 뿐이다. 다른 무엇보다도 현실과 재현의 일치, 곧 그들을 대변하는 정당이 그들의 숫자만큼만 권력을 형성했다면 극복되었을 문제들이다.

이런 재현의 위기가 극심해진 원인은 여러 가지다. 선거제도가 잘못되었고, 선거에 지역주의, 레드콤플렉스, 보수언론의 여론조작 등이 작용하며, 국가-자본의 유착에 언론과 학자가 가세한 카르텔이 공고한데다가 MB정권의 독단과 제도적 폭력, 국정원 등을 동원한 공작정치, 언론 탄압까지 가세했다.

물론 외부 요인만 탓할 일은 아니다. 민주노총과 진보정당조차 분열의 늪에서 좀처럼 벗어나지 못하고 있다. 아이는 죽어가는데 부부가 싸우고 있는 형국이다. 이제 계급의 머릿수와 이념 성향의 현실에 맞게 정당 권력과 헤게모니는 보수 4: 중도 3: 진보 3으로 수렴되어야 한다. 이를 위해 가까이로는 독일식 정당명부 비례대표제를 실시하며, 근본적으로는 국회를 양원제로 바꾸어야 한다. 즉 상원은 정당명부 비례대표제로 선출한 지역 대표로 구성하고, 하원은 직능대표제로 구성하는 것이다. 이럴 경우 선거권자가 4000만 명이고 이 가운데 노동자가 1700만 명이라면, 전체 하원의원 1000명 가운데 425명을 노동자 대표로 선출하는 셈이다. 이렇게 되면 상원에서는 국민이 어느 당과 정책을 지지하는지에 따른 상원의원 비율을 차지하게 되며, 하원에서는 특정 직업을 가진 국민이 그 비율만큼의 하원의원에 당선되어 그 직업을 대표한다. 이를 통해 현실과 국회적 재현이 일치하게 되어 다양한 집단과 직업 이념 그리고 정책 성향이 국회를 통하여 화쟁을 이루게 될 것이다. 단, 이것이 가능하려면 진보정당이 단일화한 뒤 민주당 및 노동·시민단체와 연대하여 기득권층에 맞서는 담론 투쟁 및 정치 투쟁을 펼쳐나가야 한다.

생태경제학, 자연과 인간의 화쟁을 꿈꾸다

화쟁의 정치경제학의 프레임 안에서 자연과 인간의 아우름을 시도해보자. 우리는 지금 지구상에 존재하는 생명체의 40퍼센트가량이 멸종 위기에 있는 전 지구적 차원의 환경 위기, 그리고 산업화의 동력이었던 화석연료가 80년치가 채 남지 않은(석유 2052년, 가스 2060년, 석탄 2088년 고갈) 자원고갈 위기가 절박한 지경에 이르렀다. 이 시점에서 가장 먼저 요구되는 사항은 지속가능한 발전을 이룰 수 있는 경제학이다. 지속가능한 발전을 위한 경제학을 수립하기 위해, 가장 먼저 마르크스주의 안에서 '자연의 인간화'와 '인간의 자연화'를 변증법적으로 종합한 후 양자를 화쟁시키는 작업이 필요하다.

현대는 자연을 개발과 착취 대상으로 여겨왔다. 마르크스주의 또한 큰 틀에서는 현대성의 패러다임에서 벗어나지 못한다. 자본주의적 모순에 따른 환경 문제를 접했을 때 마르크스주의는 이중적이다. 환경 위기를 낳은 근본적인 동인인 자본주의적 모순을 비판할 때 마르크스주의는 매우 예리한 분석도구가 된다. 하지만 마르크스는 자연의 한계 문제를 그리 심각하게 인식하지 않았다. 마르크스는 "물질적 필수성의 영역은 그의 욕망의 결과로서 확대된다. 그러나 동시에 이러한 욕망을 만족시키는 생산력도 증가한다"[15]라며 생산성 증대를 위한 욕구 충족의 확장을 당연한 것으로 인식하지 않았다. 어느 장(場)이든 탐욕은 무한하게 충족될 수 없으며 한계에 도달하여 위기를 맞게 마련이다. 마르크스는 시장에 관한 대목에서는 이 점을 잘 분석했으나 자연에 대한 대목에서는 그러지 못했다. 자본의 탐욕이 과잉생산을 낳고 이것이 기업 도산과 금융위기를 부르는 '생산의 무정부성', 그것에 따른 공황에 대해선 아주 탁월하게 통찰했지만, 자본의 탐욕이 자연의 빈틈마저 착취하여 자연의 공황 상태라 할 '전 지구적 차원의 환경 위기'를 부르는 것에 대해서는 미처 예측하지 못했던 것이다.[16] 이제 빈틈이 사라져 자연이 그 한계에 다다른 시대의 자본론, 자연과 공존할 수 있는 노동과 생산 문제 등에 대한 새로운 해석이 요청된다.

마르크스주의는 자연의 본원적 가치보다는 도구적 가치에 초점을 두고 있기 때문에 인간중심주의다.[17] 도구를 써서 땅을 밭으로 전환한 뒤 이를 갈아 씨를 심고 추수를 하는 농부에서 보듯, 마르크스주의는 인간과 자연을 이분법적으로 분할하고 인간이 자연에 대해 우월한 위상에서 자신의 목적을 구현하기 위한 대상으로 자연을 이용해 생산을 이루는 것으로 파악한다. 이에 이분법에서 퍼지식 사고*로, 인간중심주의에서 생태적 사고로 전환한 패러다임으로 마르크스주의를 재해석할 필요가 있다.

마르크스주의는 인간이 기술력을 바탕으로 자신의 목적대로 자연을 이용하여 생산을 향상하는 것을 조장한다. 최근에 허리베이는 "마르크스주의는 노동과정을 통하여 다룰 수 없는 자연 조건을 과소평가했고 인간의 역할과 기술력에 대해서는 과대평가했다"[18]라고 지적한다. 마르크스는 한마디로 자연에 대한

---

* 여기서 퍼지식 사고는 자연과 인간을 이분법적 대립의 사고(A or not A)로 보는 관점을 떠나, 양자가 경계 없이 서로 뒤섞이거나 조건이 되면서 역설적 관계(A and not A)인 것으로 보는 관점을 뜻한다.

기술중심주의를 유지하고 있고, 이는 자연의 착취를 정당화한다. 이에 따라 자연의 내재적 가치를 인정한 바탕 위에서 노동을 매개로 한 인간과 자연의 관계를 다시 성찰해야 할 것이다.

하지만 이와 달리 마르크스에게도 자연을 보는 관점이 분명히 있다. 마르크스는 "인간의 신체적·영적 생활이 자연과 연결되어 있다는 점은, 인간이 자연의 일부이기 때문에, 자연이 그 자신과 연결되어 있음을 순전히 의미한다"[19]라고 말한다. 마르크스는 인간이 자연과 유기적이고 밀접한 연관 관계를 맺고 있으며 자연에 속해 있는 내재적 존재임을 알았다. 이는 인간/자연의 이분법을 극복할 수 있는 지평을 열며, 자연을 대상이나 도구로 여기는 것 또한 넘어서서 인간과 자연을 유기적인 관계로 파악할 실마리를 제공한다.

여기서 문제는 자연의 본원적인 가치와 시장 안에서 교환가치 사이의 괴리를 어떻게 해결하느냐는 점이다. 마르크스는 『자본론』에서 자연이 사용가치는 있으나 교환가치는 가지지 못함을 변함없이 주장한다. 이를 구별하지 못한 것은 중농주의자들의 오류다. 마르크스의 주장대로, 햇빛이 쌀을 자라게 했지만, 햇빛의 가치가 쌀의 교환가치에 포함되진 않는다. 하지만, 인공태양을 써서 쌀을 자라게 한다면, 인공태양의 빛은 교환가치를 갖는다. 그렇다면, 햇빛의 교환가치를 인공태양을 매개로 추산하는 것이 가능하다. 이런 방식으로 자연의 본원적인 가치를 교환가치로 대체할 수 있다.

자연이 욕구 충족의 대상이자 인간과 유기적인 연관성을 갖는 전체라는 시선은 자연의 인간화와 인간의 자연화를 모두 가능하게 한다. 자연은 그 자체로서 물적 자연과 언어를 매개로 한 텍스트로서 자연으로 나눌 수 있다.[20] 흙으로 흙벽돌을 만들어 집을 짓듯, 인간은 물적物的, 즉 '물질적인 것' 자체로 자연을 자신의 욕구와 목적에 따라 노동을 매개로 변형, 생성하여 생산을 수행한다. 자연 안에서 인간도 다른 생명처럼 신진대사가 일어나고 번식하며 생존한다. 또한 다른 생명과 밀접한 연관 관계 속에서 자연과 더불어 사는 것에서 보듯, 인간은 물적 그 자체이자 자연의 일부로서 자연 안에서 생물적·물리적인 형성을 하며 생존한다.

한 승려가 반달에서 공空의 의미를 떠올리고 이를 퍼트리듯, 인간은 자연을 하나의 텍스트로 여기고 질서를 발견한다. 또 언어를 매개 삼아 이를 의미로 생성하여 소통한다. 강가에서 새소리와 물소리를 들으며 생태시를 쓰는 시인에게서 보듯, 인간은 자연과 만나 이를 구체적으로 교감하고 체험한 것을 바탕으로 자연의 질서와 아름다움을 내면화한다. 더 나아가 이에 부합하는 사고를 하면서 관련된 의미를 표출한다. 자연은 그 자체로서의 물적 자연과 텍스트로서의 자연이라는 두 측면을 동시에 함유한다. 인간은 그런 자연을 인간화하는 동시에 인간의 사고와 의미 그리고 삶을 자연화한다. 자연의 인간화와 인간의 자연화는 대립적인 것이 아니라 동전의 양면 같은 것이다. 이를 간단히 정리하면 아래와 같다(표1 참조).[21]

표1 물적 자연 그 자체와 텍스트로서의 자연의 함의

구분	자연의 인간화	인간의 자연화
그 자체로서의 물적 자연	노동을 매개로 자연을 변형생성하여 생산함	자연의 일부로서 인간의 생·물리적 형성과 생존
텍스트로서의 자연	자연의 질서에서 의미를 생성하고 소통함	자연의 질서와 아름다움의 내면화와 이에 부합하는 사고 및 의미 표출

여기서 자연의 인간화와 인간의 자연화를 종합하는 것은 '생태노동'을 하거

나 '지속가능한 발전'을 하는 것이다. 생태노동이란 자연의 순환과 재생이 가능한 범위 내에서 인간이 도구를 사용해 자연의 가치를 개인의 생존과 중생 구제, 삼보三寶*에 시여하는 가치로 전환하는 행위다. 이때 먼저 전제가 되어야 하는 점은 자연의 내재적 가치를 인정하는 것, 인간을 정신과 육체로 나눈 이분법에서 벗어나 몸으로 보는 것이다. 자연의 내재적 가치를 인정하면, 가치를 생산하기 위한 인간의 노동이 자연을 무조건 도구화하거나 목적을 달성하기 위한 대상으로 삼는 자체가 불가능해진다. 곧, 노동을 통하여 생산한 가치와 자연이 본래 지닌 내재적 가치 사이의 균형을 모색하게 되며, 전자의 가치가 후자의 가치보다 적을 경우 자연을 향한 착취와 개발은 제한된다. 이때 자연에 대한 인간의 목적을 새로운 합리성으로 제한하는 것도 한 방법이다. 새로운 합리성이란 바로 목적 지향적 합리성에서 벗어나 생태적 삶과 소통을 추구하는 '화쟁적 합리성'이다.[22] 상품 생산과 더 많은 이윤 추구가 아니라 인간 사이의 소통 자체, 자연과 인간의 조화와 개발 사이의 합리적인 균형을 모색하는 것이 목적이 되어야 하는 것이다. 이때 인간은 화쟁적 합리성에 입각하여 자연을 개발한다.

　인간은 인간이고 자연은 자연이므로 하나가 아니다. 인간이 자연에서 나서 자연으로 돌아가고, 자연은 인간을 만들었다가 다시 자연으로 품으니 둘도 아니다. 인간이 자신의 몸이 자연의 일시적 결합체라는 것을 깨닫고 자신을 던지면 자연과 하나가 되고, 자연 또한 자신의 몸을 던져 인간세계를 이룬다. 자연의 인간화와 인간의 자연화 또한 불일불이不一不二의 관계다.[23]

　'경제 실적과 사회진보의 계측을 위한 위원회'는 GDP 외에 삶의 질을 측정해야 한다고 생각했다. 이들은 주관적인 행복 개념, 적절하게 영양을 섭취할 능력과 조기 사망을 피할 능력 등 생활 여건에 개인이 선호하는 것을 택할 수 있

---

* 불보佛寶, 법보法寶, 승보僧寶를 이르는 말이다.

는 자유 역량, 공정한 배분 등의 세 가지의 개념적 접근이 필요하다고 결론내렸다.[24] GDP 및 목적적 합리성의 패러다임에서 보면, 특정 지역의 개펄을 간척하고 개발하여 그곳에 공장을 건설하여 생산하는 가치가 매년 8억 원이고, 그 개펄을 그대로 보존한 채 생산되는 어패류의 가치가 매년 3억 원이라면 개펄을 개발하는 것이 합리적이다. 하지만, 그 개펄에서 물고기가 산란하고 성장하는 가치가 2억 원, 개펄의 미생물이 바닷물을 정화하는 가치가 3억 원, 개펄을 바라보고 거닐며 얻는 정서적 행복의 가치가 매년 2억 원이라면, 개펄의 개발을 중지하는 것이 합리적이다.

이런 생태적이면서도 소통에 기반을 둔 합리성을 보편화하면, 국가 및 지역 경제도 GDP나 무역량 등 양 중심의 경제적인 가치만이 아니라 자연의 내재적 가치, 지속가능한 개발의 가능성을 포함한 삶의 질 중심의 생태적 가치, 인간의 행복 지수도 경제적 가치에 포함되는 경제로 전환이 가능할 것이다. 이때 개펄의 모든 생태계가 순환하고 유지되는 범위에서 시도되는 지속가능한 개발과 노동, 예를 들어 제한적인 어패류의 채취와 가공, 양식업, 개펄 관광 등은 양자의 공존을 유지하는 것이다. 이처럼 생태경제학이란 자연과 인간의 공존을 유지하는 범위 안에서 화쟁적 합리성에 따라 생태노동을 하여, 생산한 가치를 개인의 생존과 중생 구제, 자연의 순환과 재생에 활용하는 데 초점을 맞춘 경제학이라 할 수 있다.

불교 공동체의 사회경제학

한 노동자가 아무리 자성적 사고와 집착을 깼다 하더라도 혼자서 전적으로 환멸문還滅門*의 노동을 하기 어렵다. 이 체제에서는 모든 것이 복잡하게 얽혀 있기 때문이다. 물론 신자유주의 체제를 해체하고 화쟁의 사회경제학을 구현할 수 있는 근본적인 대안은 '99퍼센트'가 각성하고 연대하여 국가와 자본의 연합체를 전복시키는 것이다. 하지만 이는 힘의 역학 관계상 쉽지 않다. 지금 권력은 과도하게 비대칭적이다. 모든 무기, 정보, 자본은 국가와 자본의 연합체에 집중되어 있다.

현재 상황에서 가능한 대안은 국가 단위의 전복을 모색하되, 정치개혁을 하는 것과 지역 단위의 불교 공동체를 만들어, 이곳에서 화쟁의 사회경제학을 실천하고 완성하는 것이며, 이를 통해 신자유주의 체제를 안으로부터 내파하는 것이다. 우선 정치개혁의 방안을 간단히 모색한 뒤 불교 공동체를 가능하게 하는 논리의 싹을 화쟁에서 찾아보자. 불교 공동체론을 가능하게 하는 논리는 연기적 존재로서 깨달음을 한 차원 더 높게 승화한 원효의 진속불이眞俗不二론이다.

"평등한 상相이 또한 공空하다"란 곧 진제眞諦를 융합하여 속제俗諦로 삼은 "공공空空"의 의미이니, 순금을 녹여 장엄구를 만드는 것과 같다.…… "차별상差別相 또한 공空하다"라 한 것은 이 속제를 다시 융합하여 진제로 삼은 것이니, 이것은 장엄구를 녹여 다시 순금으로 환원시키는 것과 같다.…… 또 처음의 문門에서 "속제를 버려서 나타낸 진제"와 제2의 공空 가운데 '속제를 융합하여 나타낸 진제'인 이 2문의 진제는 오직 하나요 둘이 아니며, 진제의 오직 한 가지로 원성실

---

* 수행한 공덕으로 번뇌를 끊고 열반으로 향하는 인과가 담긴 적멸로 돌아가는 문이다.

성圓成實性이다. 그러므로 버리고 융합하여 나타낸 진제는 오직 하나이다.[25]

금덩이를 녹여 금반지로 만들고 금반지를 녹이면 다시 금덩이로 돌아간다. 금반지에도 이미 금의 본성이 담겨 있다. 진제眞際와 속제俗諦,• 부처와 중생도 마찬가지다. 중생의 마음은 본래 하늘처럼 청정하고 도리에 더러움이 없기에 중생은 경계를 지어 세계를 바라보지 않는다. 다만 본래 청정한 하늘에 티끌이 끼어 더러운 것처럼 무명에 휩싸여 경계를 지어 세계를 바라보니, 이 경계는 허망한 것이다. 이 모두 마음의 변화로 인하여 생긴 것이니 만일 마음에 허망함이 없으면 곧 다른 경계가 없어지고 중생 또한 본래의 청정함으로 돌아간다. 유리창만 닦으면 하늘이 다시 청정함을 드러내듯, 무명만 없애면 본래 청정한 중생 속의 불성이 스스로 드러나 중생이 바로 부처가 된다. 그러니 깨달음의 눈으로 보면 圓成實性, 부처와 중생, 깨달은 자와 깨닫지 못한 자가 둘이 아니요 하나요, 중생이 곧 부처다.

그리하여 저 아름다운 연꽃이 높은 언덕에 피지 않는 것과 같이 내가 부처가 되었어도 열반의 성에 머무르지 않으며, 진흙 속에서 연꽃이 피는 것과 같이 세간의 중생을 구제한 뒤에 열반을 얻는다. 깨달음이란 어떤 계기를 통하여 세계를 전혀 다른 차원으로 인식하여 온갖 경험과 기억과 의식을 찰나적으로 재배열하는 것이자 '참나眞我'를 찾아 존재를 거듭나게 하는 것이다. 하지만 이것으로 깨달음이 완성되는 것이 아니다. 나를 둘러싸고 있는 우주 삼라만상의 모든 존재가 나와 깊은 연관을 맺고 있다는 것을 깨닫는 게 지혜이고, 그를 위하여 그리로 가 그들과 함께하며 그들의 고통을 없애주는 것이 바로 자비행이다. 타자를 구원하거나 계몽하는 것이 아니라 타자 속에 숨어 있는 불성을 드러내

• 진제는 진실하여 거짓이나 틀림이 없음을 뜻하고, 속제는 세상에서 일반적으로 인정하는 진리로, 여러 차별이 있는 현실 생활의 이치를 이른다.

며, 이 순간 나 또한 부처에 이르는 것이다. 고로 진정한 깨달음은 내가 그리로 가 그를 완성시키고 그를 통해 다시 나를 완성하는 행위다. 원효는 열반에 머무르지 않는다는 부주열반不住涅槃을 추구했고, 이를 몸소 실천하고자 누더기 옷을 입고 박을 두드리며 중생 속으로 내려갔다.

마르크스는 『공산당선언』에서 적극적 자유는 사회적 개인들의 자기발전이므로 각 개인이 타자를 더 많이 향상시켜줄수록 그들 각자의 발전의 여지는 더욱 커진다며 "각자의 자유로운 발전이 모두의 자유로운 발전의 조건이 되는 연합체가 들어선다"[26]라고 선언한다. 마르크스가 볼 때 개인은 사회관계 속에 있는 개인이다. 개인이 자신과 타자와 관계를 인식하고 진정한 자기를 실현하고자 할 때 주체가 된다. 주체는 모든 구속으로부터 자유라는 소극적 자유from freedom뿐만 아니라 자기 앞의 장애와 소외를 극복하고 진정한 자기를 실현하면서 적극적 자유to freedom를 쟁취한다. 더 나아가 주체는 타자와 자신이 사회관계 속에서 밀접하게 관련이 있음을 깨닫고 타자의 자유를 더 확대하려는 대자적 자유for freedom를 구현한다.

마르크스가 추구한 이상적인 사회는 개인이 사회관계성과 주체성을 함께 인식하고서 정의, 곧 타자의 자유를 확대하기 위하여 서로 노력하는 사회다. 그는 모든 사람이 나 아닌 다른 이를 좀 더 행복하고 자유롭게 하고자 서로 갖은 실천을 다하는 사회를 꿈꾸었다. 가진 자, 못 가진 자 없이 모두가 함께 할 일을 정하고 일하는 자들이 땅과 공장을 공유한다. 이곳에서 노동은 더 이상 소외된 노동이 아니다. 가치를 생산하고 자기 앞의 장애와 소외를 극복하여 자신의 본성을 구현하고 진정한 자기를 실현하는 방편이자, 세계를 자신의 목적대로 변형하는 실천이다. 더 나아가 나의 노동을 통하여 타인을 자유롭게 하는 이타적인 동시에 대자적이고 적극적인 자유를 실현하는 수단이다. "각자의 능력을 따름에서 각자의 필요에 따름으로"라는 그가 제시한 원칙에 나타난 대로 사람들은 우열이 아니라 차이에 따라 존재의의를 가지며 능력이 아니라 필요한 만큼 생산하고 분배한다. 타인을 자유롭게 하여 나는 더 자유롭게 되고 자유로워진 나로 인하여 타인은 더욱 자유롭게 된다. 이 순간 자유는 나 아닌 타자를 더욱 자유롭게 하는 실천으로 정의와 부합한다. 정의 또한 자유를 전적으로 발전시키는 조건이 된다. 자신의 자유로써 진정한 자기실현을 달성한 개인은 상호관계성으로서 정의가 실현되고, 적극적인 자유를 구현하는 조건에 각 개인이 평등한 권리를 갖는 것이 인정되는 공동체를 요청한다.[27]

이제 근본적으로 자본주의나 국가 외부가 아니라 그 안에 신자유주의와 자본주의를 모두 극복할 수 있는 진지이자 대안적 코뮌을 만들어야 한다. 공포에 맞서고 유혹에도 흔들리지 않으려면, 더 구체적으로는 자본주의와 신자유주의 그리고 제국이 동일성의 패러다임에서 타자를 상정·배제하고 폭력을 가한 것을 지양하려면, 대중은 '눈부처-주체'로 거듭나야 한다.

눈부처-주체는 원효의 화쟁 이론, 특히 변동어이辨同於異론*에 바탕을 한 것이다. 눈부처-주체는 타자와 무한한 연관 속에서 차이와 가유假有**로 주체를 형성하는 자다. 그는 주체로서 모든 구속으로부터 벗어나려는 소극적 자유를 추구함은 물론, 부조리한 세계에 저항하여 이를 자신의 목적에 맞게 개조하는 행위를 통해 자기를 실현하는 적극적 자유도 구현한다.

하지만 눈부처-주체는 이에 머물지 않고 동일성의 사유를 뛰어넘어 내 안의 타자, 타자 안의 내 모습을 동시에 보는 자이면서 타자 속에서 불성을 발견하여 그를 부처로 만들고 이 과정을 통하여 자신도 부처가 되려는 자다. 타자의

---

* 다름에서 같음을 분별한다는 원효의 논리다. 주체와 타자를 이분법과 동일성의 원리로 분할하는 사고를 떠나, 내 안의 주체성과 타자성, 타자 안의 주체성과 타자성이 서로 대화하고 교류를 하여 하나를 이루는 논리를 말한다.
** 참으로 존재하는 것이 아니고, 인연의 화합和合에 의하여 현실로 나타나 있는 세계를 뜻한다.

목소리에 귀 기울여 이기적 욕망을 자발적으로 절제하고, 타자의 고통에 공감, 연대하며 타자를 더 자유롭고 행복하게 만드는 실천을 하면서 진정한 자기를 완성한다. 자기소외와 노동의 소외를 극복하고 자기의 혁명과 사회 혁명을 종합한다. 이 순간에 느끼는 희열이 바로 대자적 자유이자 아우름의 '신명'이다.

그러나 현실은 대중이 눈부처-주체로 거듭나지 못한 채 욕망의 노예와 지배층에 휘둘리는 어리석은 우중으로 머문다는 점이다. 모두가 눈부처-주체가 된다 하더라도 부단한 자기해체와 이를 제도화하는 시스템이 없다면 언제든 '눈부처-주체성'을 상실할 수 있다. 때문에 사회 자체를 새 체제로 변혁해야 한다. 절충적인 제3의 길을 넘어선 대안은 화쟁의 패러다임 속에서 다산 정약용의 여전제閭田制,* 렉토르스키의 페레스트로이카perestroika**를 결합한 눈부처 공동체다.

눈부처 공동체는 구성원 각자가 눈부처-주체로서 실존하고 실천하며, 공동으로 생산하고 분배한다. 모든 생산수단은 공동소유다. 이 공동체 생산의 60퍼센트는 필요에 따른 공동생산과 공동분배를 한다. 나머지 20퍼센트는 재투자를 하며, 10퍼센트는 개인의 능력별로 인센티브를 주어 개인의 창의력을 발현할 동기를 부여한다. 나머지 10퍼센트는 장애인, 이주노동자 등 더 가난한 자에게 베풀어 대자적 자유를 구체화한다.

이 공동체는 능력이 아니라 필요에 따른 노동, 장애를 극복하는 자기실현으로서의 노동, 철저히 자연과 공존하는 생태노동을 실천한다. 그것이 불가능한 도시의 공동체는 유기농 농사를 짓는 농촌공동체와 연합 관계를 형성한다. 단기적으로는 친환경 무상급식을 로컬푸드와 연결시켜 민중을 자각시키고 조직하여 신자유주의를 내파하는 진지로 만들며, 장기적으로는 자본주의 체제 곳곳에 코뮌을 만들어 이를 대체하는 사회구성체를 이루는 것이다.

---

* 18세기 중농 실학자인 정약용이 구상한 토지제도. 마을 단위의 공동 농장을 만들어 작물을 공동 생산하고, 노동력에 따라 수확량을 나누어가진다는 내용을 담았다.

** 철학자 렉토르스키가 고안해 1986년 이후 소련의 고르바초프 정권이 추진하였던 정책의 기본 노선. 국내적으로는 인권과 언론의 자유 보장 및 민주화, 국제적으로는 냉전의 해체와 긴장완화를 추구했다. 사회경제적으로는 공동 생산하고 공동 분배하는 공산주의경제 체제에 개인의 민주화와 시장경제적 자유를 결합시켰다.

가령 이것은 몬드라곤*처럼 노동이 자본을 통제하며, 노사 관계는 진속불이의 관계가 되도록 한다. 경영자와 노동자는 하나가 아닌 동시에 둘도 아니다. 노동자는 총회에서 자신들 가운데 이사를 선출하고 이들이 노동자과 유기적으로 소통, 협력하는 가운데 일정 기간 동안 경영을 하고 중요한 결정도 한다. 그 뒤 일정 기간이 지나면 노동자로 돌아간다. 이사들이 전문 경영자를 외부에서 초빙할 수도 있는데, 경영진은 총회 및 이사들의 통제를 받는다.

구성원 간 노동의 목적과 방법에서부터 분할 비율에 이르기까지 전체 과정을 모든 구성원이 동등한 권력을 갖고 참여하는 거버넌스 시스템으로 운영한다. 모든 사람의 가치와 권력은 사회적 지위, 젠더, 나이, 재력에 관계없이 1 대 1로 동등하다. 중요한 안건은 모든 구성원이 참여하는 총회에서 결정하며, 모든 구성원이 1인 1표의 동등한 가치를 갖는다. 가족 단위의 사생활은 보장하고 간섭도 하지 않되, 이를 벗어난 공동체의 정책과 실현, 규약 제정과 집행, 재정 운영 등의 문제는 모든 이가 동등한 권력을 갖고 참여하여 회의를 통해 민주적으로 결정한다.

시장과 자본제 외부에서 물화를 극복할 수 있는 방편으로는 따로 마을 화폐를 만들어 사용하는 것이 있다. 단 마을 화폐는 7일마다 10퍼센트의 가치가 감소되고 7주 뒤에는 0원의 가치를 갖게 하여, 가치척도, 유통수단, 축적수단, 지불수단, 세계화폐 등 화폐의 다섯 가지 기능 가운데 가치척도와 유통의 기능만을 수행한다. 외적으로는 불일불이의 패러다임을 따라 공동체와 다른 집단을 연결짓고, 내적으로는 진속불이의 원리에 따라 구성원 간 상호주체성과 상보성을 높이는 것이다.[28]

학교는 따로 대안 학교를 만들며 지성, 야성, 감성, 연대를 함양하는 교육에

---

* 스페인 바스크 지역에 위치한 세계 최대의 협동조합복합체로 성공적인 협동조합 모델로 꼽힌다.

초점을 맞추되, 가르치는 것은 최소화한다. 우열이 아니라 차이에 따라, 각자가 동등한 능력과 재능의 소유자란 관점에서 학생들의 눈높이에 맞추어 학습한다. 책 읽고, 사색하고, 타인의 슬픔에 공감하고 서로 토론하며 함께 공동 과제를 수행하고 아름다운 것을 가슴에 담아 의롭지 못한 것에 저항하고 연대하는 감성을 기른다. 우리 전통 놀이와 예술 가운데 공동체적이면서도 생태적·민중적인 것을 부활하여 활성화하며, 다른 나라의 문화 예술도 똑같이 존중하여 수용한다. 어려운 상황에 놓인 약자와 함께하면서 자연스럽게 공감의 연대와 정의로운 실천을 몸에 스미게 한다. 필요에 따른 노동을 최소화하고 많은 시간을 함께 어울려 노는 데 할애한다.

구성원은 욕망의 자발적 절제를 통한 소욕지족의 삶으로 전환하며, 이를 수행하기 위한 청규淸規를 둔다. 이렇게 운영하되, 확고하게 정의관을 확립하고 깨달음에 이른 자라도 언제든 탐진치貪瞋癡*에 물들고, 이기심과 욕망에 기울어질 수 있기에 깨달음이 곧 집착이라는 명제 아래 매일 일정한 시간에 수행하고 참회한다.

여기서 자연환경과 공존하는 도농都農 공동체를 형성하는 것이 대안인데, 이 또한 일정한 이윤을 내야 한다. 자비행을 실천하면서도 이윤을 확보하는 대안은 코피티션coopetition**의 원리를 경영에 응용하는 것이다. 원효는 일심一心과 이문二門, 진여문과 생멸문의 화쟁을 모색한다.

> 진제와 속제는 둘이 아닌 동시에 하나를 지키지 않는다. 둘이 아니기 때문에 그것은 곧 일심이요, 하나를 지키는 것도 아니기에 체를 들어 둘로 삼는 것이니 이것을 일러 일심이문一心二門이라 한다. 이상이 ㄱ 내의이나.[29]

---

* 탐내어 그칠 줄 모르는 욕심과 노여움과 어리석음을 뜻하는 불교 용어다.
** 협력과 경쟁의 장점을 결합시키는 전략적 비즈니스 게임 이론이다.

깨닫지 못한 자는 세계를, 이데아와 그림자, 이성과 감성, 진리와 허위, 깨달음의 세계인 진여문과 깨닫지 못한 세계인 생멸문, 부처와 중생 등 둘로 나누어 인식한다. 그러나 세계는 하나다. 깨달음의 세계에서는 하나지만, 중생들의 일상에서 보면 이데아와 그림자, 주와 객客식으로 모든 것이 둘로 나누어져 있으니 하나에 머무르면 일상의 삶을 영위할 수 없다. 그러니 하나를 고집하지도 않는다.

분별심을 떠나 깨달으면 부처가 된다. 일상에서 깨달음의 세계, 더러운 세계에서 청정한 세계, 허위에서 참을 지향하고자 하면 진여 실제는 하나다. 하지만 깨달음에 이르렀다 하더라도 중생을 구제하고자 중생을 향하여 나아가 중생과 더불어 실천하고 생각하며 그들을 깨우치고자 하면, 세계를 둘로 말해야 소통이 가능하다. 그러니 진여실제眞挑漆際˙가 하나지만 둘로 가르는 것은 용用이요, 둘이 허상임을 깨닫고 하나로 돌아가고자 하는 것은 체體다. 이처럼 원효는 일심이문의 회통을 통하여 부처와 중생, 깨달음과 깨닫지 못함을 아우르려 한다.

여기서 협력이 일심이고 진여문이며 경쟁이 이문이고 생멸문이다. 코피티션 이론은 게임이론을 이용하여 경쟁이 현실인 비즈니스에서 협력을 하여 서로 상생할 수 있는 경영의 길을 모색한다. 가령 엡슨과 휴렛패커드처럼 경영이 연기적 관계임을 간파한 점, 당위적·도덕적으로 선의의 경영을 주장하는 것이 아니라 경쟁의 현실을 인정하면서도 그 현실에서 서로 상생할 수 있는 대안을 모색한다는 점, 풍부한 사례를 통하여 상생 경영의 성공담을 제시한다는 점에서 긍정적이다.

예를 들어, 밀워키에 본사를 둔, 크레인을 이용하여 원목 운반작업을 하는 하니슈페거 인더스트리는 1970년대 중반부터 대형 지게차 대신 하역 크레인을

● 궁극적 진리의 실상. 그것에 도달하여 깨달음으로써 부처에 이르는 것.

사용하여 이론상으로 크레인 한 대에 500만 달러를 벌 수 있었다. 문제는 경쟁사였다. 1987년에 소규모 크레인 제조사인 크랑코가 시장에 진출하면서 경쟁이 시작됐다. 여기서 하니슈페거가 선택할 수 있는 길은 두 가지였다. 하나는 가격경쟁을 하는 것이다. 크랑코는 부채를 매입한 회사로 자금이 부족했기에 이 방법을 쓰면 하니스페거가 절대 유리한 시점에서 크랑코를 몰락시킬 수 있었다. 또 하나는 구매자를 늘려 서로 상생하는 길이다. 하니슈페거가 원목장 회사에 새로운 기술의 이점을 보여주면 시장을 크게 확대할 수 있었다. 크랑코의 크레인 제작 능력에는 한계가 있었기에 새로운 고객의 대부분은 하니슈페거의 차지였을 것이다. 하니슈페거는 가격경쟁을 선택했다. 크랑코는 예상대로 파산을 선언했으나 핀란드 굴지의 토목기술 회사인 콘이 크랑코를 매입했다. 이 바람에 하니슈페거는 가격인하로 인한 손해만 본 채 더욱 강력한 경쟁자를 만났다.[30] 하니슈페거가 새로운 기술을 이용하여 고객을 늘리는 방법이 바로 코피티션의 경영이다. 닌텐도와 TWA는 코피티션의 경영을 하여 대성공을 거두었다. 이처럼 참가자, 경쟁자, 보완자, 부가가치, 규칙, 전술 등이 서로 연기적으로 영향을 끼침을 고려하여 코피티션의 경영을 하면 상생하면서도 이윤을 획득할 수 있을 것이다.

'화쟁의 사회경제학'으로 신자유주의를 극복하자

신자유주의 체제는 인간을 상품화폐의 노예로 만들며 탐진치를 끊임없이 확대재생산하고 이를 제한하려는 모든 제도를 규제란 이름으로 무장해제시켜,

양극화와 갈등을 심화하며 세상을 지옥과 가까운 곳으로 만들었기에 반불교적이다. 이 체제를 노동거부나 소비축소를 통하여 해체할 수 있는데, 전자에 가장 유용한 이론이 마르크스주의라면, 후자는 불교다. 이에 양자를 종합하여 대안을 마련할 수 있으며, 이를 화쟁의 사회경제학으로 명명한다.

우리가 불일불이의 연기론에 따라 타자란 서로 조건이 되고 상호작용하고 있는 또 다른 나라는 것을 깨달으면, 타자를 위하여 나의 욕망을 자발적으로 절제할 수 있다. 화쟁의 사회경제학은 소욕지족의 삶을 지향하면서 타자들과 재화를 나누어 공존공영을 추구하는 '자비의 경제학'이다. 현실과 정치적 재현 사이의 괴리를 극복하기 위해서는, 상원은 정당명부 비례대표제로 선출한 지역 대표로 구성하고, 하원은 직능대표제로 구성해야 한다. 이 경우 현실과 국회적 재현이 일치하게 되어 다양한 집단과 직업 이념 그리고 정책 성향이 국회를 통하여 화쟁을 이루게 될 것이다.

우리가 연기론과 불살생의 교리에 따라 지구상 온 생명체가 깊이 연관되고 서로 작용하고 있음을 깨달으면, 자연을 훼손하고 생명을 죽이는 일을 멈추고 자연과 공존을 추구하고 온 생명을 내 몸같이 귀중히 여기게 된다. 화쟁의 사회경제학은 인간의 목적에 따라 자연을 개발하여 물질적 생산을 해내고 상품화폐적 가치를 창조하는 현대성의 경제를 반성한다. 또 자연의 본래 가치를 소중하게 여기고 자연의 일부인 인간의 자기실현으로서의 노동을 통하여 지속가능한 개발과 가치 창조를 추구하는 생태경제학이다.

현재 상황에서 화쟁의 사회경제학을 국가 단위에서 전면적으로 실시하는 일은 힘의 역학 관계상 쉽지 않다. 화쟁의 사회경제학은 지역사회를 눈부처 공동체로 전환하면 가능하다. 눈부처 공동체는 모든 구성원이 개인적 자유와 깨달음을 추구하면서도 타자를 자유롭게 하여 자신의 자유를 완성하는 주체가 되는 것이며, 서로 상생하고 자연과 공존하는 경제를 추구하는 공동체다.

더 읽어볼 책들

1. 원효 지음, 『원효의 금강삼매경론』, 은정희·송진현 역주, 일지사, 2000
이 책은 원효 화쟁 철학의 정수를 담은 정전이다. 내용상으로는 중국 남북조시대에서 당나라 초기까지 중국 불교에서 제기된 공空사상·화엄華嚴을 중심으로 하되 재가불교在家佛敎의 교리까지 망라하고 있으며, 형식상으로는 『금강삼매경』에 주석을 다는 방식을 취하고 있지만, 원효가 나름대로 화쟁의 원리를 통하여 주체적으로 해석한 것이다. 원효사상의 핵심이라고 할 수 있는 일심(一心), 그 일심을 천명하는 화쟁의 논리전개 방식이 그대로 구현되고 있다.

2. Karl Marx, *Grundrisse: Foundation of the Critique of Political Economy*, (tr). by Martin Nicolaus, New York: Vintage Book, 1973
단숨에 요강의 형식으로 집필한 것이기에, 『자본론』보다 덜 체계적이고 덜 과학적이지만, 마르크스의 통찰과 상상력, 휴머니스트로서 이상과 열정, 천재적인 발상과 아이디어, 과학자로서 체계적인 통찰과 분석 등이 녹아 있는 『자본론』과 쌍벽을 이루는 마르크시즘의 정전이다. 특히, 프랑크푸르트 학파 등이 주목하였던 휴머니스트로서 청년 마르크스의 이상 및 열정이 번득이는 초기 저작 그리고 알튀세르 등이 주목하였던 엄정하고 체계적인 과학자로서 기술한 『자본론』 등의 후기 저작을 포괄하고 연결하는 위상을 갖는다.(한국어판은 번역에 다소 문제가 있어 영어판을 소개했다.)

3. 까르마 C.C. 츠앙 지음, 『화엄철학: 쉽게 풀어쓴 불교철학의 정수』, 이찬수 옮김, 경서원, 1990
불교철학은 이해하기 쉽지 않아 개론서를 찾지만, 그 책들은 사전적 의미 이상을 알려주지 않는다. 불교철학의 정수인 화엄철학을 티베트의 승려이자 미국 펜실베이니아대 교수이기도 한 지은이가 서양인도 이해할 수 있도록 쉽게 해설하면서도 어느 정도 심오함의 깊이에 다다르도록 안내한 책이다. 공空과 상즉상입相卽相入이라는 화엄철학의 진수가 무엇인지를 어느 정도 가늠해볼 수 있는 좋은 해설서다.

9강

녹색당이
이 시대를 읽는 방법

하승수

"하나의 정치세력이 뿌리를 내리기 위해서는 오랜 시간과 많은 사람의 피땀 어린 노력이 필요하다. 서구의 사민당, 노동당 같은 정당이 자리잡는 데에도 오랜 시간이 걸렸다. 문명의 전환, 녹색전환을 꿈꾸는 녹색당도 마찬가지일 수밖에 없다. 그러나 미래는 녹색의 편일 것이다. 지금의 위기를 극복하려면, 녹색전환 외에 다른 선택지는 없기 때문이다"

서로 합의한 '헌장charter'을 가지고 있고, 세계 90여 개국에 존재하는 정치조직이 녹색당green party이다. 국제공산주의 운동 조직이었던 인터내셔널 이후로 이 정도의 합의를 형성한 국제적인 정치운동은 없었다.

2001년 호주 캔버라에서 채택된 '지구녹색당 헌장'은 생태적 지혜, 사회정의, 참여민주주의, 비폭력, 지속가능성 같은 원칙들을 담고 있다. 각국의 녹색당은 구체적인 정책에서는 차이가 있을 수 있지만, 지구녹색당 헌장의 원칙에는 동의하고 있다.

2012년 한국에서도 녹색당이 만들어졌다. 그동안 한국에서 녹색당을 만들려는 시도는 여러 번 있었다. 1989년에 '대한녹색당'을 만들려고 하는 창당준비 조직이 만들어졌다가 사라졌었고, 2002년 지방선거에서는 '녹색평화당'이라는 정당이 창당되었다가 사라지기도 했다. 2003년 4월 결성된 '녹색정치준비모임'과 그뒤 이어진 '초록정치연대'도 녹색당 창당을 시도했지만, 5개 시도에서 각각 1000명 이상의 당원을 모집해야 정당을 만들 수 있다는 정당법의 장벽을 넘어서지 못했다.

그러나 2011년 3월 11일 발생한 후쿠시마 원전사고를 보고 충격을 받은 사람들이 자발적으로 녹색당 창당을 위해 모이기 시작했다. 그래서 2012년 3월 4일 정식으로 녹색당을 창당했고, 4·11 총선에 참여했다. 비록 정당득표율이 2퍼센트에 못 미쳐 정당 등록이 취소되는 아픔도 겪었지만, 2012년 10월 13일 다시 창당을 하여 정당으로 재등록했다.

이런 과정을 거치면서 녹색당은 한국 사회에서 새로운 정치세력으로 자리를 잡아가고 있다. 정당의 이름이 자주 바뀌고 이합집산이 수시로 이루어지는 한국 사회지만, 녹색당만큼은 자기 정체성을 유지하며 지속적으로 활동하는 정치세력이 될 것이다. 다른 무엇보다도, 녹색당은 지금의 시대가 요구하는 가치와 비전을 가지고 있기 때문이다.

그렇다면 과연 녹색당은 지금의 시대를 어떻게 읽고 있고, 어떤 비전을 가지고 있는가? 이 글에서는 그런 궁금증을 해소할 수 있도록 녹색당의 구상과 전망에 대해 소개하려고 한다.

세계, 녹색당을 주목하다

녹색당은 한국에만 있는 것이 아니기에, 전 세계 녹색당의 현황을 아는 것이 한국의 녹색당을 이해하는 데에도 도움이 될 것이다.

세계 각국의 녹색당 중에서 가장 많이 알려진 것은 독일녹색당이다. 독일녹색당은 1970년대에 치열했던 반핵운동과 주민운동, 여성운동, 평화운동 등을 기반으로 1980년 1월에 창당을 했다. 독일녹색당은 강령을 통해 물질문명, 경제성장주의, 소비주의를 비판했다. 그리고 기성 정당을 비판하면서 스스로를 '반反정당의 정당anti-party party'이라고 표현하기도 했다.

독일녹색당은 주의회 선거에서부터 진출하기 시작해서 1983년 3월 연방의회 선거에서 5.6퍼센트를 얻어 원내정당이 되었다. 5퍼센트를 넘는 정당에 대해선 득표율에 따라 의석을 배분하는 독일 선거제도에 따라 독일녹색당은 27석을 얻었다. 그 이후 독일녹색당은 지지율의 등락은 겪었지만, 2013년 3월 16퍼센트대 지지율을 얻는 독일의 제3당으로 활동하고 있다.

독일 외에도 1970년대와 1980년대에 여러 국가에서 녹색당이 만들어진다.

예를 들면 스웨덴녹색당은 1980년에 치러진 핵발전 찬반 국민투표 직후에 창당했다. 국민투표 당시 핵발전 반대운동을 했던 사람들이 녹색당의 핵심 주체였다. 스웨덴녹색당은 1988년에 스웨덴의 원내 진출 요건인 4퍼센트를 넘김으로써 처음으로 원내진출을 한다. 그러나 1991년 선거에서 3.4퍼센트 득표에 그치는 바람에 원외정당이 되었다가 1994년 선거에서 5.0퍼센트를 득표하여 다시 원내정당이 된다. 그리고 그 이후에 5퍼센트 전후의 득표율을 유지하다가 2010년에 7.3퍼센트를 득표함으로써 349석 중 25석을 차지하여 제3당의 위치에 오른다. 그보다 앞선 2009년에 치러진 유럽의회 선거에서는 스웨덴녹색당이 11.02퍼센트를 득표하기도 했다. 스웨덴녹색당의 핵심 지지층은 학생, 청년층이다.

그 외에도 유럽에서는 영국, 프랑스 등의 녹색당이 의회에 진출해 있다. 영국의 경우 지방의회나 유럽의회 선거에서는 일찍부터 의석을 얻었으나, 소선거구제를 채택하고 있는 하원의원 선거에서는 의석을 얻지 못하고 있었다. 그러던 중 2010년 영국녹색당 대표를 맡고 있던 캐롤라인 루카스가 브라이튼 선거구에서 최초로 1위 득표를 하여 하원의원이 된다. 프랑스의 경우에는 2012년 선거를 통해 녹색당이 사상 최대의 성과를 거둬 하원의원 17명과 상원의원 12명을 배출했다. 그리고 사회당과 연정을 구성해 정부에 참여하고 있다.

각국 녹색당의 선거 성과는 선거제도와 밀접한 연관이 있다. 소선거구제가 중심인 국가의 경우에는 녹색당이 현실 정치의 발판을 마련하는 데 어려움을 겪고 있다. 대표적인 사례가 미국녹색당이다. 미국녹색당은 1991년에 창당했지만, 아직 미국 상·하원 내 의석이 없다. 그 이유는 미국의 국회의원 선거제도가

100퍼센트 소선거구제를 택하고 있고, 선거운동도 돈이 많이 들어가는 선거운동 방식을 택하고 있기 때문이다. 그래서 녹색당 같은 신생 정당이 원내에 진입하기는 매우 어려운 구조다.

그러나 이런 국가에서도 선거제도에 변화가 생기면 녹색당에 기회가 생기기도 한다. 예를 들면 뉴질랜드의 경우 1993년까지 국민당과 노동당 양당이 정치를 거의 독점하다시피 해왔다. 국회의원 선거제도가 지역구에서 1등만 뽑는 소선거구제였기 때문이다. 이런 선거제도하에서는 평균 30~40퍼센트를 얻는 두 당이 지역구 의석을 100퍼센트 가까이 차지하기 때문에 다른 정당은 비집고 들어갈 틈이 없었다. 당시에는 뉴질랜드녹색당도 원외정당이었다. 그런데 뉴질랜드는 1994년에 국민투표를 거쳐 독일식 비례대표제로 선거제도를 전면 개혁한다. 제도 개혁의 결과는 곧바로 나타났다. 녹색당이 뉴질랜드 국회에 진입하게 된 것이다. 뉴질랜드녹색당은 1999년 선거에서 당선자를 냈고, 지금은 14석의 의석을 점해 뉴질랜드 내 제3당이 되었다.

결국 각국의 녹색당이 선거에서 거두고 있는 성과는 그 나라의 정치 환경이나 문화, 내부 역량 등에 의해서도 영향을 받지만, 선거제도도 큰 변수라고 할 수 있다. 한국의 국회의원 선거제도는 일부 비례대표가 인정되기 때문에 100퍼센트 소선거구제를 택하고 있는 영국, 미국보다는 낫다고 할 수 있다. 그러나 세부적으로 들어가면 반드시 그렇지도 않다. 총선에서 2퍼센트 미만을 득표하면 정당 등록을 취소하고 같은 명칭을 4년간 사용하지 못하게 하고 있다. 그래서 녹색당의 경우에도 재창당을 하면서 '녹색당 더하기'로 정당 등록을 한 상황이다. 이런 법조항은 신생 정당에 매우 불리하다. 새로운 정당이 최초로 참여한 총선에서 2퍼센트를 넘지 못하면 이름을 바꿔야 하기 때문이다.

그 외에도 기득권정당에 유리한 정치자금 제도, 선거제도 등도 문제다. 선거운동만 하더라도, 광고처럼 돈이 많이 들어가는 선거운동 방법은 허용되는 반면, 후보자가 발품을 팔며 유권자들과 직접 접촉하는 호별방문door to door은 금지하고 있다. 그러나 미국이나 유럽에서 호별방문은 가장 돈이 들지 않는 선거운동 방법으로 꼽히고 있다. 교사, 공무원의 정당 가입을 금지하고 있는 것도 녹색당 같은 정당에는 불리한 조항이다. 유럽녹색당의 경우에는 당원 중에 이런 직업군이 차지하는 비율이 높기 때문이다. 이처럼 한국의 정치제도를 하나하나 뜯어보면, 새로운 정치세력의 등장을 가로막고 있는 독소 조항이 많다.

녹색당이 바라보는 지금의 지구, 지금의 한국

이처럼 불리한 정치제도에도 불구하고 녹색당은 한국 정치에 등장했다. 어려움을 뚫고 정당을 만들어야 할 절박함이 있었기 때문이며, 녹색당 없이는 미래가 어둡다고 생각하기 때문이다. 그렇다면 녹색당은 지금의 시대를 어떻게 읽고 있는가?

녹색당은 지금의 지구, 지금의 한국이 위기라고 생각한다. 그래서 녹색당이라는 새로운 정치세력이 필요하다고 보는 것이다. 크게 보면 생태·환경의 위기와 날로 심각해져가는 사회적 불평등의 문제가 있다.

지구의 위기

우선 녹색당이 바라보는 지구의 현실은 매우 심각하다. 날로 심각해져가고 있는 기후변화는 이제 정점으로 치닫고 있다. 산업혁명 이후 지구의 온도는 0.8도 남짓 올랐지만, 우리는 홍수, 가뭄, 사막화, 해수면 상승 등의 현상을 눈으로 보고 있다. 그리고 기후변화는 식량 위기로 이어지고 있다.

2010년 러시아를 덮쳤던 가뭄과 2012년 여름 미국의 곡창지대를 덮쳤던 가뭄은 식량 위기에 대한 우려를 높이고 있다. 미국 중서부 곡창지대의 가뭄은 미국의 옥수수 생산을 13퍼센트나 감소시켰고, 그것은 세계적인 곡물 가격 상승으로 이어졌다. 그러나 이것은 시작에 불과하다. 앞으로 지구의 온도가 2~3도 오르면, 세상이 달라질 것이다. 현재 지구에 살고 있는 생물 종 중 상당수는 멸종을 피할 수 없다. 지구의 온도가 2.5도에서 3.5도가 오르면 생물 종의 40~70퍼센트가 멸종한다는 분석도 있다.

기후변화에 대처할 수 있는 유엔기후변화협약은 실효성을 상실한 지 오래다. 2012년 12월 카타르 도하에서 끝난 기후변화협약 당사국 총회에서 합의된 결과는 초라했다. 교토의정서•를 2020년까지 연장한다는 것에만 합의가 되었다. 이 회의 내내 미국 등 선진국과 중국 등 신흥국가가 극심하게 대립하는 바람에 제대로 된 합의를 도출하지 못한 것이다. 게다가 연장된 교토의정서에는 일본, 러시아, 캐나다, 뉴질랜드조차 참여하지 않겠다고 선언했다. 결국 기후변화협약은 유럽연합과 오스트레일리아, 스위스, 우크라이나 정도가 감축 의무를 지는 협약으로 전락했다. 이들이 배출하는 온실가스량을 합쳐봐야 전 세계 배출량의 15퍼센트에 불과하다. 이제 교토의정서는 유명무실해졌다.

이대로 간다면 기후변화에 관한 비관적인 시나리오가 힘을 얻게 될 것이며,

● 지구온난화 규제 및 방지의 국제협약인 기후변화협약의 구체적 이행 방안으로, 선진국의 온실가스 감축 목표치를 규정하였다.

일정한 재앙은 불가피하다. 프랑스녹색당 소속으로 유럽의회 의원으로 활동하고 있는 이브 코셰Yves Cochet는 『불온한 생태학』Antimanuel d'Ecologie에서 현재의 위기를 분석하고 있다. 그는 지구환경을 지키기 위한 지금까지의 노력은 실패했다고 판단한다. 그래서 지금은 앞으로 다가올 최악의 결과를 최소화하기 위해 노력해야 한다고 말한다. 그는 책의 마지막에서 우울한 얘기를 털어놓는다. 2022년의 전망이다. 잠깐 소개하면, "전 세계 인구의 절반이 물 기근 현상을 겪고 있고, 2000년 이후 포유류 가운데 4분의 1이 사라졌으며, 조류는 1000종 이상 멸종했다. 삼림은 30년 만에 전체 면적의 3분의 1이 더 사라졌다. 토양침식, 과도한 관개로 인한 염분 축적, 화학물질에 의한 오염 등은 농지의 상당 부분을 쓸 수 없게 만들었다. 온실가스의 대기 중 축적은 태풍, 홍수, 가뭄 등 엄청난 위험을 수반한 기후변화를 야기하여 그에 따른 비용이 연간 1조 유로 이상이다." 몹시 우울하게 느낄지 모르겠지만, 지금처럼 우리가 손 놓고 있다면 부딪힐 수 있는 현실이다.

위기에 취약한 한반도

그렇다면 우리가 살고 있는 한반도의 상황은 어떠한가? 한반도는 기후변화에 취약하다. 전 세계 해수면 상승률은 연 평균 1.8밀리미터라고 하는데, 남해는 해마다 3.4밀리미터가 상승하고 있다. 제주도의 해수면 상승은 해마다 5.1밀리미터에 달한다.

바닷물 온도도 빨리 오르고 있다. 최근 20년 동안 동해의 수온 상승은 세계 평균 수온 상승의 1.5배였다. 한반도 지표면의 온도상승률도 지구 평균의 약 2배에 달한다. 지난 100년 동안 지구의 평균온도는 0.7도 오른 데 비해 한반도는 1.5도 상승했다. 이런 사실은 한반도가 기후변화에 매우 취약하다는 것을 보여준다.

그러나 단지 이런 것만이 문제가 아니다. 한국은 곡물자급률이 22.6퍼센트(2011년 기준)에 불과한 실정이다. 쌀자급률조차 83퍼센트 수준으로 추락했다. 이대로라면 기후변화가 낳을 식량 위기에 속수무책인 상황이다. 정부는 식량을 해외에서 구해오겠다고 하지만, 그것은 환상에 불과하다. 자기 나라 국민이 먹을 것이 없는데, 어떻게 다른 나라 사람들을 위해 식량을 제공하겠는가? 실제로 2010년 가뭄이 러시아를 덮쳤을 때, 밀수출국인 러시아는 곡물 수출을 금지했다. 그래서 식량을 외부에 의존하겠다는 것은 해결책이 되지 못한다.

그래서 이제는 식량주권을 확보하는 것이 생존의 문제가 되었다. 그러나 지금까지 한국의 국가정책은 농업을 희생시키면서 수출 대기업을 지원하는 것이었다. 그 결과 농업 기반의 붕괴 현상은 계속되고 있다. 우리나라의 경지면적은 1990년 210만800헥타르에서 2011년 169만8000헥타르로 줄어들었다. 20년간 20퍼센트의 농지가 사라진 것이다. 농민 수도 계속 감소하고 있다. 전체 인구 중에서 농가 인구가 차지하는 비중은 이제 5퍼센트 남짓한 수준이다. 그중에서도 60대 이상의 고령자 비중이 높다.

한국의 경우 에너지 문제도 심각하다. 기후변화에 대응하기 위해서는 화석연료에 의존하는 시스템에서 벗어나야 한다. 그렇지만 원자력발전소(이하 원전)는 대안이 아니다. 후쿠시마 사고가 보여주듯이 원전은 매우 위험할 뿐만 아니라, 사고가 날 경우에는 사회공동체 전체를 붕괴시킨다. 그런데 대한민국은 세계에서 원전 밀집도가 가장 높은 나라가 되었다. 좁은 국토에 23곳이나 되는 원전을 가동하고 있기 때문이다. 전기 생산에서 원전이 차지하는 비중도 높다. 전기 생산의 30퍼센트 이상을 원전에 의존하고 있는 실정이다.

이런 상황인데도 중앙정부는 원전을 계속 늘려나가고 있다. 23곳인 원전 수를 최소 42곳까지 늘리겠다는 것이다. 또한 2013년 2월에 발표된 6차 전력수급기본계획에는 2027년까지 석탄화력발전소를 18곳이나 더 짓겠다는 내용이 포함되어 있다. 이런 계획으로는 온실가스 배출을 감축시킨다는 것은 불가능하다.

이제는 이런 구조에서 벗어나야 한다. 원전이나 화력발전 같은 중앙집중형 대규모 발전 방식에서 벗어나야 한다. 지역분산적인 에너지 체계로 전환해야 한다. 이것이 세계적인 흐름이기도 하다. 국제에너지기구(IEA)에 따르면 2035년에 재생가능에너지가 전 세계 전기생산량의 3분의 1을 생산할 것으로 예측되고 있다. 태양광 발전의 증가 속도는 비약적인 수준이다. 그런데 유독 대한민국은 원자력발전과 화력발전을 고집하고 있다. 그래서 원전사고 위험도 높아지고 있고, 온실가스 배출량도 급증하고 있다. 2010년 대한민국의 온실가스 배출량은 6억 6880만 톤으로 2009년 6억 900만 톤보다 9.8퍼센트나 증가했다. 이런 식으로 온실가스 배출량이 급증하면 한국은 기후변화에 대응하지 못하게 될 것이다.

날로 심각해지는 사회적 불평등과 격차

날로 심각해져가는 사회적 불평등은 공동체의 기반을 훼손하고 있으며, 국가 간 불평등은 점점 더 심해지고 있다. 아프리카 등에서는 5초마다 열 살 미만의 어린이 한 명이 굶주림으로 목숨을 잃고 있다. 반면에 선진국이라고 하는 국가에서는 너무 많이 먹어서 비만, 고혈압, 당뇨 등 각종 성인병이 늘어나고 있다. 기막힌 일이다.

한 국가 내에서도 빈부 격차, 소득 격차가 커지고 있다. 한국의 경우에는 심각한 수준이다. 한국은 근로소득 격차가 OECD 회원국 중 2위다(2010년 기준). 상위 10퍼센트의 고소득 근로소득자는 하위 10퍼센트의 저소득 근로소득자에 비해 5.23배의 소득을 번다. 높은 부동산가격으로 인해 부동산을 가진 사람과 그렇지 못한 사람 간의 자산 격차도 심각한 수준이다.

빈곤율도 심각한 단계다. 통계청, 금융감독원, 한국은행이 조사한 '2012년 가계금융 복지조사'에 따르면 2011년 빈곤율(평균 가처분소득의 50퍼센트 아래 있는 인구비율)은 16.5퍼센트였다. 아동(18세 미만)빈곤율도 11.5퍼센트에 달했고, 65세 이상 노인빈곤율은 49.4퍼센트에 달했다. 이러한 노인빈곤율은 OECD 평균의 3배에 달하는 것이다.

반면에 노동시간은 OECD에서 가장 긴 편이다. 2010년 기준 한국 노동자의 연간 평균 노동시간은 2139시간으로 OECD 국가 중 멕시코(2242시간) 다음으로 길었다. OECD국가의 평균 노동시간은 1775시간인데, 한국 노동자는 그보다 364시간이나 노동시간이 긴 것이다.

농가 인구가 워낙 줄어들면서 관심 대상에서조차 멀어지고 있지만, 도시와 농촌 간 격차에 대해서도 짚어볼 필요가 있다. 현재 도시근로자가구소득과 농가소득의 격차는 점점 확대되고 있다. 도시근로자가구소득 대비 농가소득의 비율은 1998년 80퍼센트에서 2011년에는 59퍼센트로 크게 감소했다. 또한 농가소득의 절대액도 감소하는 현상이 나타나고 있다. 2007년 3196만 원이던 가구당 농가소득은 2011년 3104만 원으로 줄어들었다. 최저생계비 이하 농가 비율은 2007년 10.9퍼센트에서 2011년 23.7퍼센트로 늘어났다. 도농 간 격차만 벌어진 것이 아니라, 농촌 내에서의 양극화도 심각한 상황이다. 상위 20퍼센트의 농가가 벌어들이는 소득은 하위 20퍼센트 농가 소득의 11.7배에 달한다(2010년

기준).**1**

성장주의를 버려야 길이 보인다

녹색당은 이런 생태환경 위기와 사회 불평등의 밑바탕에는 경제성장만을 추구해온 성장주의가 깔려 있다고 본다. 그래서 녹색당은 날로 심각해지는 사회 불평등과 지구의 생태환경 위기를 해소할 수 있는 경제를 꿈꾼다. 영국녹색당이 2010년 총선 매니페스토manifesto•에서 표현한 것에 따르면, "녹색당의 비전은 모든 사람의 필요를 충족시키는 더 공정한 사회이며, 자연과 더불어 공존하는 경제이다."

녹색당은 더 이상 경제성장을 국가 목표로 삼는다면 이런 경제가 불가능하다고 생각한다. 한국은 가장 전형적인 사례라고 할 수 있다. 경제성장을 위해 수출 대기업을 육성해야 한다면서 FTA를 밀어붙였고, 핵발전을 통해 나온 전기를 원가 이하로 대기업에 공급하면서, 에너지를 많이 소비하는 산업(철강, 석유화학 등)을 키워왔다. 또 경제성장을 위한 것이라면서 부동산 투기를 조장하고 4대강 사업 등의 토건사업을 끊임없이 벌려왔으며, 의료와 교육을 시장에 맡기면 경제성장률이 올라간다면서 의료·교육 민영화를 추진해왔다. 이런 흐름 속에서 임금 격차, 빈부 격차, 도농 간 격차는 점점 심각해졌다.

따라서 녹색당이 바라는 공정하고 지속가능한 경제를 실현하기 위해서는 성장 중독증에서 먼저 벗어나야 한다. 국가가 추구해야 하는 것은 경제성장률이 아니다. 경제성장은 더 이상 지속가능하지도 않고 사람들의 행복도 보장하지 못한다. 이것을 받아들여야만 지속가능한 경제로의 전환이 가능하다. 그래서 녹색당은 '탈성장'을 이야기한다. 녹색당은 강령 전문에서도 "우리는 성장과

• 선거와 관련하여 유권자에 대한 계약으로서의 공약. 곧 목표와 이행 가능성, 예산 확보의 근거 등을 구체적으로 제시한 공약을 말한다.

물신주의, 경제지상주의를 넘어서는 정당"임을 밝히고 있고, '생태적 지혜' 부분에서도 개발주의와 성장주의를 비판하고 있다.

물론 탈성장의 의미에 대해서는 여러 논란이 일어날 수 있다. 잠정적으로는 경제성장률(GDP 증가율) 중심의 사고에서 벗어나는 것이라고 표현할 수 있을 것이다.—탈GDP라고 표현할 수도 있다—중요한 점은 더 이상 국가정책의 목표를 경제성장률에 둬서는 안 된다는 것이다.

세계적으로도 성장에 대한 회의는 광범위하게 퍼져나가는 중이다. 성장이 지속가능하지도 않을뿐더러, 행복을 보장하지 못한다는 것은 여러 조사 결과를 통해 드러나고 있다. 그래서 UN 차원에서도 GDP를 대체할 수 있고 행복이나 삶의 질을 기준으로 하는 새 지표가 개발될 필요가 있다는 논의가 진행중이다. 2012년 4월 발표된 'UN 행복보고서'에서 한국은 56위를 했다. 이와 관련하여 핵발전을 하지 않는 덴마크가 1위를, 한국보다 소득이 훨씬 적은 코스타리카 같은 나라가 12위를 한 것은 의미심장한 일이다. 이브 코셰의 말처럼, "더 많은 것이 반드시 더 좋은 것은 아니며, 더 적은 것이라고 반드시 더 나쁜 것도 아니다."[2]

녹색당이 구상하는 세계: 녹색전환이 필요하다

포괄적인 녹색전환과 가치 지향

녹색당은 지금 우리가 부딪히고 있는 위기를 극복하기 위해서는 매우 포괄적인 '녹색전환'이 필요하다고 본다. 그리고 그 전환을 이루어가는 방식은 지역과 생활에 뿌리를 둔 상향식 과정이어야 한다고 생각한다. 그래서 녹색당은 지역에 뿌리를 두고, 지역에서부터 대안을 만들어가며, 지역과 지역이 연대하는 방식을 추구한다. 더 나아가 국가 간 연대를 통해 지구적 문제를 풀어가는 것을 지향한다.

이런 과정에서 녹색당은 핵심적인 가치를 소중하게 부여잡고 가려 한다. 녹색전환을 위해서는 매우 구체적인 대안이 필요하지만, 그 과정에서 중심을 잃지 않기 위해서는 핵심적인 가치를 잊어버리지 않는 것이 중요하기 때문이다. 그래서 녹색당은 '~주의' 같은 특정한 이념에 근거한 정당이라기보다는 핵심 가치에 동의하는 사람들이 모인 정치적 결사체라고 할 수 있다.

한국녹색당의 가치 지향은 강령을 통해 확인할 수 있다. 한국녹색당은 강령에서 '생태적 지혜' '사회정의' '직접·참여·풀뿌리민주주의' '비폭력 평화' '지속가능성' '다양성 존중' '지구적 행동과 국제연대'의 일곱 가지 가치를 제시하고 있다.

노동과 녹색

이런 가치를 바탕으로 해서 녹색당은 여러 문제에 접근한다. 그리고 문제와 문제는 서로 연결되어 있기도 하다. 예를 들면 핵발전은 장시간 노동, 야간 노동과도 관련 있다. 핵발전소는 가동중에 멈추기 어렵기 때문에 심야에도 계속 발전을 한다. 그래서 심야에는 전기를 싸게 공급해서라도 전기 수요를 만들려고 하고, 그 때문에 공장이나 상업용 건물은 야간에 싼 심야전기를 이용해서 야간 노동을 일상화시키고 있는 것이다. 이처럼 하나의 문제와 다른 문제는 연관되어 있기 때문에 녹색당의 관심사는 사회에서 부딪히고 있는 문제 전반에 걸쳐 있다.

녹색당은 노동 문제에 대해서도 중요하게 생각한다. 녹색당은 최저임금이 아닌 생활임금을 보장할 것을 주장한다. 생활임금은 노동자 평균임금의 60퍼센트 정도 수준을 말한다. 지금 한국의 최저임금이 노동자 평균임금의 30퍼센트대에 불과하므로 생활임금은 최저임금보다는 훨씬 더 높은 수준의 임금을 의미한다.

또한 녹색당은 노동시간을 단축할 것을 주장한다. 노동시간 단축을 통해 일자리도 나눌 수 있을 뿐만 아니라 개인의 삶도 더 풍성해질 수 있다. 사실 장시간 노동 사회에서는 민주주의도 힘들다. 사람들이 사회나 정치에 관심을 가질 시간적 여유가 없기 때문이다. 장시간 노동 사회는 사람에 대한 착취뿐만 아니라 지구의 생태환경에 주는 부담도 크다. 더 많은 자원을 소모하고, 핵발전 같은 반환경적인 발전 방식과도 연결되어 있기 때문이다. 이처럼 노동 문제는 녹색당에 중요한 의제다.

일자리 문제와 관련해서도 다시 생각해볼 필요가 있다. 더 이상 경제성장은 일자리를 보장하지 못한다. 오히려 녹색당이 추구하는 녹색전환 과정에서 새로운 일자리가 만들어질 수 있다. 독일이 탈핵을 하기 위해 재생가능에너지를 확대하는 과정에서 36만 개의 일자리가 만들어진 일을 참고할 필요가 있다. 이는 수많은 에너지협동조합이 만들어지고, 시민들이 참여해서 재생에너지를 늘리는 과정에서 만들어진 일자리들이기 때문이다.

탈핵, 탈화석연료, 탈토건이 필요하다

녹색당은 탈핵, 탈화석연료, 탈토건을 주장한다. 앞서 언급한 것처럼, 한국은 세계적으로 유래가 없을 정도로 핵발전 확대정책을 추진하고 있으며, 기후변화에도 불구하고 석탄화력발전소를 늘리고 있다. 아울러 도로 중심의 교통체계 확대, 4대강사업 같은 토건사업도 벌이고 있다. 이런 상황에서 녹색당은 자연스럽게 탈핵, 탈화석연료, 탈토건을 추진해야 한다고 주장하는 것이다.

우선 탈핵을 위해 녹색당은 2030년까지 핵발전을 완전히 중단하는 '2030 탈핵 시나리오'를 제시하고, 첫 번째 단계로 '탈핵 및 에너지전환 기본법'을 제정할 것을 주장하고 있다. 한꺼번에 핵발전을 중단하기는 어렵기 때문에 로드맵을 가지고 단계적으로 폐쇄해나가자는 것이다.

탈화석연료를 위해서는 도로를 그만 닦고 석탄화력발전소 증설을 중단할 것을 주장하고 있다. 이미 전국 곳곳에 도로가 깔려 있는데도 고속도로와 국도를 건설하는 데 한 해 5조원 이상의 돈을 쏟아붓고 있는 상황이다. 온실가스 배출을 줄이기 위해서는 정책적으로 철도와 대중교통을 지원해야 한다. 그리고 재생가능에너지를 확대해야 한다.

한편 한국에서 토건 문제는 매우 심각하다. 4대강 사업에 22조원이 넘는 돈을 낭비했지만, 단지 4대강 사업만이 문제가 아니다. 한국은 매년 국가와 지방자치단체 예산의 40조원 이상을 토건사업에 쏟아붓고 있다. 이를 중단하기 위해 녹색당은 '토건예산 감축목표제'를 도입할 것을 주장하고 있다. 이를 통해 5년 정도의 시간 안에 토건예산을 절반 이하로 줄이자는 것이다. 줄인 토건예산은 지속가능한 사회로 전환하는 일에 쓸 수 있을 것이다.

분권과 분산, 그리고 농촌·농지·농민·농사 살리기

한편 한국은 매우 중앙집권적이고 수도권으로 집중되어 있는 사회다. 이렇게 집권적이고 집중된 사회는 찾기가 쉽지 않다. 중앙집권·집중적인 사회는 그 자체로 지속가능하지 않을 뿐만 아니라, 여러 환경·사회 문제를 낳고 있다. 따라서 분권과 분산된 사회로의 전환은 녹색당이 추구해야 할 방향 중 하나며, 한국의 상황은 이것을 절실하게 필요로 하고 있다.

분권은 대대적으로 이루어져야 하며, 근본적으로는 연방제처럼 중앙 권력을 대폭 지방으로 이양하게 할 필요가 있다. 또 농촌·농지·농민·농사를 살려야 한다. 그래야만 진정한 의미의 '분산'이 이루어질 수 있다. '균형발전'도 대도시 중심으로 사고해서는 안 된다. 농촌·농지·농민·농사를 살리는 것은 수도권 집중으로 인한 주거, 교통, 환경, 교육 등의 문제를 근본적으로 해결하고, 기후변화와 식량 위기 같은 지구적 위기에 대응하는 유일한 대안이기도 하다.

이를 위해서는 FTA 체결을 중단하고 정책의 중심에 '농農'을 놓고 생각해야 한다. 농지를 보전해야 하며, 농민에게 기본적인 소득을 보장해야 한다. 현실을 돌아보면 심각하다. 각종 개발 사업으로 농지가 다른 용도로 전용되고 있으며, 농사짓기를 포기하는 땅이 늘어나고 있다. 농지가 투기 대상이 되고, 부재지주들이 소유하고 있는 농지 비율은 60퍼센트에 달할 것으로 추측된다. 헌법에서 정한 '경자유전耕者有田'●의 원칙은 무너진 지 오래다. 농사를 짓지 않는 사람들이 농지를 소유하고 있으니 농지가 보전될 리 없다. 농지만이 아니다. 농민, 특히 소농들은 계속 줄어들고 있다.

그렇다면 어떻게 해야 할까? 지금은 해방 직후에 했던 농지개혁 수준의 획기적인 대책이 필요하다. 식량 위기를 눈앞에 두고 있는 상황에서 이런 대책이 필요한 건 당연하다. 해방 직후에 했던 것처럼 유상몰수–유상분배 방식의 토지개혁을 단행하기가 어렵다면, 최소한 두 가지의 근본적인 대책을 세워야 한다.

● 비농민의 투기적 농지소유를 방지하기 위해 우리나라 헌법과 농지법에 규정되어 있는 것으로, 농지는 농업인과 농업법인만이 소유할 수 있다는 것을 의미한다.

하나는 농민이 경작할 농지를 확보할 수 있게 하는 일이다. 이를 위해서는 부재지주不在地主●가 소유한 농지를 일정기간 내에 처분하도록 하고 그 이후에는 매우 강력한 보유세를 과세해야 한다. 지금은 부재지주가 보유한 농지도 농민이 소유하고 있는 농지와 똑같은 토지보유세를 과세하고 있는데, 이래서는 안 된다. 가칭 '경자유전세'를 도입해서 농사를 짓지 않는 부재지주는 농지를 처분할 수밖에 없도록 높은 보유세를 물려야 한다. 경자유전세 수입으로는 기금을 조성해서 국가가 농지를 매입하여 귀농자들에게 배분하거나 임대해줄 수 있을 것이다.

둘째, 농민들에게 최소한의 기본소득을 보장해야 한다. 지금 직불제를 시행하고 있지만, 농사를 짓지 않는 사람이 부당하게 수령하는 등 문제가 많은 실정이다. 따라서 소극적이고 부분적인 방법이 아니라, 실효성 있고 적극적인 기본소득 보장이 필요하다. 특히 귀농자들이 초기에 현금 수입이 부족해서 어려움을 겪는 점을 감안하더라도 기본소득 보장은 필요하다. 이것은 복지 차원의 대책이 아니다. 공동체를 먹여 살리고 환경을 보전하는 농업의 공익적 기능을 생각하면, 당연한 일이다. 구체적인 방법은 여러 가지로 논의해볼 수 있다. 중요한 것은 국가는 농민에게 기본적인 소득을 보장해서라도 농사를 지을 수 있도록 지원해야 한다는 발상의 전환이다. 그렇지 않으면 앞으로 누가 농사를 짓겠는가?

그리고 귀촌·귀농을 지원해서 농촌을 활성화해야 한다. 로컬푸드를 정착시키고, 도시농업을 활성화하는 것도 필요하다. 초·중·고 교육과정에서 먹을거리와 농업 교육을 결합시킨 '식·농교육' 개념을 도입하여 어린 시절부터 농작물을 키우는 경험을 쌓을 수 있게 해야 한다.

● 농지의 소재지에 살고 있지 않지만 농지를 타인에게 임대해주고 그 소득의 일부를 차지하는 땅의 임자

인권과 평화 그리고 생명권

녹색당은 인권과 평화를 옹호한다. 장애인, 성소수자, 이주민, 탈북자 등이 차별 없이 인간다운 삶을 살아야 한다고 생각한다. 청소년에게도 인권, 특히 참여권이 보장되어야 한다. 만 25세 이상으로 되어 있는 피선거권 연령을 선거권 연령과 동일하게 만들어 청년들의 정치참여를 확대해야 한다.

녹색당은 한반도에서 핵발전뿐만 아니라 모든 핵무기가 폐기되어야 한다고 주장한다. 또한 군사적 긴장을 완화할 수 있는 모든 행동을 지지한다. 동북아시아에서 가열되고 있는 군비확장 경쟁을 우려하며, 제주 강정마을에서 추진되고 있는 해군기지 건설도 반대하고 있다.

녹색당은 인간의 권리만을 주장하지 않는다. 인간도 자연의 일부라는 것을 전제로 다른 생명들을 존중하는 사회로의 전환을 추구한다. 한 해에 10만 마리가 넘게 발생하는 유기동물에 관한 대책을 마련하고, 동물 학대를 막는 정책을 추진하고 있다. 이는 곧 동물을 물건으로 보는 시각에서 벗어나 '생명'으로 보는 것이다. 아울러 동물 학대의 온상이 되고 있을 뿐만 아니라, 과다한 육류 소비를 부추겨 인간의 건강을 위협하고 기후변화의 원인도 제공하고 있는 '공장식 축산'을 줄여나갈 것을 주장하고 있다. 참고로 기후변화의 원인이 되는 온실가스의 18퍼센트는 축산업에서 나오고 있다.

한국녹색당의 미래를 공유합니다

한국에서 녹색당은 2012년 창당과 총선, 그리고 재창당 과정을 거치면서 새로운 정치세력으로 자리잡아가고 있다. 물론 어려운 과정이 남아 있다. 신생 정당이 뿌리 내리기에는 한국의 정치제도나 환경은 매우 척박하다.

그러나 세계 각국의 녹색당은 예외 없이 초창기에 어려운 과정을 거쳤다. 첫 번째 선거에서 원내에 진입한 사례는 없다. 독일녹색당은 한국보다 훨씬 유리한 선거제도였음에도 불구하고, 1980년 첫 번째 참여한 연방의회 선거에서 1.5퍼센트 득표했다. 다른 나라의 녹색당도 마찬가지다. 짧게는 몇 년, 길게는 몇십 년 동안 노력하면서 그 나라의 정치 세계에서 발판을 마련해왔다.

녹색당이 꿈꾸는 변화의 성격을 생각하더라도 녹색당에는 긴 호흡이 필요하다. 녹색당이 꿈꾸는 녹색전환은 성장과 물질, 경쟁에서 벗어나는 근본적인 전환이기에 시간이 걸릴 수밖에 없다. 이 전환을 이루는 과정에서도 여러 어려움이 있을 것이다. 그러나 녹색당은 녹색전환만이 지금 우리가 부딪히는 위기를 극복하고, 우리 삶을 지속가능케 하는 길이라고 믿는다. 지금 한국 사회는 가장 낮은 행복도, 가장 높은 자살률, 심각한 빈부 격차, 무분별한 환경 파괴 같은 병을 앓고 있다. 청소년 행복도 최하위, 핵발전소 밀집도 세계 1위, 재생가능 에너지 OECD 최하위 수준, 식량자급률 OECD 최하위 수준이 한국의 현주소다. 이런 상태로 간다면, 다가올 에너지 위기, 식량 위기, 기후변화의 와중에 한국 사회는 생존의 문제를 겪게 될 것이다. 이런 한국사회에서 녹색당은 소금 같은 존재가 되어 녹색전환의 필요성을 지속적으로 제기하고 정치 영역에서 논의를 이끌어갈 예정이다.

다른 한편 녹색당은 새로운 정치 문화를 만들어가는 정당이 될 것이다. 녹색당은 전면 추첨제로 대의원을 정하고 있다. 지역, 성, 연령별로 할당해서 추첨된 대의원들이 정당의 중요한 의사결정에 참여하는 것은 새로운 시도다. 이는 당원 참여를 활성화시키고 새로운 정치 문화를 만드는 데 기여할 것이다. 녹색당은 '중앙당' '대표' 같은 용어들을 사용하지 않으면서, 녹색당 내부에서부터 지역 분권적이고 당원 개개인의 자발성이 존중되는 문화를 만들어가는 중이다. 중앙집권적이고 엘리트 중심이어야만 정당으로 자리잡을 수 있다는 한국 정치의 '어두운 신화'에 녹색당은 도전하고 있다.

한편 녹색당은 지구적 네트워크를 가지고 있으며, 국제적인 연대를 실현해가고 있다. 녹색당은 창당 직후부터 파푸아뉴기니녹색당의 선거운동을 지원하고 일본녹색당, 대만녹색당, 몽골녹색당 등과 함께 동아시아의 탈핵을 위해 협력하고 있다.

녹색당이 추구하는 대안은 지역 수준에서의 노력을 통해 구체화되어왔다. 외국 녹색당들도 마찬가지다. 독일의 환경도시로 꼽히는 프라이부르크는 일찍부터 에너지 전환을 추진해왔는데, 그 과정에서 지역 녹색당이 핵심적인 역할을 해왔다. 영국 최초의 녹색당 하원의원을 배출할 정도로 녹색당의 기반이 탄탄한 곳이 브라이튼 시다. 이 도시는 영국 최초로 지역 먹을거리 전략을 수립, 추진하고 있다. 지역 먹을거리 전략 속에는 로컬푸드, 도시농업, 지역 복지, 건강, 교육, 기후변화 대응, 쓰레기 줄이기 등이 통합되어 있다.

한국녹색당도 지역에서부터 대안을 구체화하고 모델을 만드는 노력을 해나갈 것이다. 한국에서도 녹색당 창당 이전부터 지역 풀뿌리운동, 시민운동에서 쌓여온 경험들이 있다. 녹색당은 이런 경험들을 바탕으로 풀뿌리 정치활동을 펼쳐나갈 것이다. 에너지 정책의 예를 든다면, 국가적으로는 탈핵을 추구하면서 지역에서는 지역 에너지 전환을 추진해나갈 것이다. 지역에서부터 에너지 효율성 강화, 전기 소비 줄이기, 재생에너지 확대를 추진하고, 시민들이 에너지 문제에 대한 관심을 갖도록 교육하고 홍보해나갈 것이다. 다른 의제들도 마찬가지다. 지역에서부터 대안적인 모델을 만드는 것이야말로 가장 확실하게 국가와 지구를 바꾸는 길이다.

하나의 정치세력이 뿌리를 내리기 위해서는 오랜 시간과 많은 사람의 피땀 어린 노력이 필요하다. 서구의 사민당, 노동당 같은 정당이 자리잡는 데에도 오랜 시간이 걸렸다. 문명의 전환, 녹색전환을 꿈꾸는 녹색당도 마찬가지일 수밖에 없다. 그러나 미래는 녹색의 편일 것이다. 지금의 위기를 극복하려면, 녹색전환 외에 다른 선택지는 없기 때문이다. 녹색당은 신생 정당이고 소수 정당이지만, 우리에게 필요한 녹색전환을 위해 한 걸음 한 걸음 앞으로 나아갈 것이다.

더 읽어볼 책들

1. 대화문화아카데미 바람과 물 연구소 지음, 『녹색당과 녹색정치』, 아르케, 2013
독일, 영국, 프랑스, 한국녹색당의 역사와 정책을 그 나라의 정치 현실 속에서 설명해주고 있다. 새로운 정치세력으로서의 녹색당이 꿈꾸는 것은 무엇인지, 그리고 여러 악조건 속에서 어떻게 현실의 장벽을 헤쳐나가고 있는지에 관한 이야기들, 녹색정치에 관한 여러 담론과 생각들을 담고 있다.

2. 더글러스 러미스 지음, 『경제성장이 안 되면 우리는 풍요롭지 못할 것인가』, 김종철·이반 옮김, 녹색평론사, 2002
'경제는 성장하지 않으면 안 된다'는 상식에 문제제기를 하는 정치학자 더글러스 러미스의 책이다. 생태 위기의 시대에 더 이상 경제성장을 맹신하는 것은 '타이타닉 현실주의'이며, 더 많은 성장이 아니라 에너지 소비를 줄이고 경제활동에 쓰는 시간을 줄이는 대항 발전이 필요함을 역설한다.

3. 녹색당 기획, 김종철 외 지음, 『녹색당 선언: 탈핵부터 프레카리아트까지, 녹색당이 필요한 7가지 이유』, 이매진, 2012
한국 녹색당의 창당 과정에서 당원들의 생각을 모은 책이다. 탈핵, 안전하지 않은 먹을거리, 사회가 책임지지 않는 육아, 경쟁이 최우선인 학교 교육, 출구 없는 현실에 부딪힌 프레카리아트 등에 대한 논의 속에서 녹색당이라는 정당이 탄생하게 된 이야기를 담았다.

주

1강 '배제된 자들의 민주주의'에 관한 단상

1   박경미, 「역사와 반복」, 『경향신문』 2013년 1월 15일.
2   모리스 아귈롱, 『쿠데타와 공화정』, 이봉지 옮김, 한울, 1998. 본 책에 수록된 해설 전상인, 「프랑스와 한국의 '쿠데타의 공화정'」 참조.
3   박정희 체제에 대한 메모의 이 부분은 이광일 지음, 『박정희체제, 자유주의적 비판 뛰어넘기』, 메이데이, 2011을 참조.
4   에릭 홉스봄, 『역사론』, 강성호 옮김, 민음사, 2002, 21쪽.
5   신자유주의 시대의 개개인의 삶을 규제하고 조직하는 원리로서의 '자기계발' '자기책임'의 의미를 분석한 책으로 사회학자 서동진의 『자유의 의지, 자기계발의 의지』(돌베개, 2009)는 중요한 성과다.
6   최장집, 『경향신문』, 2013년 1월 1일자 신년 인터뷰에서 인용.
7   카를 마르크스, 『루이 보나파르트의 브뤼메르 18일』, 최형익 옮김, 비르투출판사, 15쪽.
8   백낙청, 「'희망2013'을 찾아서」, 격주간 창비 주간논평, 『한겨레』 2012년 12월 28일자 기사에서 재인용.
9   카를 마르크스, 『루이 보나파르트의 브뤼메르 18일』, 최형익 옮김, 비르투출판사, 11쪽.
10   알랭 바디우, 「민주주의라는 상징」, 알랭 바디우 외 지음, 김상운 외 옮김, 『민주주의는 죽었는가?』, 2010년, 33쪽.
11   같은 제목의 책이 한국에 번역되었는데, '현상분석'의 차원에 한해 참조할 만하다. 콜린 크라우치, 『포스트 민주주의』, 이한 옮김, 미지북스, 2008.
12   가라타니 고진, 『역사와 반복』, 조영일 옮김, 도서출판b, 2008.
13   앞의 책, 30쪽에서 재인용.
14   "하나의 독립된 힘으로 전환한 행정 권력으로서의 보나파르트는 '부르주아 질서'를 수호하는

것이 자신의 임무라고 느낀다. 하지만, 부르주아적 질서의 힘은 중간계급에 놓여 있다. (…) 그럼에도 불구하고 그는 중간계급의 정치권력을 파괴해왔으며 또한 날마다 그것을 새롭게 파괴하는 것을 통해서만 정치적으로 유의미한 인물이 된다."카를 마르크스 지음, 『루이 보나파르트의 브뤼메르 18일』, 최형익 옮김, 비르투출판사, 149쪽.

15 최장집, 『한국 민주주의의 무엇이 문제인가』, 생각의 나무, 2008, 125쪽 이하.
16 가라타니 고진, 『역사와 반복』, 조영일 옮김, 도서출판b, 2008, 37쪽.
17 카를 마르크스, 『루이 보나파르트의 브뤼메르 18일』, 최형익 옮김, 비르투출판사, 151쪽.
18 발터 벤야민, 「역사철학테제」, 『발터 벤야민의 문예이론』, 반성완 옮김, 문예출판사, 1983, 343쪽.
19 오독이 아니라는 전제가 붙어야 하지만, 여기서 나의 생각은 68혁명에 지대한 영향을 미쳤던 프랑스 상황주의자 기 드보르의 다음의 책에 크게 도움을 받았다. 기 드보르, 『스펙터클의 사회』, 이경숙 옮김, 현실문화연구, 1996.
20 웬디 브라운, 「오늘날 우리는 모두 민주주의자다」, 알랭 바디우 외 지음, 김상운 외 옮김, 『민주주의는 죽었는가』, 2010, 85쪽.
21 김대중 정권에서부터 그 지배적 담론-이데올로기는 본격적으로 '지식기반경제'라는 이름으로 구축된 것이다. 서동진의 『자유의 의지, 자기계발의 의지』는 이에 대한 전면적인 분석 작업이다.
22 나는 이 두 문장을 비비안느 포레스테, 『경제적 공포』, 김주경 옮김, 동문선, 1997에서 빌려와 재배치했다.
23 다음은 노무현 전 대통령이 2007년 3월 20일 농어업인 대상 '국민과 함께 하는 업무 보고'에서 발언한 내용이다. "제가 지금 FTA를 하자고 했던 것은 그야말로 특단의 의지입니다. 교만하게 들릴지는 모르겠지만, 이것은 다음 정권을 누가 잡더라도 안 할 것 같았습니다. 정치적 손실을 무릅쓰고 할 수 있는 대통령은 저밖에 없다고 스스로 믿기 때문에 결정한 것입니다."
24 피에르 부르디외, 『세계의 비참』, 김주경 옮김, 동문선, 2000 참조. 프랑스에 펼쳐진 인간의 고통에 대해 보고하는 이 책(프랑스에서는 1993년에 출간된)에서 그는 이렇게 말했다. "1970년대에서 1980년대 중반에 사회주의 지도자들의 집결에 의해 완성되었던 신자유주의 비전으로의 집단적 변환을 고려하지 않은 채 현재의 상황을 이해한다는 것은 불가능한 일이다."(341쪽)
25 슬라보예 지젝, 『멈춰라, 생각하라』, 주성우 옮김, 와이즈베리, 2012, 6쪽.
26 슬라보예 지젝, 『처음에는 비극으로, 다음에는 희극으로』, 김성호 옮김, 창비, 118쪽.
27 앞의 책, 129쪽.
28 알랭 바디우, 「민주주의라는 상징」, 알랭 바디우 외 지음, 김상운 외 옮김, 『민주주의는 죽었는가?』, 2010.
29 이 대목은 조르조 아감벤, 『목적 없는 수단: 정치에 관한 11개의 노트』, 김상운 외 옮김, 난

장, 2009, 82~101쪽에서 도움을 받았다.
30 앞의 책, 95쪽.
31 서동진, 「'나꼼수' 보며 '낄낄' '씨바', 그럼 세상이 바뀌니?」, 『프레시안』, 2011년 12월 16일.
32 기 드보르, 『스펙터클의 사회』, 이경숙 옮김, 현실문화연구, 1996, 11쪽.
33 슬라보예 지젝, 『처음에는 비극으로, 다음에는 희극으로』, 김성호 옮김, 창비, 219쪽.
34 하나는 『한겨레』 2012년 12월 31일자에 실린 성한용의 칼럼이고, 다른 하나는 『조선일보』 2013년 1월 20일자에 실린 윤평중의 칼럼이다.
35 최장집, 『경향신문』, 2012년 6월 4일.
36 주디스 버틀러 외, 『우연성·헤게모니·보편성: 좌파에 대한 현재적 대화들』, 박대진 외 옮김, 도서출판b, 2009.
37 다른 정치세력이 좌파를 향해 그 같은 질문을 던질 때 의미는 다음과 같을 것이다. '혁명을 할래, 아니면 자유민주주의의 경기장 안으로 들어올래?' 이런 경우 우리는 지젝이 「계급투쟁입니까, 포스트모더니즘입니까? 예, 부탁드립니다!」라는 글 서두에 소개하는 농담을 참고할 필요가 있다. 그는 '차로 하시겠습니까? 커피로 하시겠습니까?'라는 질문에 '예, 부탁합니다!'로 응수하는 이야기를 소개한다. 이 농담에 담긴 의미는 '선택의 거부'이다. 그릇된 양자택일에 대한 선택을 거부하는 것이다. 슬라보예 지젝, 「계급투쟁입니까, 포스트모더니즘입니까? 예, 부탁드립니다!」, 주디스 버틀러 외, 『우연성·헤게모니·보편성: 좌파에 대한 현재적 대화들』, 박대진 외 옮김, 도서출판b, 2009, 131쪽.
38 1막과 2막으로 이루어진 『고도를 기다리며』에서 막이 끝날 때 두 사람은 "그만 갈까?" "가자"라는 말을 주고받지만 그들은 정작 무대를 떠나지 못한다. 작가가 대화의 끝에 써놓은 "두 사람 다 움직이지는 않는다"라는 말이 그것을 암시한다.
39 슬라보예 지젝, 「계급투쟁입니까, 포스트모더니즘입니까? 예, 부탁드립니다!」, 주디스 버틀러 외, 『우연성·헤게모니·보편성—좌파에 대한 현재적 대화들』, 박대진 외 옮김, 도서출판b, 2009.
40 서동진, 「'나꼼수' 보며 '낄낄' '씨바', 그럼 세상이 바뀌니?」, 『프레시안』, 2011년 12월 16일.
41 나는 이 대목에서, 지난해 2012년 총선 직후 울산의 한 비정규직 노동자가 "자본가는 돈을 빨고, 진보정당은 표를 빨았다"고 절규했던 것을 떠올리지 않을 수 없다.
42 자크 랑시에르, 『정치적인 것의 가장자리』, 양창렬 옮김, 길, 2008. 나는 '배제된 자들의 민주주의'를 사고함에 있어 슬라보예 지젝이 쓴 일련의 책들과 자크 랑시에르의 이 책으로부터 막대한 도움을 받았다.
43 앞의 책, 247쪽.
44 슬라보예 지젝, 『처음에는 비극으로, 다음에는 희극으로』, 김성호 옮김, 창비, 302쪽.

2강 한국의 민주주의를 다시 생각한다

* 이 글은 손호철, 「한국민주화운동과 민주주의 60년」, 『현대한국정치: 이론, 역사, 현실, 1945-2011』(이매진, 2011)을 발전시킨 것이다.

1   이것에 대해서는 손호철(2003e) 참조.
2   푸코 등 탈근대론자들이 보여주었듯이 '과학' '진리'라는 담론은 소위 '비진리'에 대한 억압성을 내장하고 있는 '반민주적 담론'이다. 따라서 민주주의의 '과학적' 개념화라는 것이 형용 모순일 수 있다. 이 글은 이런 문제점을 인정하면서도 단순한 상대주의로 빠질 수는 없다는 문제의식에서 '과학적'이라는 용어를 사용했다(이 문제에 대해서는 손호철, 2002a 참조).
3   현대 사회과학의 중요한 쟁점인 이 문제에 대한 선구적 분석은 Marx&Engels(1975: 375).
4   이 논쟁에 대해서는 손호철(2003c) 참조.
5   손호철(2003a: 26-28).
6   Schumpeter(1975) 20장 3절, 22장 1절, 23장 1, 2절.
7   Dahl(1971:1-4)
8   Dahl(1961)
9   고전적인 논의는 Marshall(1994:5-44) 참조.
10 마르크스의 『자본론』의 공장법에 대한 분석들이 보여주는 것이 바로 이 문제로 『감시와 처벌』에 나타난 푸코의 문제의식의 기초가 된 바 있다.
11 Kiloh(1986:14-50)
12 Dahl(1985:115)
13 푸코의 저작들 참조. 또 푸코의 권력론의 비판적 평가는 손호철(2002b) 참조.
14 이 문제에 대해서는 Burnheim(1986) 참조.
15 Galtung(1978)
16 제3기와 제4기의 분기점을 정확히 짚어내기는 어렵다. 보기에 따라 이것은 급진운동의 패배가 확실해지는 1991년 5월 분신 정국으로 볼 수도 있고, 아니면 김영삼 정부가 출범하는 1993년 초로 볼 수도 있고, 더 나아가면 1990년대 중반으로 볼 수도 있다.
17 사실 운동사적으로 볼 때 2000년 6월을 또 하나의 시기로 구분할 필요를 느끼기는 한다. 즉 연이은 '반핵반김 집회'가 보여주듯이 2000년 6월 남북정상회담 이후 수구냉전 세력의 정치화, 운동 세력화라는 새로운 현상이 나타났기 때문이다. 그러나 위에서 지적했듯이 이것을 민주화운동 속에 어떻게 위치지울 것인가에 대한 정확한 판단이 서지 않기 때문에 일단 논외로 했다.
18 이 둘을 구별하지 못한 일부 외부 관찰자들의 경우 1990년대 중반 전자만을 주목해 '노동운동의 위기' 등을 논한 바 있다. 이 문제에 대해서는 임영일(1993) 참조.
19 Tarrow(1984) 중 ch.11, "Movement Society?" 참조.

20 문부식씨가 이 문제를 제기했지만 동의대 사태만 해도 '우발적 사고'에 의해 인명 피해가 났다는 점에서, 민주화운동의 가장 폭력적인 사례는 오히려 한총련이 프락치 용의자를 잡아 심문을 하는 과정에서 고문을 해 살해한 사건이다.
21 김정한(1994); 91년 5월 투쟁 청년모임편(2002) 참조.
22 Rueschemeyer(1992)
23 O'Donnell & Schmitter(1986:50)
24 손호철(2003b: 46-50, 56-58).
25 Eckert(1993)
26 나는 이런 현상을 노동운동과 관련해 '초기의 부진과 때늦은 개화'라는 '이중적 예외'(세계적 흐름에 대한)라고 표현한 바 있다(Sonn, 1988).
27 조현연(2003).
28 이런 유형학에 대해서는 Mainwaring(1992).
29 수동혁명에 대해서는 Gramsci(1971). 한국정치에 대한 수동혁명적 성격에 대해서는 최장집의 저술을 참조할 것.
30 최장집(1993)과 임영일(1993)
31 O'Donnell & Schmitter(1986:9)
32 손호철(2003d) 참조.
33 최근의 중요한 연구로는 최장집(2005)을 들 수 있다.

4강 사회변혁을 위한 역사 읽기: 역사의 반복과 정치적 리듬 분석

1 앨버트 라즐로 바라바시, 『버스트: 인간의 행동 속에 숨겨진 법칙』, 강병남·김명남 옮김, 동아시아, 2010, 150~155쪽.
2 앞의 책, 200쪽.
3 앞의 책, 181쪽.
4 앞의 책, 227쪽.
5 앞의 책, 232~234쪽.
6 앞의 책, 334~335쪽.
7 앞의 책, 340~341쪽.
8 앞의 책, 343쪽.
9 앞의 책, 344쪽.
10 앞의 책, 282~284쪽.
11 앞의 책, 366~367쪽.

12 조반니 아라기, 『장기 20세기: 화폐, 권력, 그리고 우리 시대의 기원』, 백승욱 옮김, 2008, 38~39쪽.
13 앞의 책, 39~40쪽.
14 앞의 책, 592~593쪽.
15 앞의 책, 21쪽.
16 질 들뢰즈, 『차이와 반복』, 김상환 옮김, 민음사, 2004, 216~217쪽.
17 앞의 책, 217쪽.
18 앞의 책, 67~69쪽.
19 알렉산더 라비노비치, 『혁명의 시간: 러시아 혁명 120일 결단의 순간들』, 류한수 옮김, 교양인, 2008, 25~27쪽.
20 앞의 책, 33~34쪽.
21 앞의 책, 30쪽.
22 앞의 책, 20쪽.
23 앞의 책, 38쪽.
24 앞의 책, 40쪽.
25 앞의 책, 306~321쪽.
26 앞의 책, 343쪽.
27 앞의 책, 362쪽.
28 케빈 맥더모트·제레미 애그뉴, 『코민테른』, 황동하 옮김, 서해문집, 2009, 25~26쪽.
29 앞의 책, 41쪽.
30 앞의 책, 73~75쪽.
31 앞의 책, 87쪽.
32 앞의 책, 128쪽.
33 앞의 책, 218~219쪽.
34 앞의 책, 324~325쪽.
35 앞의 책, 329쪽.
36 카를 마르크스·프리드리히 엥겔스, 『독일 이데올로기 1』, 박재희 옮김, 청년사, 2007, 74쪽.
37 심광현, 「19세기 유토피아에서 21세기 유토피스틱스로」, 문화/과학 편집위원회 엮음, 『문화/과학 68호』, 2011, 문화과학사, 15~16쪽.
38 앞의 책, 17쪽.
39 카를 마르크스·프리드리히 엥겔스, 『독일 이데올로기 1』, 박재희 옮김, 청년사, 2007, 66쪽.
40 앞의 책, 69~70쪽.
41 앞의 책, 71쪽.
42 앞의 책, 71~72쪽.

5강 신보수정권 시대, 민주주의 좌파의 길을 모색하다

1   이론적으로 볼 때 급진민주주의는 다양한 흐름이 있을 수 있다. 부다페스트 학파(Brown 1988:1) 등도 있지만, 통상 급진민주주의라고 할 때 라클라우와 무페의 급진민주주의론을 연상한다(Laclau&Mouffe 1990; 무페, 2006). 이들의 급진민주주의는 그들의 '포스트–마르크스주의적 논의'와 결합되면서 계급적 적대로 환원되지 않는 다양한 사회적 적대, 생산관계적 차원으로 확장되지 않는 정치적·이데올로기적 차원의 자율성, 프롤레타리아 외의 다양한 사회적 주체의 독자적 지위 등 중요한 통찰을 제공했다. 라클라우와 무페식 급진민주주의는 사회주의가 자유주의와 민주주의를 어떻게 대면할 것인가 하는 점, 현대 자본주의에서의 다양한 적대와 주체 그리고 노동자계급 주체들의 관계 등에 대한 중요한 문제제기를 동반하고 있다.

그러나 이들의 논의는 '경제적 사회구성체'를 이데올로기적 사회구성체로 전치해버리는 문제, 경제주의와 환원주의에 대한 성찰적 반성에서 더 나아가 또 다른 '담화 환원주의'적 경향, 총체화에 대한 비판에서 탈총체화의 경향을 드러내는 것, 다양한 사회적 주체의 인정에서 주체성의 구조적 근거를 방기한 점, 필연성에 대한 비판에서 우연성의 논리로의 환원하는 등의 새로운 문제점을 드러내고 있다고 생각된다(엘린 메익신즈 우드, 1993; 제솝, 1985:4장 11절). 라클라우·무페의 급진민주주의를 '자유주의적 급진민주주의'로 규정한다면 일종의 '좌파 급진민주주의론'이라고 할 수 있다. 내가 생각하는 급진민주주의론은 "민주주의의 프리즘으로 마르크스주의의 합리적 핵심을 계승하고, 자유주의를 생태주의·여성주의 등과도 소통하는 좌파민주주의론"으로 성격지울 수 있겠다.

2   나는 아시아 민주화를 분석하는 맥락에서 '민주주의의 사회화'라는 표현을 '민주주의의 공동화hollowed out'와 대립하여 사용했다(조희연, 2008h: 조희연·김동춘·유철규, 2008). 나는 독재를 정치적 독점·경제적 독점·사회적 독점의 복합체로 규정하고, 민주화 과정은 단순히 자유민주주의적 제도의 도입과 정착의 과정이 아니라, 독재하에서의 복합적 독점의 해체·변형 과정이라고 본다. 정도의 차이는 있으나 많은 아시아 민주화 과정에서, 독재하에서 고착된 정치적·경제적·사회적 독점이 변형되고 새로운 방식으로 재생산되며 민주주의적 정치가 그것의 정치적 형식으로 전락한다(공동화). 이러한 공동화에 대립하는 이상적인 모습을 '민주주의의 사회화'라고 표현한다. 이는 민주주의의 주체인 사회구성원(그들로 이루어지는 사회)들의 요구와 정치의 괴리가 극복되면서—사회경제적 하위주체들이 수용 가능한 수준으로—다층적인 탈독점화와 평등화가 이루어지는 것을 의미한다. 아시아 민주화 과정에서의 갈등과 위기(최근 태국에서의 사태가 보여주듯)는 구舊독점의 변형 및 그로 인한 민주주의의 공동화의 결과며 진정한 사회화가 진전되지 않기 때문으로 파악한다.

3   여기서 나는 (민주주의적) 정치의 공간을 단순히 '반영' 공간으로 포착하는 경제환원주의적 시각에도 반대하고 동시에 정치를 고정화된 제도 정치로 환원하는 자유주의적 시각에도 반

대한다. 전자가 정치를 부정한다면, 후자는 사회를 정치로 흡수해버리는 것이라고 할 수 있다. 이런 점에서 나는 후자를 비판하면서, 마르크스주의 내에서 전자의 편향을 넘어서는 단초를 제공한 그람시에 주목하게 된다. 정치를 보는 다양한 시각에 대해서는 조희연(2009d: 76-79) 참조.
4 조희연(2004a:270-281)
5 조희연·김동춘·유철규(2008:56)
6 카터(2007:32)
7 김동춘(2006)은 이러한 변화를 한국 사회의 '기업사회'로의 변화로 표현한 바 있다.
8 조희연(2011a, 2011b)
9 하버마스(1994)
10 아래로부터의 계급적·사회적 투쟁을 통해서 획득된 민주주의(다양한 근대에서의 권리를 포함하여)는 이후 지배 권력과 인민의 관계에 있어서도 영향을 미치게 된다. 인민들이 쟁취한 진보적 제도들은 지배의 '내적 틈새'와 균열로 작동하게 된다. 민주주의, 인권, 시민권 등은 비록 이후에 자본가계급과 정치사회적 기득권 세력이 이를 무력화시킨다고 하더라도, 부단히 지배의 내적 균열과 모순을 낳는 방식으로 이후의 계급적·사회적 투쟁에 영향을 미친다고 말할 수 있다.
11 조희연·김동춘·유철규(2008:56).
12 풀란차스(1994:331)
13 알튀세르(2007:333)도 정당—그리고 아무리 혁명정당이라고 하더라도—은 체계 내에 유폐될 수밖에 없다는 점을 지적하고 있다. 특히 이데올로기적 국가장치의 일부로서의 정당은 특정한 지형 내로 제한되면서 자본주의적 생산관계를 재생산하는 역할을 하게 된다. 공산당은 내각정당이 될 수밖에 없다고 이야기하고 있는 것이다.
14 여기서 차베스적인 급진민주주의적 도전의 경로(김병권·손우정, 2007; 베네수엘라 혁명연구모임, 2006; 조희연, 2009a 참조)도 참고가 될 수 있을 것이다. 이를 위해서는 '자본주의와 민주주의의 대립과 전쟁'에서—서구 사민당이나 유로콤의 경로와 달리—민주주의의 급진적 확장을 통하여 자본주의에 대한 사회화의 가능성과 공간을 확장해갈 수 있는가 하는 것이 중요하리라 본다. 자본주의가 민주주의를 포획하는(그 내부의 유로콤 정당을 포획하는) 속도보다, 민주주의를 급진화하여 자본주의와 모순을 촉발하고 자본주의에 대립하는 공간을 확장해가는 속도가 빠르지 않는 한, 언제나 민주주의를 통한 경로는 체제 내적 경로가 될 수밖에 없다.
15 카터(2007)
16 이런 점에서 웨인라이트와 같이 기존의 선거정치electoral politics 중심 모델을 반성하고, 어떻게 그것을 인민 참여적인 과정으로 재편할 것인가, 선거정치를 사회운동과 결합시킬 것인가 하는 고민이 필요하다. 이런 점에서 그녀는 새로운 종류의 '사회운동정당social movement

party' 모델을 새로운 좌파적 정당 모델로 제시한다. 이에 대해서는 장훈교(2009) 참조.
17 김세균의 논의를 참조.
18 E.M. Wood(1995:11-12)
19 밀리반트(1994:33)
20 Wright(2007:75)
21 앞의 책, 77
22 앞의 책, 94
23 앞의 책.
24 나의 다른 글, 조희연·서영표(2009), 조희연(2010)도 '자본주의 대 민주주의의 전쟁'이라는 각도에서 1987년 이후의 변화를 조명하고 있다.
25 이런 점에서도 바로 87년 민주항쟁에서 외쳐졌던 민주주의의 급진적 요소를 우리가 재해석하고 재전유하는 노력이 필요하다고 생각한다. 자본주의의 극복이나 반신자유주의적 전망도 사실 바로 이러한 87년 체제에 내재했던 급진민주주의적 지향과 결합되어야 한다고 생각한다.
26 그람시(1999:418)
27 조희연·서영표(2009)
28 조희연(2013); 조희연·이창언(2013)
29 최근 여성주의 입장에서 환경주의와 좌파 사회주의 운동의 결합을 적, 녹, 보 동맹으로 논의하고 있는 글은 고정갑희(2009)참조. 더 이상 '동일성의 정치'가 작동할 수 없음을 논증하면서, 자본 지배의 확산에 따른 '적대의 공통성'에 기초하여 '반자본적 대항헤게모니의 구축'을 위한 '적·녹·보의 연대'를 적극적으로 사고하고 있는 글은 박영균(2009) 참조.

6강 한국 진보정치의 회생을 위한 제언
* 이 글은 『마르크스주의 연구』 27호(2012년 가을호, 제9권 제3호)에 실린 글을 수정, 보완한 것이다.

1 GATT(General Agreement on Tariffs and Trade in Services: 관세 및 무역에 관한 일반협정)는 제2차 대전을 불러일으킨 원인으로 지목된 보호무역주의를 극복하고, 자유무역을 확대하기 위해 회원국들 간의 최혜국 대우와 내국인 대우를 규정하고 있다. 그러나 금융자본의 국제적 이동에 많은 제한을 가하고 있고, 통상규제 철폐 대상을 '상품무역'에 국한시키는 등 자유무역주의에 많은 제한을 두고 있다.
2 뉴딜정책 등 케인스주의적 국가 개입이 전후 세계자본주의의 새로운 성장을 가능케 한 물질적 토대를 마련해주었다는 주장은 잘못된 주장이다. 경제정책으로서의 케인스주의적 정책은 오히려 제2차 대전 이후에야 꽃필 수 있었다. 이와는 달리 전쟁 이전의 케인스주의적 국

가 개입은 대중의 체제로의 통합을 촉진하고 대중의 급진화 등을 막은 것과 같은 중요한 정치적 역할을 수행했다는 의의가 있다.
3   WTO(World Trade Organization: 세계무역기구)협정에서 규정하는 '무역관련trade-related'에서는 통상규제 철폐 대상에 투자, 지적재산권, 농산물 등이 포함된 것이다. 이에 따라 관세/규제 철폐 대상이 단순 '상품' 영역에서 경제 영역의 전 영역으로 확대되기에 이른다. 이 WTO 체제에서 말하는 자유무역이란 '단순한 자유무역'을 넘어 '포괄적 경제통합'의 의미를 획득하게 된다.
4   1980년대 이전까지의 미국의 대외 정책은 제3세계 국가들에도 일정한 양보적 통합의 계기를 포함한 다자주의 정책이었다면, 1990년대의 미국의 대외 정책은 제3세계에 대한 착취와 수탈을 강화하기 위한 선진국들 간의 다자주의적 협력 정책으로 변한다. 이와는 달리 2000년대 이후부터는 미국의 대외 정책이 타 선진국들의 이해까지 희생시키는 일방주의 정책이 중심을 이룬다. 이런 변화는 미국의 세계적 헤게모니가 실질적으로는 허물어졌음을 가리킨다.
5   데이비드 맥낼리, 『글로벌 슬럼프: 위기와 저항의 글로벌 정치경제 이야기』, 강수돌·김낙중 옮김, 그린비, 2011 참조.

8강 원효와 마르크스의 대화, 신자유주의의 대안이 되다

* 이 글은 이도흠의 「현대사회의 위기와 대안의 패러다임으로서 화쟁사상7: 미국 시장과 문화의 세계화−신자유주의와 세계화 공세 속에서 제3세계는 독자성을 유지할 수 있는가: 세계화론 對 화쟁의 세계체제」(『법회와 설법』, 대한불교조계종 포교원, 2000년 11월호), 「신자유주의의 내면화와 저항의 연대, 그리고 눈부처공동체」(『미래와 희망』 4집, 2009년 겨울호, 2009년 11월 25일),「신자유주의 체제의 대안으로서 화쟁의 사회경제학」(『불교학연구』,33호, 한국불교학연구회, 2012년 12월)을 책의 취지에 맞게 수정한 것이다.

1   조원희, 「신자유주의 이후의 경제」, 『진보평론』, 제42호, 2009년 겨울호, 257쪽.
2   강수돌, 「신자유주의 세계화의 근본 문제와 삶의 대안」, 『신자유주의와 이주노동』, 제2회 이주노동자운동 정책심포지움 자료집, 2004년 11월, 5쪽.
3   조원희, 「신자유주의 이후의 경제」, 『진보평론』, 제42호, 2009년 겨울호, 259쪽.
4   『연합뉴스』, 2011년 4월 25일자.
5   강수돌, 「신자유주의 세계화의 근본 문제와 삶의 대안」, 『신자유주의와 이주노동』, 제2회 이주노동자운동 정책심포지움 자료집, 2004년 11월, 6~7쪽 참고하여 필자가 재구성함.
6   재현의 폭력이란 예술이나 언론을 통해 왜곡되어 재현된 것이 실제 현실에서 특정 집단에 대한 편견을 확대하고 이들을 타자화하고 배제하며, 폭력을 행하는 것을 정당화하고 그런 현실을 구성하는 것을 의미한다. 예를 들어 쌍용자동차 해고노동자에 대해 조중동은 '과격폭력분자' '경제혼란주범'으로 재현했고, 이는 실제 현실에서 다른 회사들이 쌍용자동차 해고

노동자 2646명 가운데 단 한 명도 재취업을 허용하지 않는 현실을 구성했다.
7 유승무, 「불교와 맑시즘의 동몽이상同夢異床」, 『불교평론』, 40권, 2009년 9월 1일, 121쪽.
8 앞의 세 가지는 트레버 링이 『붓다, 마르크스 그리고 하나님』(서울: 민족사, 1993) 162~165쪽에서 지적한 것이고, '인간 해방 및 이상 사회의 추구'는 유승무 교수가 위의 글에서 밝힌 것이다. 관계의 사유로 바라보는 것, 이타적이고 대자적인 실천과 해체적 입장은 내가 추가한 것이다.
9 강내희, 「신자유주의 위기 시대 코뮌 운동의 주체 형성」, 『문화과학』, 2009년 겨울호, 통권 60호, 2009년 12월, 69쪽.
10 졸고, 「신자유주의의 내면화와 저항의 연대, 그리고 눈부처공동체」, 『미래와 희망』, 2010년 가을호(통권 4호), 2010년 9월, 74~75쪽.
11 같은 글, 65~66쪽.
12 조돈문, 「한국 노동계급의 계급의식과 보수화」, 『경제와 사회』 제72호, 11~41쪽.
13 박경준 지음, 『불교사회경제사상』, 동국대출판부, 2010, 209쪽.
14 A. N. I, pp.111~112의 내용을 박경준 지음, 『불교사회경제사상』, 동국대출판부, 2010에서 재인용.
15 K. Marx, *Capital* Vol.3, New York: International Publishers, 1967, p. 820.
16 이런 점은 1970년대 와서 나타나기 시작했으니 당시에 마르크스가 이 점을 인식하지 못한 것은 어쩌면 당연했고, 현재 살아 있다면 공황처럼 이 점도 면밀하게 분석했을 것이다.
17 Robin Eckersley, *Environmentalism and Political Theory an Ecocentric Approach*, New York: State University of New York Press, 1992를 최병두, 「자연의 지배, 탈소외, 승인: 마르크스주의적 생태학에서 인간과 자연 간 관계의 재고찰」, 『도시연구』 제3호, 한국도시연구소, 1997, 186쪽에서 재인용.
18 Jean-Marie Harribey, "Ecological Marxism or Marxian Politcal Ecology?", Jacques Bidet and Stathis Kouvelakis (eds.), *Critical Companion to Contemporary Marxism*, Leiden/Boston: Brill, 2008, p. 194
19 K. Marx, *The Economic and Philosophic Manuscripts of 1844*, New York: International Publisher, 1964, p. 181
20 여기서 텍스트의 의미는 어떤 질서로 짜여 있고 이를 통해 의미를 발견할 수 있는 것이며, 맥락과 대비되는 것으로 정의한다. 졸저, 『화쟁기호학, 이론과 실제』, 한양대출판부, 1999, 88쪽.
21 지금까지의 논의는 필자가 나름대로 프레임을 설정하고 논증했지만, 최병두, 「자연의 지배, 탈소외, 승인—마르크스주의적 생태학에서 인간과 자연 간 관계의 재고찰」, 『도시연구』 제3호, 한국도시연구소, 1997, 214~215쪽에서 아이디어를 얻었다.
22 화쟁적 합리성이란 목적 지향적 합리성이 내포하고 있는 실체론과 이분법, 인간중심주의,

이성중심주의, 인간과 자연의 대상화, 이성의 도구화를 비판하고 이를 화쟁의 패러다임으로 극복하면서도 이성의 계몽성과 과학적 합리성은 포용한 것이다. 일심一心으로 돌아가면서도 이문二門을 아우르고, 진여문을 추구하면서도 생멸문을 원융시키려는 화쟁의 패러다임 아래 목적이 아니라 소통 그 자체가 목적이며 자연과 상생하고, 타자와 공존하는 합리성을 한데 아우른 것이다. 상세한 논의는 졸저, 「온 생명을 아우르는 화쟁적 합리성에 대하여」, 『생명에 관한 아홉 가지 에세이』, 민음사, 2002를 참고하기 바란다.

23 불일불이의 화쟁을 통한 화쟁적 합리성에 대해서는 논증을 생략함. 각주 22번의 글을 참고하기 바람.
24 조지프 스티글리츠, 아마르티아 센, 장 폴 피투시, 『GDP는 틀렸다』, 박형준 옮김, 동녘, 2011, 122~124쪽.
25 元曉, 『金剛三昧經論』, 卷中, 『韓國佛敎全書』, 제1책, 東國大學校 佛典刊行委員會 編, 『韓國佛敎全書』(서울: 동국대학교 출판부, 1979), 639下~640上: "平等之相亦空卽是融眞爲俗 空空之義 如銷眞金作莊嚴具 (…) 差別亦空還是俗爲眞也 如銷嚴具還爲眞金 (…) 又初門內 遣俗所顯之眞 第二空中 融俗所顯之眞 此二門眞 唯一無二 眞唯一種 圓成實性 所以遣融所顯唯一"
26 카를 마르크스·프리드리히 엥겔스, 『공산주의 선언』, 김태호 옮김, 박종철출판사, 1999, 37쪽.
27 Carol C. Gould, *Marx's Social Ontology-Individuality and Community in Marx's Theory of Social Reality*, Cambridge: The MIT Press, 1980, p. 178.
28 지금까지 눈부처와 눈부처 공동체에 관한 기술은 졸저, 「문명사적 전환을 위한 새로운 패러다임의 모색: 불교와 서양의 대화를 통하여」, 『불교평론』, 40호, 2009년 가을호, 19~30쪽을 수정, 보완한 것이다.
29 元曉, 「金剛」, 卷下, 「韓佛全」, 658-하: "眞俗無二不守一 有無二故 卽是一心 不守一故 擧體爲二 如是名爲一心二門 大意如是"
30 Adam J. Brandenburger and Barry J. Nalebuff, *Co-opetition*, New York: A Currency Book Publish, 1996, pp.92~93.

9강 녹색당이 이 시대를 읽는 방법

1 윤병선, 「행복한 농어촌, 어떻게 만들 것인가」, 『녹색평론』 2013년 3~4월호, 4쪽 참조.
2 이브 코셰, 『불온한 생태학』, 배영란 옮김, 사계절, 2012, 20쪽.

참고문헌

1강 '배제된 자들의 민주주의'에 관한 단상

가라타니 고진, 『역사와 반복』, 조영일 옮김, 도서출판b, 2008
기 드보르, 『스펙터클의 사회』, 이경숙 옮김, 현실문화연구, 1996
모리스 아귈롱, 『쿠데타와 공화정』, 이봉지 옮김, 한울, 1998
발터 벤야민, 『발터 벤야민의 문예이론』, 반성완 옮김, 문예출판사, 1983
비비안느 포레스테, 『경제적 공포』, 김주경 옮김, 동문선, 1997
서동진, 『자유의 의지, 자기계발의 의지』, 돌베개, 2009
슬라보예 지젝, 『멈춰라, 생각하라』, 주성우 옮김, 와이즈베리, 2012
슬라보예 지젝, 『처음에는 비극으로, 다음에는 희극으로』, 김성호 옮김, 창비, 2010
알랭 바디우 외, 『민주주의는 죽었는가?』, 양창렬 외 옮김, 난장, 2010
에릭 홉스봄, 『역사론』, 강성호 옮김, 민음사, 2002
이광일, 『박정희체제, 자유주의적 비판 뛰어넘기』, 메이데이, 2011
이광일, 『좌파는 어떻게 좌파가 됐나』, 메이데이, 2008
자크 랑시에르, 『정치적인 것의 가장자리에서』, 양창렬 옮김, 길, 2008
조르조 아감벤, 『목적 없는 수단: 정치에 관한 11개의 노트』, 김상운 외 옮김, 난장, 2009
주디스 버틀러 외, 『우연성·헤게모니·보편성: 좌파에 대한 현재적 대화들』, 박대진 외 옮김, 도서출판b, 2009
최장집, 『한국 민주주의의 무엇이 문제인가』, 생각의 나무, 2008
카를 마르크스, 『루이 보나파르트의 브뤼메르 18일』, 최형익 옮김, 바르투출판사, 2012
콜린 크라우치, 『포스트 민주주의』, 이한 옮김, 미지북스, 2008
피에르 부르디외, 『세계의 비참』, 김주경 옮김, 동문선, 2000

2강 한국의 민주주의를 다시 생각한다

91년 5월투쟁 청년모임 편, 『그러나 지난 밤 꿈속에서 이 친구들이 나에 대해 이야기하는 소리가 들려왔다』, 이후, 2002
김정한, 『대중과 폭력』, 이후, 1998
손호철, 「사회과학: 과학인가? 이데올로기인가?」, 『근대와 탈근대의 한국정치』, 문화과학사, 2002(2002a에 해당)
_____, 「푸코의 권력론 읽기」, 『근대와 탈근대의 정치학』, 문화과학사, 2002(2002b)
_____, 「한국정치: 무엇을, 어떻게 공부할 것인가」, 『현대한국정치: 이론과 역사, 1945~2003』, 사회평론, 2003(2003a에 해당)
_____, 「국가-시민사회, 한국정치의 새 대안인가」, 『현대한국정치: 이론과 역사, 1945~2003』, 사회평론, 2003(2003b에 해당)
_____, 「한국민주화: 이론적 쟁점」, 『현대한국정치: 이론과 역사, 1945~2003』, 사회평론, 2003(2003c에 해당)
_____, 「한국국가성격 논쟁」, 『현대한국정치: 이론과 역사, 1945~2003』, 사회평론, 2003(2003d에 해당)
_____, 「2002년 대선과 노무현정권의 의미」, 『현대한국정치: 이론과 역사, 1945~2003』, 사회평론, 2003(2003e에 해당)
임영일, 「한국의 노사관계와 계급정치」, 임현진 외, 『한국정치사회의 새 흐름』, 경남대 극동문제연구소, 1993
조현연, 「'자유민주의' 지배담론의 역사적 궤적과 지배효과」, 조희연 편, 『한국의 정치사회적 지배담론과 민주주의 동학』, 함께읽는책, 2003
최장집, 『한국민주주의의 이론』, 한길사, 1993
_____, 『민주화 이후의 민주주의』(개정판), 후마니타스, 2005
Burnheim, J., Democracy, Nation States, and the World System in David Held et al.(eds.), *New Forms of Democracy*, Beverly Hills: Sage Publications, 1986
Dahl, R., *Who Governs?*, New Haven: Yale University Press, 1961
_____, *A Preface to Economic Democracy*, Cambridge: Polity Press, 1985
_____, *Polyarchy: Participation & Opposition*, New Haven: Yale Univ. Press, 1971
Eckert, C., The South Korean Bourgeoisie: A Class in Search for Hegemony in Hagen Koo(ed.), *State and Society in Contemporary Korea*, Ithaca: Cornell University Press, 1993
Galtung, J., *Peace and Social Structure*, Prometheus Books., 1978
Gramsci, A., *Selections From Prison Notebooks*, New York: International Publishers, 1971
Kiloh, M., Industrial Democracy in David Held et al.(eds.), *New Forms of Democracy*,

Beverly Hills: Sage Publications, 1986
Mainwaring, S., Transition to Democracy and Democratic Consolidation in S. Mainwaring et al.(eds.), *Issues in Democratic Consolidation*, Notre Dame: University of Notre Dame, 1992
Marshall, H., Citizenship and Social Class in Bryan Turner et al.(eds.), *Citizenship(II): Critical Concepts*, London: Routledge, 1994
Marx&Engels, Engels to Joseph Bloch, Sept. 21th, 1890, *Selected Correspondence*, Moscow: Progress Pub, 1975
O'Donnell, G. & Schmitter, P., *Transitions from Authoritarian Rule: Tentative Conclusions about Uncertain Democracies*, Baltimore: The Johns Hopkins Univ. Press, 1986
Rueschemeyer, D. et al., *Capitalist Development and Democracy*, Chicago: Chicago Univ. Press, 1992
Schumpeter, J., *Capitalism, Socialism and Democracy*, New York: Harper & Row Publishers, 1975
Sonn, H., The Late Blooming of South Korean Labor Movement, *Monthly Review*, June-Sept. 1988
Tarrow, S., *Power in Movement, Cambridge*: Cambridge Univ. Press, 1984

3강 신자유주의를 넘어 문화사회로 가는 길

이매뉴얼 월러스틴, 『유토피스틱스: 또는 21세기의 역사적 선택들』, 백영경 옮김, 창비, 1999
조반니 아리기, 『장기 20세기: 화폐, 권력, 그리고 우리 시대의 기원』, 백승욱 옮김, 그린비, 2008
Lee, B.&Lipuma, E., *Financial Derivatives and the Globalization of Risk*, Duke University press, 2004

4강 사회변혁을 위한 역사 읽기: 역사의 반복과 정치적 리듬 분석

가라타니 고진, 『역사와 반복』, 조영일 옮김, 도서출판b, 2008
알렉산더 라비노비치, 『혁명의 시간: 러시아 혁명 120일 결단의 순간들』, 교양인, 2008
심광현, 「세대의 정치경제학 비판」, 『문화/과학』 62-63호, 문화과학사, 2010
_____, 「19세기 유토피아에서 21세기 유토피스틱스로」, 『문화/과학』 68호, 문하과학사, 2011
앨버트 라즐로 바라바시, 『버스트: 인간의 행동 속에 숨겨진 법칙』, 강병남·김명남 옮김, 동아시아,

2010
조반니 아라기, 『장기 20세기: 화폐, 권력, 그리고 우리 시대의 기원』, 백승욱 옮김, 그린비, 2008
_____, 『베이징의 애덤 스미스: 21세기의 계보』, 강진아 옮김, 길, 2009
질 들뢰즈, 『차이와 반복』, 김상환 옮김, 민음사, 2004
카를 마르크스·프리드리히 엥겔스, 『독일 이데올로기 1』, 박재희 옮김, 청년사, 2007
케빈 맥더모트·제레미 애그뉴, 『코민테른: 레닌에서 스탈린까지, 국제 공산주의 운동의 역사』, 서해문집, 2009
페르낭 브로델, 『물질문명과 자본주의 1-1: 일상생활의 구조 상』, 주경철 옮김, 까치글방, 1995

5강 신보수정권 시대, 민주주의 좌파의 길을 모색하다

고정갑희, 「페미니즘 관점에서 본 한국의 진보와 패러다임의 전환」, 『진보평론』 40호, 2009
김동춘, 『1997년 이후 한국사회의 성찰: 기업사회로의 변환과 과제』, 길, 2006
김병권·손우정 외, 『베네수엘라, 혁명의 역사를 다시 쓰다: 차베스의 상상력, 21세기 혁명의 방식』, 시대의 창, 2007
김종엽 외, 『87년체제론: 민주화 이후 한국사회의 인식과 새 전망』, 창비, 2009
니코스 풀란차스, 『국가·권력·사회주의』, 박병용 옮김, 백의, 1994
루이 알튀세르, 『맑스를 위하여』, 이종영 옮김, 백의, 1997
_____, 『재생산에 대하여』, 김웅권 옮김, 동문선, 2007
박영균, 「오늘날 맑스주의적 관점에서 적·녹·보라의 연대를 어떻게 모색할 것인가」, 『진보평론』 40호, 2009
베네수엘라 혁명 연구모임, 『차베스 미국과 맞짱뜨다: 제국주의와 신자유주의의 굴레를 벗고 자주의 새 역사를 여는 베네수엘라』, 시대의 창, 2006
샹탈 무페, 『민주주의의 역설』, 이행 옮김, 인간사랑, 2006
손호철, 「한국체제 논쟁을 다시 생각한다: 87년 체제, 97년 체제, 08년 체제론을 중심으로」, 6월 항쟁 22주년 기념 학술대토론회(한국민주주의와 87년 체제), 2009(2009a에 해당)
_____, 「문제는 '반MB연합'과 '반신자유주의연합'의 결합이다」, 『한겨레신문』 2009년 6월 28일(2009b에 해당)
_____, 「위기의 한국사회, 어디로 가고 있나?」, 노회찬 마들연구소 주최 '이명박 정부 평가와 대한민국 위기 극복' 심포지움, 2009(2009c에 해당)
_____, 「내가 신자유주의 환원론자라굽쇼」, 『레디앙』 2009년 9월 16일(2009d에 해당)
_____, 「일상의 정치공간에 대한 통찰 부족」, 『레디앙』 2009년 9월 23일(2009e에 해당)
_____, 「사회학적 서술주의'와 추상성의 혼돈을 넘어서: 조희연, 서영표의 체제론에 대한 반론」,

『마르크스주의연구』 6권 4호, 2009(2009f에 해당)
서영표, 「한국의 녹색담론과 사회주의」, 『진보평론』 40호, 2009(2009a에 해당)
_____, 「일상의 정치공간에 대한 통찰 부족」, 『레디앙』 2009년 9월 23일(2009b에 해당)
안토니오 그람시, 『그람시의 옥중수고(I): 정치편』, 이상훈 옮김, 거름, 1999
_____, 『그람시의 옥중수고(II): 철학, 역사, 문화』, 이상훈 옮김, 거름, 1999
에르네스토 라클라우&샹탈 무페, 『사회변혁과 헤게모니』, 김성기 외 옮김, 터, 1990
에릭 올린 라이트, 「사회주의 대안을 가리키는 여러 나침반」, 『실천』 2월호, 2006
에이프릴 카터, 『직접행동: 21세기 민주주의, 거인과 싸우다』, 조효제 옮김, 교양인, 2007
엘린 메익신즈 우드, 『계급으로부터의 후퇴』, 손호철 편역, 창비, 1993
이매뉴얼 월러스틴 외, 『반체체운동』, 송철순 외 옮김, 창비, 1994
장훈교, 「사회운동정당Social Movement-Party: 사회운동과 정치정당의 접합을 통한 민주주의의 급진화」, 2009년 네트워크 포럼, 2009
제프 일리, 『The Left 1848-2000: 미완의 기획, 유럽 좌파의 역사』, 유강은 옮김, 뿌리와이파리, 2008
조르조 아감벤, 『호모 사케르: 주권권력과 벌거벗은 생명』, 박진우 옮김, 새물결, 2008
조희연·서영표, 「체제논쟁과 헤게모니전략」, 『마르크스주의연구』 6권 3호, 한울, 2009
조희연·장훈교, 「민주주의의 외부와 급진 민주주의 전략-'민주주의의 사회화'를 위한 새로운 연대성의 정치학을 향하여」, 『경제와 사회』 82호, 비판사회학회, 2009
조희연, 「비정상성에 대한 저항에서 정상성에 대한 저항으로」, 아르케, 2004(2004a에 해당)
_____, 「저항담론의 변화와 분화에 관한 연구: '급진화'와 '대중화'의 긴장을 중심으로」, 조희연 엮음, 『한국의 정치사회적 저항담론과 민주주의 동학』, 함께읽는책, 2004(2004b에 해당)
조희연, 「장외(場外)정치, 운동정치와 '정치의 경계 허물기': 비합법전위조직, 재야운동, 낙선운동, 광주꼬뮨」, 신정완·조희연 외, 『우리 안의 보편성』, 한울, 2006
_____, 「'신자유주의 지구화 시대의 정치'와 신보수정권」, 『동향과 전망』 72호, 박영률출판사, 2008(2008a에 해당)
조희연 외, 『복합적 갈등 속의 한국민주주의: '정치적 독점'의 변형』, 한울, 2008(2008b에 해당)
_____, 「'헤게모니 균열'의 문제설정에서 본 현대한국 정치변동의 재해석: 그람시의 헤게모니론의 재해석에 기초하여」, 『마르크스주의연구』 9호, 2008(2008c에 해당)
_____, 「촛불시위, 제도정치와 직접 행동정치: '급진민주주의'의 시각에서」, 『촛불은 민주주의다』, 해피스토리, 2008(2008e에 해당)
_____, 「신자유주의적 불평등/신보수정권 시대의 '복합적 반신자유주의 정치'」, 『진보평론』 35호, 메이데이, 2008(2008f에 해당)
_____, 「'신자유주의 지구화 시대의 정치'와 신보수정권: '신보수 정권' 시대 개막의 의미, 전망, 과제」, 성공회대 민주주의와 사회운동연구소주최 대선평가포럼, 2008(2008g에 해당)

_____, 「'다층적인 탈독점화 과정'으로서의 민주화와 그 아시아적 유형': 민주화 이후 민주주의'의 복합적 갈등과 위기에 대한 비교정치사회학적 유형화를 위한 기초 논의」, 조희연 엮음, 『복합적 갈등 속의 아시아 민주주의: '정치적 독점'의 변형연구』, 한울, 2008(2008h에 해당)

_____, 「'한국사회체제논쟁' 재론: 97년 체제의 '이중성'과 08년 체제 하에서의 '헤게모니적 전략'에 대한 고민」, 『민주사회와 정책연구』 17호, 2010

조희연·서영표, 「체제논쟁과 헤게모니전략: 손호철의 97년 체제론에 대한 비판적 개입」, 『마르크스주의연구』 6권 3호, 한울, 2009

조희연·김동춘·유철규, 「'민주화 이후 민주주의'의 복합적 갈등과 위기에 대한 새로운 접근」, 조희연·김동춘 엮음, 『복합적 갈등 속의 한국민주주의: '정치적 독점'의 변형연구』, 한울, 2008

최장집, 『민주화 이후의 민주주의: 한국 민주주의의 보수적 기원과 위기』, 후마니타스, 2005

_____, 『민주주의의 민주화: 한국민주주의의 변형과 헤게모니』, 후마니타스, 2006

펫 데바인·데이빗 퍼디, 「좌파, 무엇을 할 것인가? 선거조직과 레닌주의적 전위를 넘어… 녹색뉴딜 중심 선거연합부터」, 장석준 옮김, 『레디앙』, 2009년 8월 11일

Buraway, M., For a Sociological Marxism: The Complementary Convergence of Antonio Gramsci and Karl Polanyi, Politics & Society, Vol. 31 No. 2, June. pp. 193-261, 2003

Devine, P.,&Pearmain, A.,&Prior, M.,&Purdy, D., Feel-bad Britain: a view from the democratic left(http://www.hegemonics.co.uk/), 2007

Gramsci, A., Selections from the Prison Notebooks, New York: International Publishers, 1971

Jessop, B.& Heeyeon, Cho, The Listian Warfare State and Authoritarian Developmental Mobilization Regime in the East Asian Anticommunist Regimented Society: A Study on the characteristics of the State and Accumulation Regime in South Korea and Taiwan, Prepared for the workshop, In Search of East Asian Modes of Development: Regulationist Approaches, Tunghai University, Taichung, 19-20th April, 2001

Schumpeter, J., Capitalism, Socialism, and Democracy, London: George Allen and Unwin, 1943

Wood, E., Democracy against Capitalism: Renewing Historical Materialism, Cambridge: Cambridge Uni. Press, 1995

6강 한국 진보정치의 회생을 위한 제언

김세균, 「한국 전쟁과 미국의 외교·군사정책」, 이영희 선생 화갑기념문집편집위원회 엮음, 『이영희 선생 화갑기념문집』, 두레, 1989

_____, 「소련·동구권의 경제개혁과 정치적 자유화」, 『새로운 세계질서의 도전과 한국정치』, 제2회 한국정치세계학술대회 논문집, 1991
_____, 「제3세계와 사회주의」, 『변혁기의 제3세계 사회주의』, 나남, 1992
_____, 「한미FTA 국민보고서 총론」, 한미FTA저지 범국민운동본부 정책기획연구단 엮음, 『한미 FTA 국민보고서』, 그린비, 2006
데이비드 맥낼리, 『글로벌 슬럼프: 위기와 저항의 글로벌 정치경제 이야기』, 강수돌·김낙중 옮김, 그린비, 2011
백창재, 「미국 패권과 제한적 자유주의 질서」, 백창재 엮음, 『20세기의 유산 21세기의 진로 』, 사회평론 , 2012
장하준·이종태·정승일, 『무엇을 선택할 것인가』, 부키, 2012
Harvey, D., *The New Imperialism*, New York: Oxford Univ. Press, 2003
Wood, E. M., *Empire of Capital*, London: Verso, 2003

7강 과학자본주의 시대, 통합적 합리성이 필요하다

스티븐 호킹, 『시간의 역사』, 현정준 옮김, 삼성이데아, 1988

8강 원효와 마르크스의 대화, 신자유주의의 대안이 되다

강수돌, 「신자유주의 세계화의 근본 문제와 삶의 대안」, 『신자유주의와 이주노동』, 제2회 이주노동자운동 정책심포지움 자료집, 2004
박경준, 『불교사회경제사상』, 동국대출판부, 2010
元曉, 『金剛三昧經論』, 『韓國佛敎全書』, 제1책, 東國大學校 佛典刊行委員會 編, 『韓國佛敎全書』, 동국대학교 출판부, 1979
유승무, 「불교와 맑시즘의 동몽이상同夢異床」, 『불교평론』 40권, 2009
이도흠, 「문명사적 전환을 위한 새로운 패러다임의 모색: 불교와 서양의 대화를 통하여」, 『불교평론』, 40호, 2009년 가을호.
_____, 「빈곤의 세계화를 넘어 화쟁의 세계체제로」, 『문학과 경계』 제6호, 2002
_____, 「온 생명을 아우르는 화쟁적 합리성에 대하여」, 『생명에 관한 아홉 가지 에세이』, 민음사, 2002
_____, 『화쟁기호학의 이론과 실제』, 한양대출판부, 1999
조돈문, 「한국 노동계급의 계급의식과 보수화」, 『경제와 사회』 72호, 비판사회학회, 2006

조원희, 「신자유주의 이후의 경제」, 『진보평론』 42호, 메이데이, 2009
조지프 스티글리츠 외, 『GDP는 틀렸다: '국민총행복'을 높이는 새로운 지수를 찾아서』, 박형준 옮김, 동녘, 2011
종명, 「왜 일하며 수행해야 하는가」, 『불교평론』 19호, 2004
최병두, 「자연의 지배, 탈소외, 승인: 맑스주의적 생태학에서 인간과 자연 간 관계의 재고찰」, 『도시연구』 제3호, 한국도시연구소, 1997
카를 마르크스·프리드리히 엥겔스, 『공산주의 선언』, 김태호 옮김, 박종철출판사, 1998
트레버 링, 『붓다, 마르크스 그리고 하느님』, 안옥선 옮김, 민족사, 1983
Brandenburger, M.,& Nalebuff, J., *Co-opetition*, New York: A Currency Book Publish, 1996
Gould, C., Marx's Social Ontology—Individuality and Community in *Marx's Theory of Social Reality*, Cambridge: The MIT Press, 1980
Harribey, J., Ecological Marxism or Marxian Politcal Ecology?, Bidet, J.,& Kouvelakis, S.,(eds.), *Critical Companion to Contemporary Marxism*, Leiden/Boston: Brill, 2008
Marx, K., *Capital Vol.3*, New York: International Publishers, 1967
Marx, K., The *Economic and Philosophic Manuscripts of 1844*, New York: International Publisher, 1964
『연합뉴스』, 2011년 4월 25일
『한겨레신문』, 1997년 6월 13일

9강 녹색당이 이 시대를 읽는 방법

윤병선, 「행복한 농어촌, 어떻게 만들 것인가」, 『녹색평론』 2013년 3~4월호, 2013
이브 코셰, 『불온한 생태학』, 배영란 옮김, 사계절, 2012

사상이 필요하다
: 다른 세상을 꿈꾸는 정치적 기본기
ⓒ 김세균, 홍세화, 손호철, 강내희, 심광현, 조희연, 우희종, 이도흠, 하승수 2013

1판 1쇄	2013년 8월 12일
1판 2쇄	2013년 8월 30일
지은이	김세균 외 8인
펴낸이	강성민
편집	이은혜 김신식 박민수
인턴	양예주 이두루
마케팅	최현수
온라인 마케팅	김희숙 김상만 이원주 한수진
펴낸곳	(주)글항아리	출판등록 2009년 1월 19일 제406-2009-000002호
주소	413-120 경기도 파주시 회동길 210
전자우편	bookpot@hanmail.net
전화번호	031-955-8891(마케팅) 031-955-2670(편집부)
팩스	031-955-2557
ISBN	978-89-6735-062-8　03300

이 책의 판권은 지은이와 글항아리에 있습니다.
이 책 내용의 전부 또는 일부를 재사용하려면 반드시 양측의 서면 동의를 받아야 합니다.

글항아리는 (주)문학동네의 계열사입니다.

이 도서의 국립중앙도서관 출판시도서목록(CIP)은 e-CIP홈페이지(http://www.nl.go.kr/ecip)와
국가자료공동목록시스템(http://www.nl.go.kr/kolisnet)에서 이용하실 수 있습니다.
(CIP제어번호 : CIP2013012824)